从得到闽江学院资助

与法治丛书

柳经纬 著

标准与法律释论

厦门大学出版社
XIAMEN UNIVERSITY PRESS
国家一级出版社
全国百佳图书出版单位

图书在版编目（CIP）数据

标准与法律释论 / 柳经纬著. --厦门：厦门大学
出版社，2022.6
（标准与法治丛书）
ISBN 978-7-5615-8587-0

Ⅰ．①标… Ⅱ．①柳… Ⅲ．①标准化法—研究—中国
Ⅳ．①D922.174

中国版本图书馆CIP数据核字(2022)第076298号

出 版 人	郑文礼
责任编辑	甘世恒

出版发行 厦门大学出版社

社 址	厦门市软件园二期望海路 39 号
邮政编码	361008
总 机	0592-2181111　0592-2181406(传真)
营销中心	0592-2184458　0592-2181365
网 址	http://www.xmupress.com
邮 箱	xmup@xmupress.com
印 刷	厦门市明亮彩印有限公司

开 本	720 mm×1 020 mm　1/16
印 张	15.75
插 页	1
字 数	300 千字
版 次	2022 年 6 月第 1 版
印 次	2022 年 6 月第 1 次印刷
定 价	69.00 元

厦门大学出版社
微信二维码

厦门大学出版社
微博二维码

序　言

　　本书是笔者近年来从事标准与法律问题研究所取得的阶段性成果的小结。

（一）

　　2013年，笔者有幸受邀参与《标准化法》修订的论证工作，承担了标准著作权保护研究课题。这一课题源于在司法实践中存在的我国标准是否受著作权保护的困惑。有关权威部门的倾向性意见是，强制性标准具有法规属性，不受著作权保护；推荐性标准不具有法规属性，应受著作权保护。这一倾向性意见直接影响着有关标准著作权争议案件的裁判。然而，这一倾向性意见不仅导致了我国标准著作权保护问题上的"强推有别"，而且导致了"内外有别"。因为我国作为国际标准化组织（ISO）的成员，承诺对 ISO 和 IEC（国际电工委员会）标准给予著作权保护，并制定了专门的规章[《ISO 和 IEC 标准出版物版权保护管理规定（试行）》]。这就意味着我国标准与国际标准在著作权保护问题上并不享有同等法律地位。更为棘手的问题是，我国标准化法的一贯态度是鼓励采用国际标准（1988 年《标准化法》第 4 条），如果强制性标准是采用 ISO 标准而制定的，那么究竟应该给予著作权保护还是不应给予著作权保护就成了两难的问题：如果给予保护，则与有关权威部门的倾向性意见相左；如果不给予保护，则有违我国对 ISO 所作的承诺，严重影响国家信誉。在这一问题上，笔者发现有关权威部门及一些主张强制性标准不受著作权保护的学者对强制性标准存在着严重的误解:他们都将强制性标准的"强制性"理解为其本身所固有的属性,而未能认识到强制性标准的"强制性"效力实际上由法律赋予。正是基于这种误解,他们将强制性标准归入法律的范畴,进而依据《著作权法》第 5 条关于"本法不适用于""法律、法规"的规定,将强制性标准排除在著作权法保护之外。作为课题研究成果,课题组向委托单位提交了《标准版权保护基础理论研究报告》,建议我国应建立国内标准与国际标准、强制性标准与推荐性标准及企业标准一体的标准著作权保护制度。该项研究得到了委托单位和项目评审专家的认可,被认为是解决了长期困惑标准化实务界的一大难题。

以研究报告为基础,笔者撰写了《标准的规范性与规范效力——基于标准著作权保护问题的视角》(《法学》2014 年第 8 期)一文。该文从规范性和规范效力来源的角度,对标准与法律作了区分,阐明了标准的规范性不同于法律规范之处,揭示了标准的规范效力来源,即标准的规范效力并非其本身所固有,而是由法律赋予,即《标准化法》关于"强制性标准必须执行"的规定。沿着这一思路,笔者又撰写了《评标准法律属性论——兼谈区分标准与法律的意义》(《现代法学》2018 年第 5 期)一文,对主张标准尤其是强制性标准具有法律属性的观点的表现、原因、理论困境等作了深入剖析,阐明了区分标准与法律的法治意义。对学界存在的将标准视为规范性文件的看法,笔者写了《标准与规范性文件:区分与联系》一文,从形式、内容、规范力及功能作用和法律规制等方面作了详细的比较,对标准与具有一定法源地位的规范性文件作了区分。

(二)

随着参与标准化法修订论证工作的深入,笔者发现涉及标准的法律问题远不止标准著作权保护及在这一问题上存在的误解。在我国的法律体系中,标准无处不在,法律援引标准成为一种普遍的法律现象。这种现象同样存在于世界各国的法律之中。同时,随着标准化事业发展,标准也越来越广泛地涉及法律问题,如企业社会责任标准、美丽乡村建设标准等,其中也含有诸如消费者保护、环境保护等法律问题。标准与法律已呈现出"你中有我""我中有你"的融合现象。从法的视角来看，标准进入法的各个领域，在法律调整社会关系、规范社会行为中发挥着重要的作用。如何从理论上解释这一法律现象，阐释标准对法律所发挥的作用及其作用机理，这些问题如磁石般吸引着笔者，激起笔者的探求欲望。于是，就有了《标准与法律的融合》（《政法论坛》2016年第6期）、《法律中的标准——以法律文本为分析对象》（《比较法研究》2018年第2期，合作者许林波）、《论标准对法律的支撑作用》（《厦门大学学报》2020年第6期）、《论标准对法律发挥作用的规范基础》（《行政法研究》2021年第1期）及《论标准替代法律的可能与限度》（《比较法研究》2020年第6期）等文。这些篇目较为系统地描述了标准与法律的联系，阐释了标准对法律所发挥的作用。《标准与法律的融合》一文分析了标准与法律融合的表现形式、基础、内外因，认为标准并非游离于法治之外，其对于法治具有特殊的意义。《论标准对法律的支撑作用》一文从三个层面论证了标准对法律的支撑作用：一是在作用的机制上，标准具有延伸法律调整社会关系的作用，解决了法律无法直接回答的"如何为"的问题；二是在作用的广度上，标准对法律所发挥的作用是全领域的，几乎在所有的法律领域均可以发现标准的存在；三是在作用的力度上，法律对标准形成了依赖关系，在许多法律领域，法律离开标准将难以发挥作用。《论标准对法律作用的规范基础》一文则以国家标准《标准化工作导则　第1部分：标准化文件的结构和起草原则》（GB/T 1.1—2020）为指引，从标准的构成要素、标准的表达方式和标准的体系构成三个层面，系统分析了标准对于法律所发挥作用的规范基础。《论标准替代法律的可能与限度》进一步指出，标准化存在着一个"自给自足"的体系，具有规范社会行为的功能；当标准化的对象与法律所规范的对象发生重叠时，或者标准化本身包含着实现法的目标时，通过标准化体系的运行，也可以取得与法律治理相同的效果。

（三）

标准对法律所具有的作用是全方位的，不仅在民法、行政法、经济法、社会法、刑法、诉讼法等部门法领域，在宪法相关法领域也不难发现标准的存在(如国旗法、国徽法关于国旗、国徽"合格"的规定)。笔者基于长期从事民法学研究的学术背景,重点分析了标准在私法中的作用。《论标准的私法效力》(《中国高校社会科学》2019 年第 6 期)对标准的私法效力的概念作了界定,分析了标准对私法产生影响的法律领域(物权、合同和侵权责任)和标准进入私法领域的路径(当事人约定与法律规定)与效力。《标准的类型划分及其私法效力》(《现代法学》2020 年第 2 期)根据我国《标准化法》的规定,分析了不同类型标准之间的制约关系及不同类型标准进入私法领域的路径与效力上的差异,指出这种差别导致强制性标准与推荐性标准、企业标准、团体标准适用的私法领域不同:前者既可进入合同法领域,成为违约行为事实认定的依据,又可进入侵权法领域,成为侵权行为事实认定的依据;后者只能进入合同法领域,成为违约行为事实认定的依据,而不能进入侵权法领域,成为侵权行为事实认定的依据。《合同中的标准问题》(《法商研究》2018 年第 1 期)围绕着原《合同法》第 62条第 1 项,分析了标准与合同的关系:标准通过约定进入合同,成为"标准条款";当出现标准条款无效等"质量要求不明确"的情形时,依据《合同法》第 62 条第 1 项的规定援引标准以填补合同的漏洞。笔者认为,这一模式较为准确地反映了合同与标准的关系,应予肯定;但《合同法》第 62 条第 1 项的内容与标准化体制不协调,建议在民法典合同编的立法中予以调整。2020 年通过的《民法典》第 511 条第 1 项对质量要求不明确时援引标准履行合同的规定,体现了笔者的这一观点。《"合标"行为及其私法评价》(《政治与法律》2021 年第 9 期)旨在构建涉标准行为的法律评价模式,指出在合同法上,"违标"即违法,"合标"即合法;在侵权法上,"违标"即违法,但"合标"未必合法,只在法律有特别规定时,"合标"行为才可以获得合法性评价。

(四)

在参与标准化法修订论证工作中,笔者对我国标准化体制和标准化法制的历史变迁有了较为深刻的认识,对标准化法这一为主流法学界所忽视的领域给予了更多的关注,与学生合作撰写了《我国标准化法制的现代转型——以〈标准化法〉的修订为对象》(《浙江大学学报》2021年第1期,合作者聂爱轩)、《新〈标准化法〉时代标准化法律体系的完善》(《中国标准化》2021年第3期,合作者刘云、周宇)。新中国成立70年之际,撰写了《新中国标准化法制建设70年》(《贵州省委党校学报》2019年第6期,合作者周宇)。《我国标准化法制的现代转型——以〈标准化法〉的修订为对象》一文指出,2017年《标准化法》的修订,标志着我国标准化法制的重大变革,具体表现为:在标准属性上,精简了强制性标准,实现了标准从技术法规到技术要求的回归;在标准体系上,改变了不同主体制定的标准之间的层级关系,确立了标准的平等地位;在标准化资源配置上,改变了政府主导的资源配置体制,形成了市场与政府并重的格局;在标准化领域上,从一、二、三产业扩展到社会事业等领域。这一变革顺应了经济社会发展的要求,必将为国家治理现代化建设奠定坚实的基础,也将促进其他法律制度的进一步完善。《新〈标准化法〉时代标准化法律体系的完善》首先分析了我国标准化法律体系的构成,指出2017年《标准化法》修订,对标准体系和标准化制度作了新的规定;然而由于其他标准化立法未能及时跟进,导致标准化法律体系出现诸多不协调和配套制度缺失问题;并就完善标准化法律体系提出了具体的建议。以该文为基础撰写的智库建议被有关部门所采纳。

(五)

标准与法律是法学研究的新领域,有学者将这一领域形容为法学研究的"富矿"。人们只在标准必要专利、标准与反垄断、作为技术性贸易壁垒的技术法规等个别问题上进行了研究,也取得了较为丰硕的成果,然而在更为广泛的法律领域,尤其是在法的一般理论层面所进行的阐释性研究还很欠缺。笔者试图在法的一般层面上对标准与法律的融合这一法律现象作出理论阐释,以构建标准与法律融合的理论。收录于本书的篇目就是笔者在这一方面所做努力的结果。当然,就标准与法律融合之法理论构建而言,这些研究尚属粗浅,还有待深化。笔者之所以将这些粗浅的研究成果予以发表并整理出版,是因为期待能够唤起法学界对这一法学研究"富矿"的关注。如果能够起到这一作用,也就达到目的了。

收入本书的篇目完成时间不同,反映了笔者在标准与法律问题上认知的过程。笔者以为,呈现这一认知的过程,对于后来的研究者,或许有一定的参考和借鉴意义。因此,对于收录于本书的篇目,除基于本书体例统一的考量和部分文字调整外,一概保持原样(包括所引文献)。这一点请读者明鉴。

柳经纬

2022 年 2 月 18 日

目 录 ■

1.

标准与法律的融合[*]

【摘要】标准与法律属于不同范畴的规范,有着不同的属性。在众多的领域里,标准与法律呈现出"你中有我""我中有你"的融合现象。标准与法律融合的基础是二者具有的共性,即规范性和对秩序的追求;标准与法律融合的内因是二者具有的互补性,外因是二者的领域不断扩大导致标准与法律规范领域的重叠,标准与法律共同对同一对象发挥规范作用;标准与法律的融合表明,标准并非游离于法治之外,其对于法治具有特殊的意义。

一、引言

标准(standard),又称技术标准,是指"通过标准化活动,按照规定的程序经协商一致制定,为各种活动或其结果提供规则、指南或特性,供共同使用和重复使用的文件"①。标准的制定和实施是标准化工作的主要内容,标准化对于推进国家治理体系和治理能力现代化具有"基础性、战略性的作用"。② 法律是由立法机关依照法定程序制定并颁布,由国家强制力保证实施的规范文件。法律的制定和实施是法治的主要内容,法治"是实现国家治理体系和治理能力现代化的必然要求"。③ 标准和法律在实现国家治理现代化中都具有重要的地位和作用。

---

* 本文原题为"标准与法律的融合",载《政法论坛》2016 年第 6 期。

① 国家标准《标准化工作指南 第 1 部分:标准化和相关活动的通用术语》(GB/T 20000.1—2014)第 5.3 条。

② 《国务院关于印发深化标准化工作改革方案的通知》(国发〔2015〕13 号),2015 年 3 月 11 日。

③ 《中共中央关于全面推进依法治国若干重大问题的决定》,2014 年 10 月 23 日。

　　标准与法律是属于不同范畴的事物,存在着诸多的区别。从制定主体来看,法律由立法机关制定,标准则由企业、组织(包括国际组织)和政府制定;从权力(利)来源来看,立法权属于公权力,标准的制定权不属于国家权力,而属于私权范畴;①从内容来看,法律是关于人的权利和义务的规定,反映了公平正义的价值取向,标准本身无关权利和义务,它只是对生产、管理、服务的技术性要求,体现的是科学性和合理性;从效力来看,法律由国家强制力保证实施,法律一经颁行即具有普遍的约束力,标准如不与法律结合,则无此种强制适用的效力,标准是否得到实施,完全取决于标准使用者的自愿采用。②

　　但是,标准与法律又有密切的关系,在法律和标准化的诸多领域,标准与法律呈现出相互融合的现象。尤其是在消费者保护、劳动保护、环境保护及社会责任等诸多领域,标准与法律的融合呈现出"你中有我""我中有你"的状态。不仅标准的实施有赖于法律,通过法律的规定获得法律上的强制力;而且法律的实施也需要依托标准,通过标准的技术规范或标准化工作机制而获得更佳的效果。

　　标准与法律的融合表明标准并非游离于法治之外,标准对于法治的实现具有特殊的意义和作用。标准与法律的融合现象及标准对于法治的意义和作用,是推进法治建设、实现国家治理体系和治理能力现代化的重要课题,应当引起学界的关注,值得我们去研究。

　　此前的一些研究成果已经注意到标准与法律融合的现象。有学者借鉴硬法与软法的理论,认为标准属于软法,探讨了我国法律援引标准的模式;③有学者分析了标准与法律的异同,探讨了标准与法律的相互影响;④有学者以美国的

---

　　①　在我国,由于国家标准、行业标准和地方标准的制定者均为政府,标准的制定权是公权还是私权的问题值得讨论。笔者认为,如果标准的制定权属于公权,那么我们就无法解释国际标准和企业标准的权力来源,因此标准的制定权应为私权或者应为私权属性的权力。

　　②　关于标准与法律的区别,可参考白桦、洪生伟系列论文:《立法和制定标准的比较分析和研究——法律与标准生命周期比较分析研究之一》,载《标准科学》2009 年第 2 期;《执法和实施标准的比较分析和研究——法律与标准生命周期比较分析研究之二》,载《标准科学》2009 年第 7 期;《法律和标准实施监督检查的比较分析和研究——法律与标准生命周期比较分析研究之三》,载《标准科学》2010 年第 3 期。其他可参考的研究成果还有:李晓林:《法律与标准关系简析》,载《标准科学》2009 年第 11 期;柳经纬:《标准的规范性与规范效力——基于标准著作权保护问题的视角》,载《法学》2014 年第 8 期。

　　③　廖丽、程虹:《法律与标准的契合模式研究——基于硬法与软法的视角及中国实践》,载《中国软科学》2013 年第 7 期。

　　④　王世川、马艳霞:《小议我国标准与法律的关系》,载《标准科学》2012 年第 3 期。

标准化实践为视角,分析了技术法规与自愿性标准的融合问题;① 还有学者以社会责任国际组织制定的社会责任标准 SA8000 为例,探讨了标准替代法律的可能性问题。② 还有学者从具体事例中得出结论,指出在法律法规中引用标准以规范市场秩序,是市场经济国家通行的做法。③

然而,上述已有的研究成果仅仅是注意到标准与法律的融合现象,既不够深入,更谈不上系统,总体来看还处于粗浅的阶段。而且从作者和发表载体的具体情形来看,关注这一法律现象的主要是标准化理论界,其研究视角是标准化工作,法学界少有学者关注这一法的现象,在法与法治的层面上探讨标准与法律融合这一问题,尚属空白。

笔者将在法与法治的层面上,探讨标准与法律的融合问题,重点讨论标准与法律融合的表现形式、融合的基础与动因,以及标准与法律的融合对于法治的意义。

二、标准与法律融合之一:法律引进标准

法律引进标准所涉的领域十分广泛,民法、刑法、消费者保护、安全生产、环境保护、劳动保护、医药卫生、工程建筑、交通运输、农林牧等诸多领域的法律中,都有关于标准的规定,都是标准被引进法的领域。法律引进标准的方式大体可分为三种情形:法律笼统地规定了标准或某一类标准,但没有指明具体的标准;法律不仅规定了标准,而且指明了具体的标准;法律不仅规定了标准,也指明了具体标准,还将标准的文本或具体指标引进法律。④

(1)法律笼统地规定了标准或某一类标准,但没有指明具体的标准。大多数法律引进标准属于这种情形。例如,我国《合同法》第 62 条第 1 项规定,当事人对合同标的的"质量要求不明确的,按照国家标准、行业标准履行;没有国家标准、行业标准的,按照通常标准或者符合合同目的的特定标准履行"。这里并没有指明具体的标准。我国《刑法》第 143 条规定:"生产、销售不符合食品安全

① 刘春青:《技术法规与自愿性标准的融合——美国政府高度重视利用标准化成果的启示》,载《标准化研究》2008 年第 10 期。

② 司艳、郑祖玄:《非强制性标准与法律》,载《世界经济情况》2006 年第 24 期。

③ 中国标准化研究院:《标准化若干重大理论问题研究》,中国标准出版社 2007 年版,第 5 页。

④ 廖丽、程虹在《法律与标准的契合模式研究——基于硬法与软法的视角及中国实践》(载《中国软科学》2013 年第 7 期)一文借鉴硬法与软法的理论,对我国法律与标准"契合模式"的分析,可供参考。

标准的食品,足以造成严重食物中毒事故或者其他严重食源性疾病的,处三年以下有期徒刑或者拘役,并处罚金;……"这里指向的是某一类标准,即食品安全标准,但没有指明具体的标准。在食品安全、环境保护、劳动保护、医药卫生、工程建筑、交通运输、农林牧等专门领域的立法里,通常也是规定了该领域的专门类型标准,如《食品安全法》直接规定了食品安全标准,《建筑法》规定了建设工程质量标准、建设工程安全标准和施工技术标准,《环境保护法》规定了环境质量标准和污染物排放标准,《道路交通安全法》则规定了机动车国家安全技术标准,均未指明具体的标准。

(2)法律不仅规定了标准,而且指明了具体的标准。例如,我国公安部等2007 年印发的《信息安全等级保护管理办法》(公通字〔2007〕43 号)第 12 条规定:"在信息系统建设过程中,运营、使用单位应当按照《计算机信息系统安全保护等级划分准则》(GB 17859—1999)、《信息系统安全等级保护基本要求》等技术标准,参照《信息安全技术 信息系统通用安全技术要求》(GB/T 20271—2006)、《信息安全技术 网络基础安全技术要求》(GB/T 20270—2006)、《信息安全技术 操作系统安全技术要求》(GB/T 20272—2006)、《信息安全技术 数据库管理系统安全技术要求》(GB/T 20273—2006)、《信息安全技术 服务器技术要求》、《信息安全技术 终端计算机系统安全等级技术要求》(GA/T 671—2006)等技术标准同步建设符合该等级要求的信息安全设施。"其中所引用的标准均具体明确。这种情形也存在于国外的立法中。例如,《美国消费品安全法案》关于具体品名的消费品安全标准的规定,一般都指明了具体的标准。如关于自行车头盔,法案第 20 条规定,在最终标准出台之前,应遵守暂行标准,暂行标准包括"美国国家标准学会称为'Z90.4—1984'的标准""斯内尔纪念基金称为'B-90'的标准""美国测试与材料协会(ASTM)称为'F1447'的标准"。又如,关于强制性玩具安全标准,该法案第 22 条规定,"从本法颁布之日后 180 天开始,本法颁布之日就已存在的 ASTM 国际标准 F963-07 涉及玩具安全的消费品安全规格[ASTM F963]",应视为消费品安全委员会①发布的消费品安全标准。

(3)法律不仅规定了标准,也指明了具体标准,还将标准的文本或具体指标引进法律。例如,国务院 2000 年发布的《水污染防治法实施细则》第 21 条规定:"生活饮用水地表水源一级保护区内的水质,适用国家《地面水环境质量标准》Ⅱ类标准;二级保护区内的水质,适用国家《地面水环境质量标准》Ⅲ类标

---

① 美国消费品安全委员会是美国政府为加强消费品安全监管而设立的独立机构,委员五名,均由总统任命;委员会主席征得参议院同意后由总统任命。参见李怀林主编:《美国消费品安全法案》,中国标准出版社 2009 年版,第 5 页。

准。"第 32 条第 2 款规定:"生活饮用地下水源保护区的水质,适用国家《地下水质标准》Ⅱ类标准。"其中的"Ⅱ类标准""Ⅲ类标准"均是《地面水环境质量标准》(GB 3838)规定的水质指标。在欧盟和美国的立法里,也有类似的情形。例如,《美国消费品安全法案》第 15 条规定:"自本法生效之日后 180 天开始,任何人制造的含邻苯二甲酸二(2-乙基己基)酯(DEHP)、苯二甲酸二丁酯(DBP)或邻苯二甲酸苯基丁酯(BBP)的浓度超过 0.1% 的任何儿童玩具或儿童护理用品,以供出售、提供出售或通过商业渠道分销,或进口到美国,均属违法行为。"这里把产品安全标准中具体成分的含量写进法案。在欧盟,根据理事会 1985 年《技术协调与标准新方法决议》,为了消除各成员国标准的差异,以指令的方式协调有关产品的技术标准。据此,欧盟先后颁布了关于低压电气设备、简单压力容器、建筑产品、玩具安全、非自动衡器、燃气器具、医疗器械等为数众多的指令,这些指令都是以具体的标准为支撑,有的甚至直接将具体的安全指标写进指令。如欧盟委员会发布的"关于接触食品的塑料和塑料制品的指令"规定,为防止塑料和塑料制品具有的危害人体健康的成分转移到食品中的风险,"本指令规定塑料和塑料制品成分迁移限值应为塑料或塑料制品表面积的 10 mg/dm² (每平方分米 10 毫克)"[①]。

三、标准与法律融合之二:标准吸收法律

如果说法律引进标准是"我中有你",那么标准吸收法律就是"你中有我"。标准吸收法律主要存在于环境保护、劳工保护及社会责任等标准化领域。标准吸收法律的方式有二:表明标准以法律为依据而制定,彰显了标准的法律依据和法律精神;将法律的原则和具体规范转换为标准的内容,用标准化的语言重述了法律的原则和规范。

(1)表明标准以法律为依据而制定。我国环境保护的标准大多表明依据有关环境保护的法律而制定。例如,《农药使用环境安全技术导则》(HJ 556—2010)前言特别表明:"为贯彻《中华人民共和国环境保护法》、《中华人民共和国水污染防治法》和《中华人民共和国固体废物污染环境防治法》,防止或减轻农药使用产生的不利环境影响,保护生态环境,制定本标准。"《海水水质标准》(GB 3097—1997)、《土壤环境监测技术规范》(HJ/T 166—2004)、《车用压燃式、气体燃料点燃式发动机与汽车车载诊断(OBD)系统技术要求》(HJ 437—

① 刘春青、鲍建忠:《欧盟技术法规——市场准入的依据》,中国计量出版社 2004 年版,第 149 页。

2008)、《环境空气质量标准》(GB 3095—2012)等环境标准,也都有类似的文字表述。在这些标准中,始终贯穿着环境保护的法治理念和精神。

(2)将法律的原则和具体规范转换为标准的内容。我国行业标准《农药使用环境安全技术导则》(HJ 556—2010)属于这种情形。该标准引用的规范性文件包括国务院《危险化学品安全管理条例》和环境保护部《废弃危险化学品污染环境防治办法》。其 6.2 条"防止农药废弃物污染环境的管理措施"之 6.2.1 要求"按照法律、法规的有关规定,防止农药废弃物流失、渗漏、扬散或者其他方式污染环境";6.2.2 要求"农药废弃物不应擅自倾倒、堆放。对农药废弃物的容器和包装物以及收集、贮存、运输、处置危险废物的设施、场所,应设置危险废物识别标志,并按照《危险化学品安全管理条例》、《废弃危险化学品污染环境防治办法》等相关规定进行处置"。

采用标准化的语言重述法律的原则和规范,将法律的原则和具体规范转换为标准的内容,最为典型的是有关社会责任的标准。总部设在美国的社会责任国际组织(SAI)制定的社会责任标准 SA 8000,[①]"目的是提供一个基于联合国人权宣言、国际劳工组织公约,国际人权规范和国家劳动法律的规定、可审计的自愿性标准"。该标准体系从童工、强迫或强制性劳动、健康与安全、自由结社及集体谈判权、歧视、惩罚措施、工作时间、薪酬等 8 个方面对组织(企业)提出了要求,这些要求充分反映了国际劳工公约、联合国人权宣言等有关劳工保护法律(国际法)的原则和规定。如关于歧视,该标准要求"组织在聘用、报酬、培训机会、升迁、解雇或退休等事务上,不得从事或支持基于种族、民族、区域或社会血统、社会等级、出身、宗教、残疾、性别、性取向、家庭责任、婚姻状况、团体成员、政见、年龄或其他任何可引起歧视的情况",与《国际劳工组织公约》第 100号、第 111 号一致;关于惩罚措施,该标准要求"组织应当给予所有员工尊严与尊重。公司不得参与或容忍对员工采取体罚、精神或肉体胁迫以及言语侮辱的行为,不允许以粗暴、非人道的方式对待员工",与《国际劳工组织公约》第 29号、第 105 号一致。

我国社会责任国家标准体系包括《社会责任指南》(GB/T 36000—2015)、《社会责任绩效分类指引》(GB/T 36002—2015)和《社会责任报告编写指南》(GB/T 36001—2015),核心主题包括:组织治理、人权、劳工实践、环境、公平运行实践、消费者问题、社区参与和发展。这些主题涉及人权法、劳动法、环境保护法、反腐败和公平竞争法、消费者权益保护法等法律,因此该标准所倡导的社会责任原则之一就是"尊重法治",要求组织"遵守其运行所在辖区内的法律法

---

① SA 8000 制定于 2001 年,后经 2004 年、2008 年修订,最新版本为 2014 年修订的版本。

规要求""确保组织关系和活动遵从现行的和未来的法律框架""知晓相关法律义务""定期评估其对适用的法律法规的遵守情况"。在各项主题的具体议题所提出的具体要求中,以标准化的语言重述了法律的有关规定。例如,在"劳工实践"之议题二"工作条件和社会保护"项下,要求组织"依法支付工资和其他形式的报酬。工资应至少符合当地最低工资标准要求","履行关于向员工提供社会保护的所有义务","尊重员工享有法律法规或其他法律约束性文件所规定的标准工时或协议工时的权利","向员工提供每周的休息时间和带薪休假","依法向员工提供加班补偿.当要求员工加班工作时,组织宜考虑到有关员工的利益、安全和福利,以及工作中存在的任何危险","遵守法律法规或其他法律约束性文件关于加班的规定"。这些要求无疑是吸收了《劳动法》《劳动合同法》的内容。又如,在"消费者问题"之议题"消费者问题与社会责任"项下,要求组织满足"消费者的正当要求",包括"安全:获得无害产品的权利,保护消费者在健康安全方面免受源自生产工艺及产品和服务的危害","知情:消费者有权利获得足够的信息,使他们能根据个人愿望和需求做出知情的选择,并免受欺骗性或误导性广告或标签的影响","隐私权:每个人均依法享有隐私保护权","选择权:促进和保护消费者的经济利益,包括提高在一系列具有价格竞争力且质量满意程度有保证的产品和服务中做出选择的能力","被倾听权:确保消费者和消费者团体在对他们有影响的决策程序中有机会表达观点","补偿权:可以获得有效的消费者补偿,特别是公平地解决消费者的正当要求,包括对误导性说明、劣质产品或令人难以满意的服务的补偿","教育:消费者教育,包括消费选择对环境、社会和经济产生影响的教育,使消费者在了解自身权利和责任及宜如何依据这些权利和责任开展行动的情况下,对产品和服务做出知情、独立的选择"。这些要求实际上是《消费者权益保护法》所规定的消费者权利。

我国国家标准《美丽乡村建设指南》(GB/T 32000—2015)内容涉及村庄规划、村庄建设、生态环境、经济发展、公共服务、乡村文明和基层组织,也不同程度地吸收或反映了城乡规划、环境保护、劳动保护、社会保障、义务教育、村民自治等法律的原则和规定。如该指南第11项"基层组织"要求"应依法设立村级基层组织,包括村党组织、村民委员会、村务监督机构、村集体经济组织、村民兵连及其他民间组织",要求"遵循民主决策、民主管理、民主选举、民主监督","制定村民自治章程、村民议事规则、村务公开、重大事项决策、财务管理等制度,并有效实施"。这些要求实际上是反映和浓缩了《村民委员会自治法》的规定。该指南关于"村庄规划"的要求与《城乡规划法》、关于"生态环境"的要求与《环境保护法》等法律、关于"公共教育"的要求与《义务教育法》及国务院有关学前教育的规定,①其间都存在着密切的关系,指南以标准化的话语重述了法律的原则和规范。

四、标准与法律融合的基础

融合发生在不同事物之间,不同事物间的融合必有某种共性,只有存在共性的事物之间才有可能融合,这些共性构成了不同事物融合的基础。标准与法律之所以能够融合,其基础就在于二者都具有规范性,二者的目标都是追求一定的社会秩序。

(一)法律和标准的规范性

法律具有规范性。法律的规范由假定条件、行为模式和后果构成。② 法律规范的行为模式一般包括"可以"("有权")、"应当"("必须")、"不得"("禁止")三种类型。"可以"("有权")是指权利,"应当"("必须")和"不得"("禁止")是指义务,前者为作为义务,后者为不作为义务。法律规定哪些是可为的,哪些是不可为的,通过权利和义务的配置实现其对社会行为的规范。

标准也具有规范性,虽然标准的规范性与法律的规范性有着本质的区别,标准的规范与权利义务无关,不具有直接的法律意义;③但是,标准中也使用了一些类似法律的行为模式用语。例如,在《土壤环境监测技术规范》(HJ/T 166—2004)中,检索到"可以"6 次、"必须"6 次、"应当"2 次、"不得"2 次;在《农药使用环境安全技术导则》(HJ 556—2010)中,检索到"应"6 次、"不应"5 次;在《车辆驾驶人员血液、呼气酒精含量阈值与检验》(GB 19522—2004)中,检索到"应"10 次、"不应"1 次;在食品安全国家标准《食品添加剂:氮气》(GB 29202—2012)中,检索到"应"3 次。

此外,在标准中还可检索到"宜"与"不宜"这类行为导向性的用语。例如,上述《农药使用环境安全技术导则》(HJ 556—2010)使用"不宜"11 次,《美丽乡村建设指南》(GB/T 32000—2015)使用"不宜"1 次。这些用语表明标准对某些行为给出了导向,也具有行为规范的意义。

---

① 《国务院关于当前学前教育的若干意见》(国发〔2010〕41 号)。

② 法律规范的构成,理论上有三要素说与二要素说之分,二要素包括行为模式和后果(参见刘金国、舒国滢主编:《法理学教科书》,中国政法大学出版社 1999 年版,第 50~51 页),本文取三要素说。

③ 有关标准规范与法律规范的比较分析,参见柳经纬:《标准的规范性与规范效力——基于标准著作权保护问题的视角》,载《法学》2014 年第 8 期。

随着社会的发展,标准化的领域不断扩大,涵盖了社会生产生活及社会管理的各个领域,标准对这些领域的社会活动提出了可量化、可程序化的具体要求。在标准文本中,大量的内容虽然未使用"可以"、"应当"("应")、"不得"等类似法律规范行为模式的用语,但是其规范意义十分明显。例如,在《美丽乡村建设指南》(GB/T 32000—2015)里,关于"工业污染防治"有这样的文字表述:"村域内工业企业生产过程中产生的废水、废气、噪声、固体废物等污染物达标排放,工业污染源达标排放率达到 100%。"这里没有使用"应当""必须"之类的行为模式用语,但其规范性显而易见。

正因为标准具有规范性,制定标准的目的在于规范一定的社会行为,因此在定义标准的问题上,2002 年版的《标准化工作指南 第 1 部分:标准化和相关活动的通用词汇》(GB/T 20000.1—2002)明确将标准定义为"为了在一定范围内获得最佳秩序,经协商一致制定并由公认机构批准,共同使用和重复使用的一种规范性文件",这一定义凸显了标准的规范属性。

与法律规范分为任意性规范、强制性规范不同,标准如不与法律结合,既谈不上任意性也谈不上强制性,其规范性的主要特征是技术性、科学性和合理性。例如,《土壤环境监测技术规范》(HJ/T 166—2004)关于采样的要求:"采样次序自下而上,先采剖面的底层样品,再采中层样品,最后采上层样品。测量重金属的样品尽量用竹片或竹刀去除与金属采样器接触的部分土壤,再用其取样。"这是从技术性和科学性角度对土壤采样提出的技术性要求。又如,《食品安全国家标准 食用盐碘含量》(GB 26878—2011)要求:"在食用盐中加入碘强化剂后,食用盐产品(碘盐)中碘含量的平均水平(以碘元素计)为 20 mg/kg—30 mg/kg。"(3.1)"食用盐碘含量的允许波动范围为 3.1 中规定的食用盐碘含量平均水平±30%。"(3.2)该标准有关食用盐中碘的含量问题,完全是基于人体对碘的需求的科学认知而提出的要求。在《学科分类与代码》(GB/T 13745—2009)中,有关理论法学科学的代码分别为:820.10(理论法学)—820.1010(法理学)、820.1020(法哲学)、820.1030(比较法学)、820.1040(法社会学)、820.1050(立法学)、820.1060(法律逻辑学)、820.1070(法律教育学)、820.1080(法律心理学[包括犯罪心理学])、820.1099(理论法学其他学科)。这是基于学科分类合理性的认知而做出的安排。因此,在标准化工作中,特别强调标准"宜以科学、技术和经验的综合成果为基础"①。标准的制定要发挥行业协会、科研机构、学术团体和科研人员的作用,由专家组成的标准化技术委员会负责标准的草拟,参

---

① 国家标准《标准化工作指南 第 1 部分:标准化和相关活动的通用术语》(GB/T 20000.1—2014)。

加标准草案的审查工作。① 通常,标准文本也会注明其所归口的专业技术委员会、参与起草的科研机构和专业技术人员。②

(二)标准与法律对社会秩序的追求

法律秩序是通过法律对社会关系的调整而形成的社会关系及社会行为的规范化状态,是法律所设定的权利义务关系的现实生活状态。从法的层面看,法律秩序是法治的目标,制定法律本身不是目的,目的是营造一定的法律秩序。在当下的法治语境下,所谓法治,不只是意味着有健全的符合现代法治精神的法律体系或法律制度,更意味着依此形成良好的法律秩序,法的信念被普遍接受,法的规则得到普遍遵守,人们生活在法律的秩序里,享受着法治带来的自由和安全。因此,法律秩序不仅是法治的目标,也是衡量法治发展水平的至为重要的标志。

法律秩序是法律所追求的直接目标。这一点在我国众多法律的第1条关于立法宗旨的表达中都很明确。例如,《合同法》第1条规定:"为了保护合同当事人的合法权益,维护社会经济秩序,促进社会主义现代化建设,制定本法。"《环境保护法》第1条规定:"为保护和改善环境,防治污染和其他公害,保障公众健康,推进生态文明建设,促进经济社会可持续发展,制定本法。"《标准化法》第1条规定:"为了发展社会主义商品经济,促进技术进步,改进产品质量,提高社会经济效益,维护国家和人民的利益,使标准化工作适应社会主义现代化建设和发展对外经济关系的需要,制定本法。"这里所说的"保护合同当事人的合法权益,维护社会经济秩序""保护和改善环境,防治污染和其他公害,保障公众健康""维护国家和人民的利益",都是对一定法律秩序的表达。

标准也是为了追求一定的社会秩序。我国2002年版的国家标准《标准化工作指南 第1部分:标准化和相关活动的通用词汇》关于标准的定义特别指出,标准是"为了在一定范围内获得最佳秩序"。此所谓"最佳秩序",是指"通过制定和实施标准,使标准化对象的有序化程度达到最佳状态"。③ "最佳秩序"既是制定标准和实施标准的目标,也是衡量标准化活动、评价标准质量的重要依据。④

---

① 《标准化法》第12条、《标准化法实施条例》第19条。

② 例如,《禽白血病诊断技术》(GB/T 26436—2010)归口全国动物防疫标准化技术委员会。起草单位:山东农业大学、珠海出入境检验检疫局、华南农业大学;主要起草人:崔治中、孙淑红、赵鹏、杨素、沙才华、廖明、曹伟胜。《学科分类与代码》(GB/T 13745—2009)归口全国信息分类编码标准化技术委员会。起草单位:中国标准化研究院、中国科学院计划财务局;主要起草人:李小林、邢立强、江洲、孙广芝、刘学英、刘植婷、史立武。

③ 李春田主编:《标准化概论》,中国人民大学出版社2014年第6版,第9页。

④ 李春田主编:《标准化概论》,中国人民大学出版社2014年第6版,第9页。

秩序的基本含义是有条不紊,其相对面是混乱,也就是无序。法律是人们的行为规范,以公平正义为基本价值取向,通过权利义务的配置,划定"什么是可为的,什么是不可为的""什么是应当为的,什么是不应当为的"行为界限。人们依此为可为或当为的行为,不为不可为或不当为的行为,这就意味着有了法律秩序。标准是技术规范,其价值取向主要是科学性和合理性,通过对人们行为的引导,回答"如何做才是科学的、合理的"这一问题。人们依此行为,获得科学的、合理的结果,这也就是标准所追求的"最佳秩序"。例如,《学科分类与代码》(GB/T 13745—2009),通过排序科学合理的学科代码的设定,引导科研机构和科研人员按照该标准的要求填报有关学科、机构、人员、成果等学科信息,使得学科信息的征集和统计有序化,这就是秩序。《美丽乡村建设指南》(GB/T 32000—2015)设定了村庄规划、村庄建设、生态环境、经济发展、公共服务、乡风文明、基层组织、长效机制等"美丽乡村"指标,引导和促进农村科学有序发展,这也是一种秩序,即农村科学发展的秩序。《土壤环境监测技术规范》(HJ/T 166—2004)对土壤采样的准备、采样布点、样品采集、样品流转、样品制备、样品保存、土壤分析测定、土壤环境质量评价及土壤检测的质量保证和控制提出了要求,依此标准进行土壤检测,做到布点、采样、检测、分析的有序性,获得有关土壤环境质量的结论才具有科学性,这同样是一种秩序。

标准与法律具有的共性——规范性和对秩序的追求,是标准与法律融合的基础,使得标准与法律的融合成为可能。

五、标准与法律融合的动因

分析标准与法律融合的基础,只是揭示了标准与法律融合的可能性,而没有回答标准与法律融合的必要性。本节我们将探讨标准与法律融合的动因,分析标准与法律融合的内外因,回答标准与法律融合的必要性问题。

(一)标准与法律融合的内因

虽然标准与法律都具有规范性,但二者的规范性存在着区别,正是这种区别使得二者之间具有互补性,[①]这种互补性构成了标准与法律有融合的内在

---

① 标准化学界的研究已经注意到标准与法律的互补性。例如,李晓林在《法律与标准关系简析》一文中指出,标准与法律"具有互动性","法律的规定具有原则性",往往需要通过技术要求、管理要求和服务要求来得到具体实施和实现,这就是标准的技术支撑作用";王世川、马艳霞在《小议我国标准与法律的关系》一文中也指出,"标准是法律的补充","标准是落实法律的有效手段"。

需求。

首先,从法律的角度看,法律规定的权利和义务一般较为抽象。例如,关于买卖合同,合同法只是规定卖方负有按照约定交付货物的义务,卖方对货物的瑕疵(质量瑕疵和权利瑕疵)承担担保责任;买方则负有依约支付价款的义务。至于标的物的质量、数量、交付时间和地点等,都只能留给当事人去约定。其中,关于标的物的质量问题,如果是特定物,其质量以物的现状为准,当事人的约定基本可以解决这一问题;但如果是种类物,而且是工业化条件下生产的产品,当事人的约定通常无法解决这一问题,而必须依赖于有关此类产品的标准,即通过对产品质量标准的约定来确定标的物的质量,并以此为依据,从法律上判定卖方是否履行了合同约定的交货义务。又如,为了确保食品安全,法律要求食品生产者必须确保其投放市场的食品具有安全性,不得危害消费者生命健康,但食品对消费者的生命健康是否构成危害,这是一个科学技术问题,法律无法解决这一科学技术的问题。这也必须依赖标准,通过食品安全的技术标准来判断生产者投放市场的食品是否存在安全问题。上述情形表明,在现代市场经济条件下,法律对标准有了某种依赖性,离开了标准,法律将难以发挥规范作用。之所以出现法律对标准的依赖情况,是因为标准以科学、技术的成果为基础而制定,具有科学性和技术性,可以弥补法律规范因其抽象而导致面对具体产品或服务时存在的规范性不足。

其次,从标准的角度看,标准本身不是法律,不具有强制性,但制定标准的目的在于标准得到采用(实施),否则标准就失去了意义。尤其是在国家实施标准化政策的情况下,标准的实施意义就更大。标准的实施虽然可以通过标准化本身的措施来实现,如产品认证,但如能借助于法律的强制性,则可以得到更强有力的实施。正是从国家标准化战略出发,我国《标准化法》将政府制定的标准区分为强制性标准和推荐性标准,明确规定"强制性标准,必须执行"(第 14条),并规定"保障人体健康,人身、财产安全的标准和法律、行政法规规定强制执行的标准是强制性标准","省、自治区、直辖市标准化行政主管部门制定的工业产品的安全、卫生要求的地方标准,在本行政区域内是强制性标准"(第 7条),确定了强制性标准的范围。除了《标准化法》外,《食品安全法》第 25 条规定"食品安全标准是强制执行的标准",《农产品质量安全法》第 11 条规定"农产品质量安全标准是强制性的技术规范",都直接赋予标准以强制实施的效力。

不仅是强制性标准,推荐性标准和企业标准也以特定的方式与法律结合,从而获得法律赋予的强制效力。原国家技术监督局 1990 年颁布的《企业标准化管理办法》第 17 条第 2 款规定:"推荐性标准,企业一经采用,应严格执行;企业已备案的企业产品标准,也应严格执行。"第 18 条第 1 款进而规定:"企业生产的产品,必须按标准组织生产,按标准进行检验。"与强制性标准当然具有法律强制效力不同的是,推荐性标准获得法律强制性效力的方式是"企业采用",企业标准的强制效力则源于"企业自定",即企业标准视为企业对社会所做出的承诺,对该企业具有法律约束力。

(二)标准与法律融合的外因

从外部因素来看,随着社会经济的发展,法律和标准各自规范的领域都出现了扩张的趋势,形成了标准与法律二者规范领域交错的现象,促进了这些领域里标准与法律的融合。

首先是法律规范的领域不断扩大,呈现出向社会活动系统内部纵深方向扩展的趋势。法律以调整社会关系为己任,通常法律是通过规范人的具有外部性的行为以达到对社会关系调整的目的。例如,关于商品,法律通过对商品的交易行为及对商品交易的监督行为的规范,达到调整商品之上形成的社会关系的目的。相对于商品的生产过程,商品的交易行为和监督行为都具有外部性。然而,在现代化的社会活动系统里,法律仅规范具有外部性的行为,已不足以达到其有效调整社会关系的目的,而必须深入社会活动系统内部,通过对系统内各具体环节的规范,才能达到法律调整社会关系的目的。例如,关于商品,在现代工业化生产条件下,法律只规范商品的交易和监督行为,不足以维护消费者权益,还必须深入商品生产过程的各个环节,通过对商品生产全过程的规范,才能确保投入市场的商品不构成对消费者的危害。我国《食品安全法》第2条规定,食品生产经营行为"应当遵守本法",这些行为包括:①食品生产和加工(食品生产),食品销售和餐饮服务(食品经营);②食品添加剂的生产经营;③用于食品的包装材料、容器、洗涤剂、消毒剂和用于食品生产经营的工具、设备(食品相关产品)的生产经营;④食品生产经营者使用食品添加剂、食品相关产品;⑤食品的贮存和运输;⑥对食品、食品添加剂、食品相关产品的安全管理。上述规定中,食品的加工、包装、贮存与运输,食品包装材料、容器、洗涤剂、消毒剂,以及食品添加剂等,均属于食品生产过程的具体环节问题,生产过程的每一个环节,都与最终食品的安全有关,因而都被纳入食品安全法的规范范围。这就是说,要确保食品安全,法律必须深入食品生产过程的各个环节,只有从食品生产的各个环节严把食品安全关,才能确保食品的安全,才能有效维护消费者权益。法律规范的领域向社会生产系统内部纵深方向扩展的现象,也存在于劳动法、环境保护法、安全生产法、工程建筑法、医药卫生法、交通运输法、民用航空法、武器装备法等诸多法律领域。例如,劳动法将劳动安全卫生纳入其规范范围,①环境保护法将企业排污设备和生产工艺纳入其规范范围,②安全生产法将安全生产资金、安全生产管理人员配置、安全生产教育与培训、安全警示标志等纳入其规范范围。③

在法律规范扩展的这些领域里,许多问题属于科学技术问题(或许多问题具有科学性与技术性),也就是标准规范的固有领域。例如,在食品安全领域,食品生产的条件、包装材料、贮存与运输条件、食品容器、洗涤剂、消毒剂及食品添加剂等,必须满足何种要求,才能确保食品的安全,均为科学技术问题。以权利义务配置为规范方式的法律并不能对这些问题给出合理的答案,只有标准可以解决这些科学技术问题。因此,在《食品安全法》里,大体涉及这些食品安全的科学技术问题时,都明确规定要援引标准。例如,关于食品生产用水,《食品安全法》第33条第9项规定"用水应当符合国家规定的生活饮用水卫生标准";关于食品添加剂,《食品安全法》第39条第2款规定:"生产食品添加剂应当符合法律、法规和食品安全国家标准。"《食品安全法》第26条还对食品安全标准应当覆盖的范围(内容)作了明确规定,④第33条对"食品生产经营应当符合食品安全标准"作了一般性规定。在劳动法、环境保护法、安全生产法、工程建筑法、医药卫生法、交通运输法、民用航空法、武器装备法等诸多法律领域,当法律

---

① 《劳动法》第六章规定了"劳动安全卫生"。其中第54条规定:"用人单位必须为劳动者提供符合国家规定的劳动安全卫生条件和必要的劳动防护用品,对从事有职业危害作业的劳动者应当定期进行健康检查。"

② 例如,《水污染防治法》第41条第1款规定:"国家对严重污染水环境的落后工艺和设备实行淘汰制度。"第48条规定:"企业应当采用原材料利用效率高、污染物排放量少的清洁工艺,并加强管理,减少水污染物的产生。"

③ 《安全生产法》第23条规定:"生产经营单位应当具备的安全生产条件所必需的资金投入……有关生产经营单位应当按照规定提取和使用安全生产费用,专门用于改善安全生产条件……"第24条规定:"矿山、金属冶炼、建筑施工、运输单位和危险物品的生产、经营、储存、装卸单位,应当设置安全生产管理机构或者配备专职安全生产管理人员。……"第28条第1款规定:"生产经营单位应当对从业人员进行安全生产教育和培训……未经安全生产教育和培训合格的从业人员,不得上岗作业。"第35条规定:"生产经营单位应当在有较大危险因素的生产经营场所和有关设施、设备上,设置明显的安全警示标志。"

④ 食品安全标准的范围(内容)包括:(1)食品、食品添加剂、食品相关产品中的致病性微生物,农药残留、兽药残留、生物毒素、重金属等污染物质以及其他危害人体健康物质的限量规定;(2)食品添加剂的品种、使用范围、用量;(3)专供婴幼儿和其他特定人群的主辅食品的营养成分要求;(4)对与卫生、营养等食品安全要求有关的标签、标志、说明书的要求;(5)食品生产经营过程的卫生要求;(6)与食品安全有关的质量要求;(7)与食品安全有关的食品检验方法与规程;(8)其他需要制定为食品安全标准的内容。

所规范的问题具有科学性和技术性时,同样明确规定援引标准。因此,在法律所扩展的领域里,当问题涉及科学技术时,标准与法律就呈现出融合的现象。

其次是标准化的领域不断扩大,标准直接进入法律所固有的领域。从标准化的历史来看,标准化的领域最早是产品,以后逐渐扩大到服务、管理及公权力领域。例如,在环境保护、劳工保护、消费者保护及社会责任等管理领域,大多属于法律的固有领域,公权力领域则更是如此。但是,自 20 世纪国际标准化组织制定 ISO 9000 质量管理体系标准以来,标准已经逐步进入这些法律的领域。例如,国家标准《社会责任指南》(GB/T 36000—2015)(以下简称《指南》)的"主题"包括人权、劳工实践、环境、公平运行实践、消费者问题等。这些"主题"本身就是法律固有的规范对象,《指南》吸收了劳动法、环境保护法、反腐败法、反不正当竞争法、消费者权益保护法等法律的规定,将法律的原则和规定转换为标准的语言,转换成具体的指标体系,成为指引和规范企业行为的准则。又如,国家标准《政务服务中心标准化工作指南》(GB/T 32170—2015)、《政务服务中心运行规范》(GB/T 32169—2015)、《政务服务中心网上服务规范》(GB/T 32168—2015),规范的是政府行为,贯彻的是依法行政、法治政府和服务型政府建设的原则,这本身也是法律(行政法)规范的固有领域。再如,审判权的规范本属于诉讼法规范的领域,近年来为了规范审判权的行使,天津、福建等地开展了司法标准化的试点,制定了《少年司法标准化服务规则》[1]《审判流程运行标准》《庭审质量标准》《裁判文书质量标准》《司法公开实施标准》等标准,[2]将标准引进这一法律的固有领域。

当标准化的领域扩大到法律的固有领域时,标准与法律发生融合就不可避免了。在法律的固有领域,所涉行为不仅是法律规范的对象,也成为标准规范的对象,标准与法律以各自的机制共同发挥着规范作用。

六、标准与法律融合对于法治与国家治理的意义

法治是国家治理的基本方式,[3]依法治国是实现国家治理体系和治理能力现代化的必然要求。标准与法律的融合表明标准并非游离于法治之外,而是逐渐地融入法治的系统里,对促进国家法治发挥着其特有的作用。

---

[1] 胡彩凤、林腾龙:《三明法院推进少年司法标准化建设成效明显》,载光明网人民法院频道,http://court.gmw.cn/html/article/201307/19/132783.shtml,2015 年 11 月 15 日访问。

[2] 《天津法院积极探索推进司法标准化工作》,载人民网天津视窗,http://www.022net.com/2015/1-5/445548152233655.html,2015 年 11 月 15 日访问。

[3] 参见张文显:《法治与国家治理现代化》,载《中国法学》2014 年第 4 期。

(一)标准延伸了法律的规范作用

法律通过权利义务的配置规范着人们的行为,具有抽象性,当法律规范的对象涉及具体技术性问题时,通过援引标准,即可起到规范作用;如不援引标准,法律就很难发挥对具有技术性的行为的规范作用。在这里,被援引的标准充当着延伸法律规范的角色。例如,《食品安全法》第 4 条第 1 款规定:"食品生产经营者对其生产经营食品的安全负责。"这是法律规定的食品生产经营者的强制性义务。但如何界定这项义务,如何评判生产经营者是否履行了这项义务,即生产经营的食品是否安全,是否存在着对人体潜在的危害,这是一个科学技术问题,并非法律规范本身所能解决的。这就需要依靠食品安全的技术标准,只有依据食品安全标准,才能判别食品是否安全,是否存在着危害消费者生命健康的危险因素。因此,《食品安全法》第 4 条第 2 款接着规定"食品生产经营者应当依照法律、法规和食品安全标准从事生产经营活动,保证食品安全",并专章规定了"食品安全标准",要求生产经营者在食品生产经营的各个环节上都"应当符合食品安全标准"(第 33 条),这就明确了食品安全标准对于法律规范食品生产经营行为起到了规范延伸的作用。这种作用如同工具,当我们的手无法取得远处的物品时,我们可以借助于工具,工具就具有延伸手获取物品的功能作用。标准被法律所援引时,其功能作用就如同人手之于工具。

标准具有的延伸法律规范的功能作用,因标准的类型不同而有所区别。根据我国现行的标准化体制,标准可分为国家标准、行业标准、地方标准和企业标准。国家标准、行业标准和地方标准又可分为强制性标准和推荐性标准。①《标准化法》第 14 条规定"强制性标准,必须执行。不符合强制性标准的产品,禁止生产、销售和进口。推荐性标准,国家鼓励企业自愿采用。"强制性标准法定地充当着延伸法律规范的作用,推荐性标准被企业采用时,从法律上看,构成了生产经营者对消费者的承诺,具有法律约束力,也充当着延伸法律规范的作用。企业标准是企业就其生产经营的产品或服务对消费者所做出的承诺,对该企业具有约束力,也具有延伸法律规范的作用。对于不同类型标准具有的延伸法律规范的作用,原国家技术监督局 1990 年制定的《企业标准化管理办法》规定得更加明确。该办法第 17 条规定:"国家标准、行业标准和地方标准中的强制性标准,企业必须严格执行;……推荐性标准,企业一经采用,应严格执行;企业已

---

① 《标准化法》第 7 条规定:"国家标准、行业标准分为强制性标准和推荐性标准。保障人体健康,人身、财产安全的标准和法律、行政法规规定强制执行的标准是强制性标准,其他标准是推荐性标准。省、自治区、直辖市标准化行政主管部门制定的工业产品的安全、卫生要求的地方标准,在本行政区域内是强制性标准。"

备案的企业产品标准,也应严格执行。"第18条进而规定:"企业生产的产品,必须按标准组织生产,按标准进行检验。……"因此,标准所具有的延伸法律规范的功能作用具有普遍性。

标准具有延伸法律规范的功能作用,使得以权利义务配置为内容的抽象的法律规范之规范性落到实处,标准与法律融合对于法治的意义首先就在于这一点。

(二)标准化工作的认证机制有利于增强法律实施的效果

在标准化领域,所谓认证,是指由认证机构证明产品、服务、管理体系符合相关技术规范、相关技术规范的强制性要求或者标准的合格评定活动。对于产品、服务、管理体系符合相关技术规范、相关技术规范的强制性要求或者标准的,由认证机构出具认证证书,允许在其产品和服务上使用认证标志。[①] 认证制度的主要功能是确认被评估的产品、服务、管理体系满足了标准和技术规范的要求,并以公示评定结果的方式,向公众和消费者传递被评估的产品、服务、管理体系符合标准和技术规范的信息。[②] 认证制度不仅具有提升企业产品、服务质量和管理水平、促进市场经济有序运行等作用,更为重要的是认证是产品和服务进入市场的有效通行证,也是消费者选择产品和服务的重要依据。获得认证的产品和服务是被证明已经满足了有关技术规范和标准的,相对于未获得认证的产品和服务,将更受消费者的青睐,能够获得更大的市场份额。尤其是实行强制性认证的产品,[③]只有通过认证才能进入市场,认证对于产品和服务来说意义更大,此时认证决定着强制性认证产品和服务的命运。

在标准化工作中,标准是认证的依据,是确保认证工作科学性、权威性、规范性的根本保证,认证工作只有以标准为依据,才能最大限度地获得权威性和公信力;认证则是标准实施最为有效的手段,是标准得到全面、深入、高效实施的最重要的方式。[④]

认证制度所构建的标准实施机制与法律的实施机制比较,具有特定优势。法的实施虽然有国家强制力做保障,但法律的强制性通常体现在当人们的行为违反了法律之后,通过对违法行为的事后制裁,彰显法律的强制性,从而促使人

---

① 《认证认可条例》第2条、第24条、第25条。

② 刘宗德:《认证认可制度研究》,中国计量出版社2009年版,第26~27页。

③ 国家质检总局于2001年制定了《强制性产品认证管理规定》,2009年制定了新版《强制性产品认证管理规定》。根据2009年的《强制性产品认证管理规定》,我国强制性产品认证标志为"CCC",因此我国强制性产品认证也被称为"3C认证"。

④ 刘宗德:《认证认可制度研究》,中国计量出版社2009年版,第33页。

们遵守法律,使法律得到有效实施。与此不同的是,认证制度使得标准的实施主要不是通过事后对违反标准行为的制裁来实现,而是通过事前的"合格评估"来促使生产经营者遵守标准,从而确保标准的有效实施。当然,认证制度也会对违反标准的行为进行事后制裁,我国《认证认可条例》第 27 条规定:"认证机构应当对其认证的产品、服务、管理体系实施有效跟踪调查,认证的产品、服务、管理体系不能持续符合认证要求的,认证机构应当暂停其使用直至撤销认证证书,并予公布。"但这种制裁是建立在事前认证的基础之上的,其与法律的实施主要依靠事后制裁也有区别。

在标准与法律融合的问题上,当标准吸收了法律后,标准得到有效的实施也就意味着法律得到有效实施,标准的实施对于法律实施就具有直接的意义。认证制度对于法律的实施的特殊意义,其道理就在于此。①

(三)标准对于规范公权力促进依法行政、依法司法具有积极意义

传统的标准化领域是产品、服务和管理,均不涉及公权力的规范问题,规范公权力的行为是法律的固有领地,而不属于标准化的领地。然而,随着社会经济的发展、法治的全面推进与标准化领域的扩大,标准也逐渐渗入公权力领域,成为公权力运行的重要规范。

从我国的实践情况看,标准进入公权力领域主要有:政务服务领域和司法领域。在政务服务领域,进入 21 世纪后,强化政府的公共服务职能,建设服务型政府,成为我国行政体制改革的目标和政府职能转变的重心。为了规范政府行为,提高政府服务水平,满足公众对公共服务的需求,许多地方政府进行了公共服务标准化的改革和探索,制定了一批公共服务标准。2015 年,国家质检总局和国家标准化管理委员会发布了政务服务国家标准《政务服务中心标准化工作指南》(GB/T 32170—2015)、《政务服务中心运行规范》(GB/T 32169—2015)、《政务服务中心网上服务规范》(GB/T 32168—2015)。依据《政务服务中心标准化工作指南 第 1 部分:基本要求》(GB/T 32170.1—2015),政务服务标准化工作的首要原则是"依法依规、科学严谨",要求政务服务标准化工作"应结合政务服务实际,完整、准确地贯彻国家有关法律、法规和方针政策,充分体现科学严谨的原则"。政务服务行为的标准化,充分发挥了标准所具有的精细化、可操作化、通俗化的功能,弥补了法律在规范政府行为上可操作性的不足,

---

① 司艳、郑祖玄在《非强制性标准与法律》(载《世界经济情况》2006 年第 24 期)一文中讲述了一个事例:国内某著名家电企业为了获得沃尔玛的供应商资格,不得不按照沃尔玛的要求,实行每周六日工作制,以符合 SA 8000 的相关条款,而此前,该企业员工每两周仅有一个休息日。

对于规范行政行为、保障政府依法行政、推进法治政府建设,具有重要的意义。①

在司法领域,规范司法行为、完善司法权力运行机制,是促进司法公正、确保司法正义和司法公信力的重要举措。为了规范司法行为,福建三明市、天津市等地的法院积极借鉴标准化工作机制,开展了司法活动标准化的探索。2013年,作为全国首批未成年人案件综合审判试点法院,福建省三明市中级人民法院在全国率先编制了长达400页的《少年司法标准化服务规则》,探索少年司法标准化工作体系,取得了初步的成效;②2014年,天津市三级法院开展了司法标准化工作的试点工作,制定了7个司法标准化试点文件,包括《审判流程运行标准》《庭审质量标准》《裁判文书质量标准》《司法公开实施标准》《审判绩效考评标准》《案件质量问题认定标准》《合议庭工作标准》,司法标准化试点工作取得明显的成效。③ 司法活动标准化建设,虽然仍在探索中,但作为司法体制改革的产物,在规范司法行为、完善司法权的行使、确保司法公正等方面,已经显示出其积极的意义。

(四)标准对于违法行为的事实认定具有决定性的意义

对违法行为的制裁是法治最具显示度的一面。无论是在行政执法层面上还是在诉讼层面上,无论是在民事诉讼领域还是在行政诉讼、刑事诉讼领域,标准对于违法行为的认定的作用越来越凸显。例如,在行政执法层面上,安全生产执法中对安全生产责任事故的认定很重要的一面是因为生产经营单位违反了有关安全生产的标准,食品安全执法中对食品安全违法行为的认定也是食品生产经营中违反了有关食品安全标准。在诉讼层面上,合同纠纷中认定合同一方当事人存在违约行为,是因为其提供的产品或服务不符合有关质量标准;刑事案件中对生产销售不符合安全标准的食品罪的认定(《刑法》第143条),对生产销售不符合标准的医用器材罪的认定(《刑法》第145条),对生产销售不符合安全标准的产品罪的认定(《刑法》第146条),对生产销售不符合卫生标准的化妆品罪的规定(《刑法》第148条)等,均以违反标准为事实依据。在上述这些涉及标准的违法行为的法律领域,如果离开了标准,行政执法部门或司法机关就无从认定违法行为,标准对于违法行为的事实认定具有决定性的意义。

---

① 黄恒学、张勇主编:《政府基本公共服务标准化研究》,人民出版社2011年版,第109页。

② 胡彩凤、林腾龙:《三明法院推进少年司法标准化建设成效明显》,载光明网人民法院频道,http://court.gmw.cn/html/article/201307/19/132783.shtml,2015年11月15日访问。

③ 《天津法院积极探索推进司法标准化工作》,载人民网天津视窗,http://www.022net.com/2015/1-5/445548152233655.html,2015年11月15日访问。

七、结语

标准与法律的融合已经遍布法律和标准化的诸多领域,其对于法治和国家治理的意义日渐凸显。关注标准与法律的融合,在法律制度中积极引进标准,发挥标准之于法律延伸规范等作用,应成为法治的重要课题,这一课题应受到法学的关注。本文仅在于提出这一问题,尝试着从法和法治的层面解释这一法律现象,也算是法学对这一法律现象所做的初步反映。在我国现行法律体系和标准体系中,法律、法规近万部,①标准则多达数十万项,②本文只是选择其中为数极少的法律文本和标准文本作为素材,探讨其间标准与法律的融合问题,不无挂一漏万、以偏概全之嫌。有关标准与法律的融合问题,有待检视更多的标准和法律文本进一步深入研究。同时,标准与法律的融合对法治和标准化工作的双向相互影响问题,标准与法律的融合对我国法治建设和标准化建设整体方案的影响问题,以及法律与标准融合的模式及其适用领域问题,标准与法律如何融合才能获得"最佳秩序"③等问题,均有待我们做进一步的研究。但愿本文在标准与法律的融合问题上,能够起到抛砖引玉的作用,引起学界对标准与法律的融合问题的关注,产出更多的研究成果,这就达到本文写作的目的了。

---

① 根据 2011 年国务院新闻办发布的《中国特色社会主义法律体系(白皮书)》,截至2011 年 8 月底,中国已制定现行宪法和有效法律共 240 部、行政法规 706 部、地方性法规8600 多部。

② 截至 2013 年底,现行有效的国家标准 30680 项,备案的行业标准 37882 项、地方标准 27658 项、企业产品标准 34.5 万余项,企业服务标准等因未要求备案无统计数据。中国标准化研究院:《2013 中国标准化发展研究报告》,中国质检出版社、中国标准出版社 2014 年版,第 4 页。

③ "最佳秩序"是标准化工作的目标,是制修订标准的宗旨。这一概念对法学研究也具有重要的启示意义。在法学界,人们研究法律问题,谈的多是公平正义的终极价值观念,少有说"最佳秩序"的。但是,现代法治讲的是"良法善治",实行法治的目的是构建良好的法律秩序,"最佳秩序"应该成为法律秩序的目标。

2.

标准的规范性与规范效力[*] ■

【摘要】标准具有规范性和规范效力,但是标准的规范性与法律的规范性存在着本质区别,标准的规范效力并非来自标准本身而是来自法律,因此标准作为一种规范,本质上属于技术规范,而不属于法律规范。标准本身不具有法规性质,不宜将标准归入《著作权法》第 5 条不受著作权保护的法规类作品范畴,从而将标准排除在《著作权法》保护的作品之外。

一、引言

标准,是指"为了在一定范围内获得最佳秩序,经协商一致制定并由公认机构批准,共同使用和重复使用的一种规范性文件"。[①] 标准由文字、数据、图表等构成,是制定者和起草人基于一定的科学技术要求而创作的可供使用或复制的有关产品、加工或生产方法的特定规则,具有著作权意义的作品的一般属性。

标准的又一属性是规范性,具有规范效力。在标准的著作权保护问题上,如何理解和定性标准的规范性和规范效力至关重要。这一问题之所以重要,是由于我国《著作权法》第 5 条规定立法、行政性质的文件不受著作权法的保护,如果标准属于法规性质的文件,则意味着标准不能获得著作权法的保护;否则就没有理由将标准排除在著作权法保护的作品之外。实际上,在我国理论界和

---

[*]   本文原题为"标准的规范性与规范效力——基于标准著作权保护问题的视角",载《法学》2014 年第 8 期。

[①]   此定义是我国国家标准《标准化工作指南》(GB/T 20000.1—2002)关于标准的定义。这一定义与国际标准组织(ISO)指南 2—1991《标准化和有关领域的通用术语及其定义》所下的定义相近,但与世界贸易组织《技术性贸易壁垒协定》(WTO/TBT 协议)的定义存在差异,后者强调了标准的"非强制性"。

实务界关于标准是否应受著作权法保护问题的讨论中,持反对态度的学者①和有关实务部门②正是由于认为标准(尤其是强制性标准)属于《著作权法》第 5 条规定的法规类文件,因此反对将标准(尤其是强制性标准)纳入著作权法保护的作品范畴。这种观点的实质是将标准的规范性和规范效力与法规性质文件的规范性和规范效力等同起来,从而认为标准具有法规性质。因此,如何理解和定性标准的规范性和规范效力非常重要。

当然,必须指出的是,无论是对标准的著作权保护持赞成态度的学者还是持反对态度的学者,都没有对标准的规范性和规范效力做过深入的研究。持赞成态度的学者根本不去讨论标准的规范性和规范效力问题,更没有对标准和法规的规范性和规范效力进行比较,从而为自己的主张提供有力的论据。③ 面对反对论者所持的主要理由,他们采取的是回避的态度。因此,他们的研究多少带有"自言自语"的特点。持反对态度的学者及一些实务部门,也没有对标准的规范性和规范效力进行研究,他们对问题采取了简单化的逻辑,以我国的标准是由政府机关制定的或者《标准化法》关于"强制性标准必须执行"的规定为由,认为标准尤其是强制性标准属于法规性质的文件,从而将标准排除在《著作权法》保护的作品之外。这种研究则带有"望文生义"的特点。

笔者认为,要解决标准是否应受著作权法保护的问题,既不能"自言自语",无视反对论者所持的理由;也不能"望文生义",简单地以标准是政府机关制定的,或者《标准化法》规定"强制性标准必须执行"为由,即认为标准具有法规性

---

① 参见周应江、谢冠斌:《技术标准的著作权问题辨析》,载《知识产权》2010 年第 3 期;王润贵:《国家标准的著作权和专有出版权问题刍议》,载《知识产权》2004 年第 5 期;王清:《标准出版若干法律问题讨论》,载《出版科学》2008 年第 3 期;杨华权:《论中国标准的著作权和专有出版权》,载《电子知识产权》2011 年第 11 期。

② 实务部门的观点见《国家版权局版权管理司关于标准著作权纠纷给最高人民法院的答复》,权司〔1999〕50 号,1999 年 8 月 4 日作出;《最高人民法院知识产权审判庭关于中国标准出版社与中国劳动出版社著作权侵权纠纷案的答复》,〔1998〕知他字第 6 号函,1999 年 11 月 22 日作出。最高人民法院知识产权庭曾就标准出版纠纷案件中出现的标准是否享有著作权问题致函国家版权局。最高人民法院知识产权庭的函提出了倾向性意见,认为:"标准属于技术性规范,从实施的效力上看有强制性标准与推荐性标准之分。推荐性标准,属于自愿采用的技术性规范,不具备法规性质。由于推荐性标准在制定过程中需要付出创造性的劳动,具有创造性智力成果的属性,如果符合作品的其他条件,参考国外的做法,应当确认属于著作权法保护的范围。对这类标准,应当依据著作权法的相关规定予以保护。"国家版权局管理司在复函中表示:"同意你庭的意见:强制性标准是具有法规性质的技术性规范,推荐性标准不属于法规性质的技术性规范,属于著作权法保护的范围。"

③ 参见凌深根:《关于技术标准的著作权及其相关政策的探讨》,载《湖北经济学院学报》2012 年第 4 期;张文兰:《强制性标准的版权问题探析》,载《标准科学》2010 年第 7 期。

质。我们必须深入研究标准的规范性和规范效力,并将其与法律的规范性和规范效力进行比较,才能得出对标准的作品属性的正确认识,从而依据《著作权法》的规定,对标准是否受著作权法保护的问题给出科学的解答。

在展开分析之前,有必要对以下问题做出说明:

(1)我国学界和实务界有关标准的著作权保护问题的讨论,主要针对由我国政府机关制定的国家标准、行业标准和地方标准,而不针对国际标准和企业标准,因为对于后者应受著作权法的保护,学界基本上没有异议。因此,除非特别说明,本文"标准"一词专指国家标准、行业标准和地方标准,而不包括国际标准和企业标准。

(2)在我国标准体系中,有强制性标准与推荐性标准之分,依 1988 年《标准化法》第 14 条规定,前者是"必须执行",后者是"鼓励企业自愿采用"。前述对标准的著作权保护问题持反对态度的观点,实际上有两种情形:第一种情形是不考虑《标准化法》第 14 条的规定,一概以标准是政府机关制定的,属于法规性质的文件为由,反对为标准提供著作权保护;第二种情形是考虑到《标准化法》第 14 条的规定,认为强制性标准具有法规性质,不应受著作权保护,但推荐性标准没有强制力,可以获得著作权法的保护。本文将在讨论标准的规范效力时论及强制性标准和推荐性标准,在其他部分则不作这种区分。

(3)《著作权法》第 5 条第 1 项规定不受著作权保护的法规类作品包括:法律、法规,国家机关的决议、决定、命令和其他具有立法、行政、司法性质的文件,及其官方正式译文,但在我国学界和实务界,关于标准著作权保护问题的讨论重点是标准与法律,基本上不涉及其他类型的文件和官方译文。有鉴于此,本文的重点也就放在标准与法律的比较层面,试图通过对标准与法律的规范性和规范效力的比较,对标准的著作权保护问题给出答案。

二、标准的规范性

在标准著作权保护问题的视野下,讨论标准的规范性,必须与法律的规范性进行比较。因为只有在与法律的规范性的比较中,才能获得标准是否属于《著作权法》第 5 条规定的法规类作品的认识。进而对标准与法律的规范性进行比较,必须从分析规范构成入手,从分析规范构成要素中获得对标准与法律的规范性异或同的认知。

关于法律规范的构成,理论上有三要素说与二要素说之分。三要素包括假定条件、行为模式、后果;二要素则包括行为模式和后果。① 为了更加系统地讨论标准与法律的规范属性之异同,我们选择三要素说,对标准与法律进行比较,以求得对标准规范属性的较为科学的认识。

(1)假定条件,指规范适用的条件,包括其适用指向的特定人、特定场合和特定时间,这些特定的人、场合和时间,就成为法律规范适用的条件。如《标准化法》第 14 条前半段规定:"强制性标准,必须执行。不符合强制性标准的产品,禁止生产、销售和进口。"其含义是生产、销售、进口实行强制性标准的产品的企业必须执行强制性标准。这一规定的假定条件就是:①适用对象为企业;②适用场合为企业从事的生产、销售、进口依照法律规定实行强制性标准的产品。如果企业从事的是其他产品的生产、销售、进口,就不能适用这一规定。

标准也涉及适用问题,因此标准的规范构成中也应有假定条件。以原国家环境保护总局发布的《土壤环境监测技术规范》(HJ/T 166—2004)②为例。该标准规定了土壤环境监测的布点采样、样品制备、分析方法、结果表征、资料统计和质量评价等技术内容,该标准适用于全国区域土壤背景、农田土壤环境、建设项目土壤环境评价、土壤污染事故等类型的监测。在规范构成上,其假定条件为:①适用对象为从事土壤环境监测的专业机构;②适用场合为这些专业机构在我国区域内从事土壤背景、农田土壤环境、建设项目土壤环境评价、土壤污染事故等类型的监测活动。

从上述假定条件看,虽然二者的假定条件基本相同,都包含对象和场合,但是二者在假定条件上尤其是在适用对象上仍存在着区别。《标准化法》第 14 条前半段规定的适用对象是企业,这里的企业是指具有法律人格的主体,是权利、义务的享有者或承担者。该项规定意味着从事特定产品生产、加工、进口的企业负有执行强制性标准的法定义务。然而,前引《土壤环境监测技术规范》适用的对象是土壤环境的专业监测机构,对于这些监测机构,标准所关注的是其所具有的技术专业资格,而非其法律上的人格,依据该标准也不能直接得出这些监测机构负有执行该标准的法定义务。

(2)行为模式,指规范所规定的人们如何具体行为的方式。法律规范的行为模式因规范类型的不同而不同,一般包括"可以"("有权")、"应当"("必须")、"不得"("禁止")三种类型。"可以"("有权")意指权利,"应当"("必须")意指作为义务,"不得"("禁止")则意指不作为义务。这些行为模式均直接出现在法律

---

① 刘金国、舒国滢主编:《法理学教科书》,中国政法大学出版社 1999 年版,第 50~51 页。

② 资料来源:http://kjs.mep.gov.cn/hjbhbz/bzwb/trhj/trjcgfffbz/200412/t20041209_63367.htm,2013 年 10 月 20 日访问。

的文本之中。如《标准化法》第 14 条前半段对强制性标准的实施采用的是"必须"（作为义务）、"禁止"（不作为义务），均为义务的行为模式；对于推荐性标准，该条后半段规定"国家鼓励企业自愿采用"，采用的是"可以"，属于权利的行为模式。又如，《合同法》第 4 条规定："当事人依法享有自愿订立合同的权利……"采用的是权利（"有权"）的行为模式。标准的情形较为复杂。如国家标准《食品中农药最大残留限量》（GB 2763—2012）和《食品中污染物限量》（GB 2762—2012）均未检索到"可以""应当""必须""不得""禁止"，更没有"有权"用语。前引《土壤环境监测技术规范》（HJ/T 166—2004）经检索，采用了"可以"（6 次）、"必须"（6 次）、"应当"（2 次）、"不得"（2 次）的行为模式用语，但没有检索到"有权"和"禁止"。

从上述标准文本的检索情况看，虽然有的标准采用了"可以""应当""必须""不得"这些行为模式用语，但是仔细分析，其与法律文本中的同一用语的意义却完全不同。法律文本中的"可以"实为法律之权利，"应当"、"必须"或"不得"则为法律上作为或不作为之义务。然而，标准中的"可以""应当""必须""不得"并不意味着法律之权利或义务，只意味着从技术性层面上判断，按照标准的要求实施的行为具有技术上和科学上的合理性。例如，《土壤环境监测技术规范》（HJ/T 166—2004）中有这样的表述："在一组需要相互之间进行比较的样品应当有同样的个体组成，否则样本大的个体所组成的样品，其代表性会大于样本少的个体组成的样品。"此所谓"应当"并不意味着法律上的义务，只涉及比较样品的差异可能影响监测结论的准确性问题，属于技术合理性的范畴。又如，《土壤环境监测技术规范》（HJ/T 166—2004）中关于"简单随机布点"方法，要求"随机数的获得可以利用掷骰子、抽签、查随机数表的方法"。此处所谓"可以"也不意味着检测者享有某种法律上的权利。结合这句话的前后文我们发现，这只是对"简单随机布点"所做的符合技术性和科学性的描述。① 正因为标准中的"可以"无关法律上的权利，因此标准文本中并不存在另一种表达方式——"有权"，也不能将标准文本中的"可以"替换成"有权"。但在法律文本中，"可以"与"有权"可以互换。

（3）后果，指人们遵守或违反规范的行为模式所产生的效果，可分为肯定性后果（不违背行为模式时）和否定性后果（违背行为模式时）。在法律规范中，这

---

① 这句话的完整内容是："5.2.1 简单随机：将监测单元分成网格，每个网格编上号码，决定采样点样品数后，随机抽取规定的样品数的样品，其样本号码对应的网格号，即为采样点。随机数的获得可以利用掷骰子、抽签、查随机数表的方法。关于随机数骰子的使用方法可见 GB 10111《利用随机数骰子进行随机抽样的办法》。简单随机布点是一种完全不带主观限制条件的布点方法。"

种肯定性或否定性后果,体现的是立法者的意志,属于具有价值取向性质的评价。前者如《合同法》第 8 条第 2 款:"依法成立的合同,受法律保护。"后者如《标准化法》第 20 条:"生产、销售、进口不符合强制性标准的产品的……没收产品和违法所得,并处罚款。"

标准规范有无"后果"要素?未见有论著对此进行讨论。如果从法律规范的后果体现了规范制定者对行为人的行为后果所进行的具有价值取向的评价来看,应该说标准是不存在这种后果的,因为无论是遵守还是违反标准要求的行为模式,都不涉及标准制定者对此种行为的、具有主观意志的、价值取向性质的评价。但是,如果从科学和技术的角度看,我们认为行为人遵守或违反标准的要求也会有一定后果发生。例如,《土壤环境监测技术规范》(HJ/T 166—2004)中关于"分块随机"的要求是:"根据收集的资料,如果监测区域内的土壤有明显的几种类型,则可将区域分成几块,每块内污染物较均匀,块间的差异较明显。将每块作为一个监测单元,在每个监测单元内再随机布点。在正确分块的前提下,分块布点的代表性比简单随机布点好,如果分块不正确,分块布点的效果可能会适得其反。"这里的"代表性比简单随机布点好"或"适得其反",也是一种后果。但是,这种后果仅仅是标准的制定者根据科学和技术的原理对"分块随机"取样要求后果的一种预测,认为如果不按照标准的要求取样,其所取样品的代表性不会比简单随机布点好,而是"适得其反"。取样的代表性"适得其反",就会影响到检测结论的科学性。

从上述关于规范构成的分析中,我们不难得出结论:标准与法律虽然同属于规范,但二者性质截然不同。标准的规范构成要素本身不具有法律意义,而仅具有科学和技术的意义。因此,标准并不具有法律的规范性或类似的规范性,标准的规范性仍只在科学技术层面,也就是说标准属于单纯的技术规范。

实际上,在标准的文本中,大量的内容与法律上的权利和义务毫无关系。例如《土壤环境监测技术规范》(HJ/T 166—2004)最为大量的文字是如同以下关于采样的要求:"采样次序自下而上,先采剖面的底层样品,再采中层样品,最后采上层样品。测量重金属的样品尽量用竹片或竹刀去除与金属采样器接触的部分土壤,再用其取样。"这样的文字里,我们找不到丝毫法律规范的影子。

三、标准的规范效力

标准的规范属性只是我们认识标准不同于法律的一个层面,更深的一个层面是从标准的规范效力及标准与法律的规范效力比较中获得对标准的认知。

法律的规范效力,即法的效力,是指法律所具有的约束力和强制力。法的效力来源于法律本身,法是由拥有立法权的立法机关制定的,立法机关制定法律时即赋予法律以约束力和强制力。例如,《标准化法》第 26 条规定:"本法自 1989 年 4 月 1 日起施行。"这不仅意味着该法发生效力的起始时间(实施日期),也意味着该法从产生效力之日起即对一定范围的人和组织具有约束力和强制力。

标准是否具有规范效力呢?答案当然是肯定的。赋予标准以规范效力,是标准化工作的出发点,也是标准化工作的基本要求。只有赋予标准以规范的效力,才能实现标准化工作的目标。从这个意义上说,就不只是强制性标准具有规范的效力,推荐性标准和企业标准也应具有规范效力。例如,关于推荐性标准,《标准化法》第 15 条第 1 款关于产品认证的规定中,其所谓"国家标准或者行业标准"并不限于强制性标准,也包括推荐性标准。根据《标准化法》第 21 条的规定,被授予认证证书的产品不符合国家标准或者行业标准的,不论违反的是强制性标准还是推荐性标准,均构成标准违法行为。这就说明了推荐性标准也具有规范效力。又如,关于企业标准,《标准化法》第 6 条第 2 款规定:"企业生产的产品没有国家标准和行业标准的,应当制定企业标准,作为组织生产的依据。"这不仅意味着企业生产必须有标准,如无国家标准和行业标准,企业就"应当"自定标准;而且意味着企业自定标准的,"应当"以企业标准作为组织生产的依据。这也表明企业标准对企业来说具有规范效力。

对各类标准的规范效力,原国家技术监督局 1990 年颁布的《企业标准化管理办法》规定得更加明确。该办法第 17 条规定:"国家标准、行业标准和地方标准中的强制性标准,企业必须严格执行;……推荐性标准,企业一经采用,应严格执行;企业已备案的企业产品标准,也应严格执行。"第 18 条进而规定:"企业生产的产品,必须按标准组织生产,按标准进行检验。"这些规定都明确了不论是强制性标准还是推荐性标准,不论是国家标准、行业标准、地方标准还是企业标准,都具有法律意义上的约束力和强制力。

因此,在标准的规范效力问题上,必须指出:在对标准著作权保护问题持反对态度的学者所主张的理由中,那种仅仅依据《标准化法》第 14 条前半段关于"强制性标准必须执行"的规定以及依据强制性标准被冠以"强制性"字样就认为只有强制性标准具有强制效力的认知,是不准确的。基于这样的认识进而主张对强制性标准和推荐性标准的著作权保护问题实行差别待遇,也是难以成立的,它不能说明同为标准,为什么推荐性标准和企业标准可以受著作权保护,而强制性标准就不能获得著作权保护。

我们认为,在讨论标准的规范效力问题上,关键不在于标准有无规范效力,而在于其规范效力的来源及获得这种规范效力的方式。法律的规范效力来自于法律自身。标准的规范效力的来源是什么？来源于标准本身吗？答案是否定的。由上述标准与法律的规范性的分析即可看出，标准文本中所采用的"可以""必须""不得"等行为模式用语，只具有科学和技术的意义，而不具有法律上的意义；其后果也只表明违反标准的行为不能获得技术上的合理效果，而不具有法律上的否定性评价的效果。因此，标准本身并不能直接产生规范效力。

标准的规范效力既然不能从标准自身获得，那么只能从标准之外去寻找其规范效力的来源。标准的规范效力只能来源于法律，是法律赋予标准以规范效力。正是因为法律的规定，生产某一产品的企业才负有法律上执行标准的义务；也正是由于法律的规定，违反标准的企业才应承担不利的法律后果（法律责任）。

具体来说，标准的规范效力来源于《标准化法》及相关法律的规定。关于强制性标准，该法第 14 条规定："强制性标准，必须执行。不符合强制性标准的产品，禁止生产、销售和进口。"2009 年的《食品安全法》第 19 条也规定"食品安全标准是强制执行的标准"。第 27 条进而规定"食品生产经营应当符合食品安全标准"。这是强制性标准获得规范效力的法律依据。[①] 关于推荐性标准和企业标准，上述有关其规范效力的分析，也说明其效力来源是《标准化法》及原国家技术监督局《企业标准化管理办法》的规定。因此，我们只有依据《标准化法》等法律才能获得标准规范效力的认知，否则就无从认知标准的规范效力。

尽管上述分析的结论是标准均具有规范效力，其规范效力来源于《标准化法》等法律的规定，但是不同标准获得规范效力的方式和规范效力的强度并不相同。根据《标准化法》等上述有关规定，强制性标准获得规范效力的方式是《标准化法》第 14 条的直接规定；推荐性标准获得规范效力的方式是企业"采纳"了推荐性标准。至于企业标准获得规范效力的方式，则是企业"自定"了生产标准，依据法律的规定，企业就必须执行自定的标准。

从标准与法律的规范效力比较中，我们同样可以得出标准与法律在规范上的本质区别。法律的规范效力是法律自身所具有的，其来源于法律本身；而标准的规范效力并非标准自身所具有，其规范效力来自外部，是法律赋予标准以规范效力。严格说来，标准的规范效力实际上是法律的规范效力，而不是标准自己的效力。因此，标准不属于更不等于法律规范。

---

① 郭济环在《我国技术法规概念刍议》（载《科技与法律》2010 年第 2 期）一文中正确指出"我国的强制性标准是由《标准化法》赋予其强制力，不遵守强制性标准的行为，直接依据《标准化法》进行制裁。"

四、标准在标准违法行为认定中的地位与作用

标准与法律的规范性差异,还可以通过对标准与法律在标准违法行为认定中所具有的不同地位和作用来认识。

从法的层面看,一项违法行为的判定必须依据法律规定,违法行为之"违法性"就在于该行为违反了法律的规定或者与法律的规定相抵触。对一项违法行为的处罚,也必须依据法律的规定,行为人只在法律规定的范围内对其违法行为承担法律责任。离开了法律,我们就无从认定某一行为违法并要求该行为人承担法律责任。标准违法行为的认定及其法律责任的追究也是如此。

当然,标准违法行为的认定与标准也有关系。但是,如果单就标准而言,我们则无从判定标准违法行为,并对标准违法行为追究法律责任。因为任何标准文本既没有规定哪些行为是标准违法行为,更没有规定对违反标准的行为追究何种法律责任。如果要判定标准违法行为,对标准违法行为追究法律责任,只能依据《标准化法》或其他相关法律的规定。例如,《标准化法》第 20 条规定:"生产、销售、进口不符合强制性标准的产品的,由法律、行政法规规定的行政主管部门依法处理,法律、行政法规未作规定的,由工商行政管理部门没收产品和违法所得,并处罚款;造成严重后果构成犯罪的,对直接责任人员依法追究刑事责任。"又如,《产品质量法》第 49 条规定:"生产、销售不符合保障人体健康和人身、财产安全的国家标准、行业标准的产品的,责令停止生产、销售,没收违法生产、销售的产品,并处违法生产、销售产品(包括已售出和未售出的产品,下同)货值金额等值以上三倍以下的罚款;有违法所得的,并处没收违法所得;情节严重的,吊销营业执照;构成犯罪的,依法追究刑事责任。"离开了《标准化法》及其相关法律的规定,我们无从对违反标准的行为之"违法性"做出认定,也无从对标准违法行为的法律后果做出认定。

虽然不能依据标准认定标准违法行为,但是标准在认定标准违法行为中并非毫无意义。实际上,标准在标准违法行为的认定上具有重要的基础地位。标准违法行为的认定必须以"违反标准"的事实认定为基础。只有在存在"违反标准"的事实认定基础上,才能进而认定企业的行为构成标准违法行为。在标准违法行为的判定上,我们应当区分违反标准与标准违法行为,前者只是事实认定,后者才是违法行为认定。广西贵港市恒生福利造纸厂等不服长沙市质量技

术监督局行政处罚纠纷案,[①]为我们正确地理解这一点提供了很好的例证。

该案的基本情况:长沙市质量技术监督局于 2007 年 9 月 18 日对长沙中桥纸业有限公司销售的标注"广西贵港市恒生福利造纸厂"生产的"舒柔牌"乐家生活用纸进行抽检,并于当月 23 日将抽签产品送至浏阳市产品质量监督检验所,委托该所对样品的水分等 7 个项目进行检验。该所将样品开封后发现内有《产品合格证》,上面标注的生产日期为 2007 年 5 月 6 日,生产标准为 QB 2500—2000 等。2007 年 9 月 28 日,浏阳市产品质量监督检验所做出检验结论:所检项目标识标注、细菌菌落不符合标准要求。"据此检验结论",长沙市质量技术监督局认定广西贵港市恒生福利造纸厂 2007 年 5 月 6 日生产的舒柔牌乐家生活用纸不符合其产品标识标注的中华人民共和国轻工行业标准《皱纹卫生纸》(QB 2500—2000)这一强制标准的要求,系不合格产品。在经历了相关程序后,2007 年 10 月 29 日,长沙市质量技术监督局对长沙中桥纸业有限公司作出《行政处罚决定书》(湘长质监罚字〔2007〕第 565 号),依据《长沙市标准化管理条例》第 22 条的规定,对该公司做出了责令改正、罚款、没收违法所得等行政处罚。

在本案中,送检的产品(样品)"不符合标准"的事实认定和生产销售"不合格产品"的违法行为认定是明显分开的。浏阳市产品质量监督检验所对涉案产品的样品进行检验,结论是"所检项目标识标注、细菌菌落不符合标准要求",属于"不符合标准"的事实认定,依据的是中华人民共和国轻工行业标准《皱纹卫生纸》(QB 2500—2000)。长沙市质量技术监督局认定涉案企业生产和销售的产品属于"不合格产品",真正的含义是涉案企业存在着生产销售不合格产品的违法行为,属于违法行为认定,这一认定的依据是《长沙市标准化管理条例》,而非涉案产品的生产标准。同时,长沙市质量技术监督局依据《长沙市标准化管理条例》对涉案企业做出行政处罚决定。在本案中,一句"据此检验结论",即将产品不符合标准的事实认定与生产、销售不合格产品的违法行为认定区分开来,同时也清楚地交代出前者与后者的关系,即前者构成了后者违法行为认定的事实基础。

在本案中,浏阳市产品质量监督检验所为什么不能做出涉案企业销售不合格产品的行为认定?除了其不具有执法主体资格的原因外,关键的是,涉案产品的标准虽然是强制性标准,但依据该标准本身无法得出涉案企业行为违法的结论。长沙市质量技术监督局"据此检验结论"可得出涉案企业行为违法的结

---

① 长沙市中级人民法院(2008)长中行终字第 0087 号行政判决书,见北大法宝网站,https://www. pkulaw. com/pfnl/a25051f3312b07f3cd69cc3082834477c26f43af41321a3dbdfb. html,2013 年 9 月 13 日访问。

论,并不是依据该产品的标准,而是依据《长沙市标准化管理条例》。

从标准违法行为的认定上,我们可以得出结论:标准不足以构成认定标准违法行为的依据,只有法律才是认定标准违法行为的依据;因此标准与法律虽同为规范,但不属于同一性质的规范,或者说标准不属于法律规范。

五、结语:标准应受著作权保护

在上述分析的基础上,我们回到引言所述标准著作权保护问题上。著作权的客体是作品,标准具有作品属性,这一点没有异议,即便是对标准著作权保护问题持反对态度的学者也大多承认标准具有作品属性。[1] 因此问题不在于标准是否属于作品,而在于标准是否属于《著作权法》第5条不受著作权法保护的作品范畴,其中的关键又在于标准是否属于法规性质的作品。本文通过对标准的规范性与规范效力的分析,已经明确了标准的规范性与法律的规范性存在着本质的区别,标准的规范效力并非来自标准本身而是来自法律的规定,因此标准作为规范本质上属于技术规范,而不属于法律规范,不宜将标准归入《著作权法》第5条规定的不受著作权保护的法规类作品范畴,我们没有理由将标准排除在著作权保护之外。同时,既然我们已经确认对国际标准[2]和企业标准给予著作权保护,那就更无理由对标准实行不同的著作权保护政策,将其中的一部分标准排除在著作权保护之外。

当然,标准作为技术规范,与著作权法保护的其他作品之间存在着区别,因此对标准的著作权保护也需要建立相应的特殊规则。

---

① 周应江、谢冠斌认为,标准可以构成著作权法上的作品,只是由于它们是国家机关发布的具有立法、行政性质的文件,依《著作权法》第5条的规定,不应受到著作权法的保护。参见周应江、谢冠斌:《技术标准的著作权问题辨析》,载《知识产权》2010年第3期。

② 对国际标准给予著作权保护,是我国作为国际标准化组织成员所应承担的一项义务。国家标准化管理委员会2007年发布了《ISO和IEC标准出版物版权保护管理规定(试行)》,明确了保护ISO、IEC标准出版物的态度,并对其发行、使用、复制、销售和翻译等作了具体规定。该《规定》第26条进而指出,对其他国家和国际组织有关标准出版物的复制、销售、翻译出版的管理"参照本规定执行",同样提供相应的著作权保护。

3.

标准对法律发挥作用的规范基础[*] ■

【摘要】标准对法律规范社会行为具有重要的作用,这种作用建立在标准的规范性基础之上。《标准化工作导则 第 1 部分:标准化文件的结构和起草原则》(GB/T 1.1—2020)为我们认识标准的规范、分析标准的规范性进而解释标准对法律所发挥的作用提供了路径指引。通过对标准的构成要素、标准的表达方式和标准的体系构成三个层面的分析,可以系统地阐释标准对于法律所发挥作用的规范基础。

一、引言

法是人们的行为规范,法的规范意义表现在,它通过规定人们在法律上的权利和义务及违反义务应承担的法律责任,使人们得以明确什么是可为的、什么是不可为的,什么是应当为的、什么是不应当为的,如果违背法的规定又应承担何种责任。法对人们的行为具有指引、评价、预测、教育和强制等作用(功能)。[1]

标准作为外在于法的规范系统,本无法的规范效力,但当它通过法律规定或当事人的约定进入法的系统时,[2]对法律规范社会行为却有了积极的作用。在我国现行法中,约有四成法律直接规定了标准,[3]标准对法律发挥着重要的支

---

* 本文原题为"论标准对法律发挥作用的规范基础",载《行政法研究》2021 年第 1 期。

① 张文显:《法的概念》,法律出版社 2011 年版,第 17、105 页。

② 关于标准进入法律的路径,参见柳经纬:《论标准的私法效力》,载《中国高校社会科学》2019 年第 5 期。

③ 柳经纬、许林波:《法律中的标准——以现行法律文本为分析对象》,载《比较法研究》2018 年第 2 期。

撑作用。① 在交易中,合同标的质量的确定普遍地依赖标准,标准通过约定进入合同,对合同权利义务的确定、合同的履行乃至违约责任的承担都具有重要的影响。② 这是一种十分显目且独特的法律现象,需要我们从理论上加以解释。

标准之所以能够在法律规范社会行为中发挥作用,是因为它本身也是一种规范,具有规范性,③标准对法律所具有的作用建立在标准的规范性基础之上。当标准进入法的系统时,标准的规范性使标准可以转换为具有法律意义的行为规范或者成为法律规范的具体内容,对人们的行为起到指引、评价、预测和强制等作用。因此,分析标准的规范和规范性,是研究标准对法律的作用的一项基础性工作。

国家标准《标准化工作导则 第 1 部分:标准化文件的结构和起草原则》(GB/T 1.1—2020)④(以下简称 GB/T 1.1—2020⑤)是一部指导和规范标准化文件编写工作的文件。它确立了标准文件的结构及其起草的总体原则和要求,规定了标准文件的名称、层次、要素的编写和表述规则以及文件的编排格式。它虽然只是一项推荐性国家标准,并不具有强制性,但是在标准化工作中得到普遍的遵守,它已成为编制国家标准、行业标准、地方标准和团体标准、企业标准最主要的依据。⑥ GB/T 1.1—2020 为我们认识标准的规范性进而阐释标准对法律所发挥作用的规范基础提供了路径指引。本文拟以 GB/T 1.1—2020 为

---

① 参见柳经纬:《论法律对法律的支撑作用》,载《厦门大学学报(哲学社会科学版)》2020 年第 6 期。

② 参见柳经纬:《合同中的标准问题》,载《法商研究》2018 年第 1 期。

③ 《标准化法》第 2 条将标准定义为"农业、工业、服务业以及社会事业等领域需要统一的技术要求",国家标准《标准化工作指南 第 1 部分:标准化和相关活动的通用术语》(GB/T 20000.1—2014)第 5.3 条将标准定义为"为各种活动或其结果提供规则、指南或特性,供共同使用和重复使用的文件"。此所谓"技术要求"或各种活动或结果的"规则、指南或特性",均表明标准属于规范的范畴,具有规范的属性。

④ GB/T 1.1—2020 由国家市场监督管理总局和国家标准化管理委员会于 2020 年 3 月 31 日发布,2020 年 10 月 1 日实施,中国标准出版社出版,为现行有效标准。

⑤ GB/T 1.1—2020 是国家标准《标准化工作导则 第 1 部分:标准化文件的结构和起草原则》的编号,由推荐性国家标准的代号"GB/T"、标准发布的顺序号"1.1"和标准发布的年号"2020"构成。标准的编号如同居民的身份证号,具有唯一性。

⑥ 例如,《国家发展改革委行业标准制定管理办法》第 16 条规定:"行业标准编写应符合 GB/T 1《标准化工作导则》和相关行业标准编写要求。"《北京市地方标准管理办法》第 31 条第 6 项规定:"标准编写应当符合国家标准 GB/T 1.1《标准化工作导则 第 1 部分:标准的结构和编写》的要求。"《河南省地方标准管理办法》第 7 条规定:"地方标准的编写参照国家标准 GB/T 1《标准化工作导则》的要求。"《团体标准管理规定》第 15 条第 1 款规定:"团体标准的编写参照 GB/T 1.1《标准化工作导则 第 1 部分:标准的结构和编写》的规定执行。"

指引,参考 GB/T 1.1—2020 的历史版本(主要是 GB 1.1—2009),①从标准的构成要素、标准的表达方式和标准的体系构成三个层面分析标准的规范性,试图系统地阐释标准对于法律规范社会行为所发挥作用的规范基础。

二、标准的构成要素

标准依其信息载体不同可划分为标准文件和标准样品。标准文件以文字为信息载体,标准样品以实物为信息载体。前者的作用是对特定的标准化对象(产品、过程、服务)做出规定,作为从事该领域活动的准则;后者的作用是提供实物,作为货品质量检验鉴定的对比依据。② 人们通常说的标准,如国家标准、行业标准、地方标准、企业标准、国际标准等,主要指标准文件。

标准(标准文件)的内容因标准化的对象不同而存在差异。例如,国家标准《学科分类与代码》(GB/T 13745—2009),其标准化对象是学科分类,其内容包括学科分类原则、学科分类依据、编码方法、学科分类体系及学科的代码,重点是《学科分类代码表》,该表详尽地列出自然科学、农业科学、医药科学、工程与技术科学、人文与社会科学所有一、二、三级学科的名称及其代码(均由阿拉伯数字构成)。国家标准《压力容器》(GB 150—2011)的对象是压力容器,内容包括压力容器的通用要求以及材料、设计、制造、检验和验收的技术要求,其中包括各种图形、表格、数据和公式以及出厂资料、运输包装等具体要求。无论内容还是形式,上述两项标准都存在着明显的差异。因此,标准化理论界认为"由于标准之间的差异较大,较难建立一个普遍接受的内容划分规则",③人们只能就标准的一般构成而非某项标准的具体内容做出理论上的描述。GB/T 1.1—2020 就标准一般应包括的内容给出了指导意见。

根据 GB/T 1.1—2020 的规定,标准的内容由各种"要素"(elements)构成。构成标准的要素分为"规范性要素"(normative elements)和"资料性要素"(informative elements)。规范性要素是指"界定文件范围或设定条款的要素"

---

① GB/T 1.1—2020 的历史版本包括 GB 1—1958、GB 1.1—1981、GB 1.1—1987、GB/T 1.1—1993、GB/T 1.1—2000、GB/T 1.1—2009。GB/T 1.1—2009 是指原国家质量监督检验检疫总局和国家标准化管理委员会 2009 年发布的《标准化工作导则 第 1 部分:标准的结构和编写》(GB/T 1.1—2009),2020 年 10 月 1 日被 GB/T 1.1—2020 所替代。

② 李春田主编:《标准化概论》,中国人民大学出版社 2014 年第 6 版,第 32 页。

③ GB/T 1.1—2009 第 5 章"结构"。

（第 3.2.3 条①），它确定了标准的适用对象和范围，规定了适用对象应当满足的技术指标。规范性要素包括标准文本中的范围、术语和定义、符号和缩略语、分类和编码/系统构成、总体原则和/或总体要求、核心技术要素和其他技术要素。资料性要素是指"给出有助于文件的理解或使用的附加信息的要素"（第 3.2.4 条），它的作用在于帮助标准的使用者理解和使用标准。资料性要素包括标准文本中的封面、目次、前言、引言、规范性引用文件、参考文献和索引。在标准构成要素中，资料性要素不具有规范性，标准的使用者"无需遵守"；②具有规范意义的是规范性要素，规范性要素是标准的使用者需遵守的内容。③ 按照 GB/T 1.1—2009 第 3.4 条所下的定义（"声明符合标准而需要遵守的条款的要素"），规范性要素所具有的规范意义在于，如果某企业声明其产品或服务符合某项标准，那么该企业就应当遵守这一标准。标准进入法律的系统之所以能够发挥规范作用，正是由于规范性要素所具有的规范性。

（1）范围。"范围"规定的是标准的标准化对象及标准的适用与不适用界限（范围）。例如，在国家标准《婴儿摇篮的安全要求》（GB 30004—2013）第 1 章"范围"中，"本标准规定了婴儿摇篮的安全技术要求、试验方法、标识和使用说明"，是关于标准化对象的规定；"本标准适用于供小于 5 个月的婴儿或未能坐起、跪起、爬起的婴儿使用的婴儿摇篮，其内部长度不大于900 mm"，是关于标准适用界限的规定；"本标准不适用于婴儿摇椅、提篮、秋千"，则是关于标准不适用界限的规定。标准关于范围的规定，其规范意义在于，援引标准评价产品或服务的质量时，应符合关于范围的规定，不能将标准用于评价超出其范围的产品或服务，尤其是不适用标准已经明确规定不适用界限的产品或服务。例如，按照上述《婴儿摇篮的安全要求》（GB 30004—2013）关于范围的规定，如果生产者提供的婴儿摇篮是"供小于 5 个月的婴儿或未能坐起、跪起、爬起的婴儿使用"且"其内部长度不大于900 mm"，那么就可以适用该项标准对此进行质量评价；如果不属于这一适用界限的婴儿摇篮或者明确不适用该项标准的"婴儿摇椅、提篮、秋千"，则不能适用该项标准对此进行质量评价。如果生产者提供的婴儿摇篮符合该项标准规定的婴儿摇篮的安全技术要求，那么即可认定为合格产品，生产者生产的婴儿摇篮符合法律的规定；如果不符合该项标准规定的

---

① 标准文本中的条文设置与法律不同。条的设置可以是多层次的，第一层次的条可分为第二层次的条，第二层次的条还可细分为第三层次的条，一直可分为第五层次，从而形成了"3.1""3.1.1""3.1.1.1""3.1.1.1.1"多层次的条文。参见白殿一、王益谊等：《标准化基础》，清华大学出版社 2019 年版，第 98 页。

② 王忠敏主编：《标准化基础知识实用教程》，中国标准出版社 2010 年版，第 71 页。

③ 王忠敏主编：《标准化基础知识实用教程》，中国标准出版社 2010 年版，第 70～71 页。

安全技术要求,则应认定生产者提供的婴儿摇篮存在产品缺陷,生产者应依法对其生产有缺陷的产品的行为承担法律责任。

(2)术语和定义、符号和缩略语。"术语和定义"是用来界定标准文本所使用的某些概念,①其规范意义在于,通过对标准使用的概念给出确定的含义,避免在适用标准时对概念产生不同的理解,从而确保标准得以准确的适用。"符号和缩略语"则是用来对标准文本中所使用的符号和缩略语的含义作出界定,其功能与"术语和定义"类似。例如,国家标准《电动轮椅车》(GB/T 12996—2012)分别对电动轮椅车、电动室内型轮椅车、电动室外型轮椅车、电动道路型轮椅车、电动代步车等术语和含义作了界定,在电动轮椅车的分类中将其分为室内型、室外型、道路型三种类型,并分别用大写汉语拼音字母"N""W""L"表示,注明电动代步车的三种型号。这就明确了电动轮椅车各种术语的确定含义及相互之间的关系,为不同类型电动轮椅车的技术要求的适用奠定了基础。在法律上,就可以根据电动轮椅车的具体型号("N""W""L")确定所应满足的技术要求,进而判定生产经营者提供的电动轮椅车是否合格,应否承担法律责任。

(3)总体原则和/或总体要求、核心技术要素、其他技术要素。"总体原则和/或总体要求"用来规定编制标准的总的原则或要求,"核心技术要素"用来规定标准化对象(产品或服务)的技术要求,"其他技术要素"用来规定标准化对象(产品或服务)的实验条件、仪器设备、取样以及标签、包装等技术要求。在标准文本中,总体原则和/或总体要求、核心技术要素、其他技术要素规定在标准文本的"要求"一章里。根据 GB/T 1.1—2009 的规定,"要求"应包括:①直接或以引用方式给出标准涉及的产品、过程或服务等方面的所有特性;②可量化特性所要求的极限值;③针对每个要求,引用测定或检测特性值的试验方法,或者直接规定试验方法。例如,食品安全国家标准《生乳》(GB 19301—2010)第 4 章"技术要求"规定了生乳的感官要求、理化指标、污染物限量、真菌毒素限量、微生物限量、农药残留限量和兽药残留限量。其中,理化指标、微生物限量列出具体项目和指标要求,并规定了各项指标检验所适用的具体标准,如微生物限量中"菌落总数"限量$[CFU/g(mL)]$为"$\leqslant 2 \times 10^6$",检验方法适用的标准为"GB 4789.2";②污染物限量、真菌毒素限量、农药残留限量和兽药残留限量规

---

① 这种方法也被立法所采用。例如,《食品安全法》第 150 条对"食品""食品安全""预包装食品""食品保质期""食源性疾病""食品安全事故"等术语的含义作了规定;《药品管理法》第 100 条对"药品""辅料"等术语的含义作了规定。

② GB 4789.2 的最新版本是食品安全国家标准《食品微生物学检验 菌落总数测定》(GB 4789.2—2016)。

定了应适用的相关标准,如规定"污染物限量:应符合 GB 2762 的规定"。[①] 上述感官要求、理化指标、污染物限量等构成了生乳产品质量的指标体系。其规范意义在于,生乳供应商提供的生乳应当符合食品安全国家标准《生乳》(GB 19301—2010)规定的各项指标的要求,如果达不到食品安全国家标准《生乳》(GB 19301—2010)各项指标的要求,应当对自己违反食品安全义务的行为承担法律责任。

在一些标准中,除了正文的"要求"一章外,还有"规范性附录",对标准正文提到的技术要求内容予以补充。例如,国家标准《医疗机构水污染物排放标准》(GB 18466—2005)有 6 个规范性附录,分别为:附录 A"医疗机构污水和污泥中粪大肠菌群的检验方法"、附录 B"医疗机构污水和污泥中沙门氏菌的检验方法"、附录 C"医疗机构污水及污泥中志贺氏菌的检验方法"、附录 D"医疗机构污泥中蛔虫卵的检验方法"、附录 E"医疗机构污水和污泥中结核杆菌的检验方法"、附录 F"医疗机构污水污染物(COD、BOD、SS)单位排放负荷计算方法"。该标准第 6 章"取样与监测"之第 6.1.5 条规定"监测分析方法按表 5 和附录执行",表 5"水污染物监测分析方法"列出了 A、B、C、E 四项附录;第 6.1.6 条则规定"污染物单位排放负荷计算见附录 E"。规范性附录的内容主要属于"要求"的范畴,与"要求"具有相同的规范意义。

上述分析表明,标准中的规范性要素构成了标准在法律上具有规范作用的基础,当标准通过法律的规定或合同的约定进入法律系统后,即可实现向法律规范的转化,在法律规范社会行为中发挥积极的作用。

三、标准的表达方式

标准化有一套相对独立的话语体系,这一套话语体系决定了标准规范的表达具有自身的特点。在标准文本中,载明有关技术要求的形式是"条款"。根据 GB/T 1.1—2020 第 9.1 条和附录 C(规范性)"条款类型的表述使用的能愿动词或句子预期类型"的规定,条款有五种类型——要求、指示、推荐、允许和陈述,不同类型的条款使用不同的用语(能愿动词,即助动词)或句式来表达。要

---

① GB 2762 的最新版本是食品安全国家标准《食品中污染物限量》(GB 2762—2017)。该标准规定了食品中铅、镉、汞、砷、锡、镍、铬、亚硝酸盐、硝酸盐等污染物的限量指标。

求型条款的用语为"应"("应该""只准许")、"不应"("不应该""不准许");①指示型条款采用祈使句,表达标准使用人需要完成的行动;推荐型条款的用语为"宜"("推荐""建议")、"不宜"("不推荐""不建议");允许型条款的用语为"可"("可以""允许")、"不必"("可以不""无须");陈述型条款的用语为"能"("能够")、"不能"("不能够"),"可能"("有可能")、"不可能"("没有可能")。在标准条款的形式上,除了条文外,还采取图(如设计图、线路图)、表、注、示例、脚注等形式。GB/T 1.1—2020 甚至要求:如果用图、表提供的信息更便于人们对标准的理解,则"宜使用"图、表。注、示例、脚注均为资料性,其意义在于提供有助于理解或使用标准的信息,而不提供包括"要求"或对于标准的应用必不可少的信息。

显然,标准规范的表达方式与法律规范的表达方式有明显的差异。在用语上,法律通常不使用"应""不应","宜""不宜","可""不必","能""不能""可能""不可能"这类用语,而使用"应当""可以""有权""负有义务""承担责任"等用语;法律通常也不使用图和表。更为重要的是,标准的表达方式并不直接具有法的意义。法通过权利义务的配置达到规范社会行为的目的,法的规范要么指向权利(授权性规范),要么指向义务(义务性规范),法的规范规定了哪些行为可为或不可为,哪些行为当为或不当为。然而,标准的表达方式并不直接具有法的规范意义。在用语上,根据 GB/T 1.1—2009 关于标准用语功能的说明,"应""不应"用于"表示声明符合标准需要满足的要求";②"宜""不宜"用于"表示在几种可能性中推荐特别适合的一种,不提及也不排除其他可能性",或者"表示某个人行动步骤是首选的但未必是所要求的",或者"表示不赞成但也不禁止某种可能性或行动步骤";③"可""不必"用于"表示在标准的界限内所允许的行

---

① 虽然 GB/T 1.1—2020 建议不使用"必须"代替"应",不使用"不可""不得""禁止"代替"不应",但是有些标准为了表示"应""不应"的强度,也使用"必须""禁止"。例如,国家标准《危险废物贮存污染控制标准》(GB 18597—2001)第 4.5 条规定:"禁止将不相容(相互反应)的危险废物在同一容器内混装。"第 4.8 条规定:"医院产生的临床废物,必须当日消毒,消毒后装入容器。"第 5.3 条规定:"装载危险废物的容器必须完好无损。"

② 例如,国家标准《电动轮椅车》(GB/T 12996—2012)第 5 章"表面要求"之第 5.1.1 条规定:"轮椅车零部件外表以及所有手能触及的部位均应平整光滑,不得有锋棱、毛刺、尖角等。"第 5.1.2 条规定:"轮椅车所有软包部位应质地柔软,富有弹性,缝边应牢固整齐,外表面不应有皱褶、褪色、跳线和破损等缺陷。"

③ 例如,国家标准《地铁设计防火标准》(GB 51298—2018)第 4.3.1 条规定:"(地上车站)站厅公共区每个防火分区的最大允许建筑面积不宜大于 5000 平方米。"第 8.3.1 条规定:"地下区间的排烟宜采用纵向通风控制方式,采用纵向通风方式确有困难的区段,可采用排烟道(管)进行排烟。"

动步骤";①"能""不能""可能""不可能"则用于"陈述由材料的、生理的或某种原因导致的能力或可能性"。② 在某些标准中,还会出现上述用语组合的情形,如"应不能"。③ 上述标准的用语所表达的内容,无论是表示声明符合标准需要满足的要求还是陈述由材料的、生理的或某种原因导致的能力或可能性,既不意味着法律上的权利也不意味着法律上的义务。在形式上,无论是图、表还是注、示例、脚注,其提供的信息只对人们理解标准条款有所帮助,同样不表示一项法律上的权利或者义务。

然而,当标准进入法律领域时,标准的表达方式则具有了法的规范意义。这种意义表现在,在法律领域,标准条款的用语和形式所表达的内容可以转变成标准使用者所承担义务的具体内容,对人们的行为起着指引和评价等作用。

首先,在标准条款的用语或者句式上,要求型条款中的"应"与"不应",原本只具有表示声明符合标准需要满足的要求的功能,在法的层面上则具有表达法律义务的功能。例如,国家标准《电动轮椅车》(GB/T 12996—2012)第 5 章"表面要求"之第 5.1.1 条规定:"轮椅车零部件外表以及所有手能触及的部位均应平整光滑,不得有锋棱、毛刺、尖角等。"第 5.1.2 条规定:"轮椅车所有软包部位应质地柔软,富有弹性,缝边应牢固整齐,外表面不应有皱褶、褪色、跳线和破损等缺陷。"上述两条均为要求型条款,在电动轮椅车买卖关系中,如果合同约定采用该标准,或者产品说明书载明执行该标准,那么卖方交付的电动轮椅车的表面应符合国家标准《电动轮椅车》(GB/T 12996—2012)第 5 章"表面要求"之第 5.1.1 条和第 5.1.2 条的要求,否则应承担瑕疵担保责任。

指示型条款采用祈使句的方式,通常在试验标准或规程标准中使用,用以对标准的使用人需要完成的行为做出明确的指示。④ 在法的层面上,指示性条

---

① 例如,国家标准《轻轨交通设计标准》(GB/T 51263—2017)第 4.2.2 条规定:"车辆模块编组可由不同型式的模块根据客流预测、设计运输能力、线路条件、环境条件及运营组织等要素确定。"第 4.2.4 条规定:"车辆两端可设自动车钩或半自动车钩。"

② 例如,国家标准《钢琴》(GB/T 10159—1995)第 4.1.4 条(音量)规定:"在全音域内均匀,能表现不同的强弱音,层次清楚。"国家标准《婴儿摇篮的安全要求》(GB 30004—2013)第 5.5 条(紧固件)规定:"为便于摇篮的搬运和储存的需要可卸下或可松下某些零部件,不能使用直接固紧的连接螺钉,如自攻螺钉。"

③ 例如,国家标准《婴儿摇篮的安全要求》(GB 30004—2013)第 5.10.1 条规定:"按 6.5.2 测试时,底铺面与侧板、底铺面与端板的间距以及底铺面的开口或板条的间距应不能通过25 mm的滑规。"第 5.10.3 条规定:"如果底铺面是可调的,不使用工具时,应不能将底铺面从较高位置调整到较低位置。"第 5.11.3 条规定:"如果侧板是网状结构的,按 6.5.2 测试时,网孔应不能插入直径5 mm的滑规。"

④ 白殿一、王益谊等:《标准化基础》,清华大学出版社 2019 年版,第 131 页。

款则有要求行为人应当按照指示为一定行为或不为一定行为的意义。例如,食品安全国家标准《食品微生物学检验 大肠菌群计数》(GB 4789.3—2016)第7章"操作步骤"第7.1.2条对液体样品的稀释作了规定:"以无菌吸管吸取25 mL样品置盛有225 mL磷酸盐缓冲液或生理盐水的无菌锥形瓶(瓶内预置适当数量的无菌玻璃珠)或其他无菌容器中充分振摇或置于机械振荡器中振摇,充分混匀,制成1∶10的样品匀液。"这一规定的法律意义在于,检验机构对送检食品进行大肠杆菌检验时,应当按照这一规定所指示的步骤对样品进行稀释,这是检验机构受托进行检验的义务。检验机构未按照这一规定指示的步骤进行样品稀释,导致检验结论错误,符合出具虚假检验报告的,应依据《食品安全法》第138条规定承担法律责任。

推荐型条款中的"宜"与"不宜",原本具有表示在几种可能性中推荐特别适合的一种或者表示不赞成但也不禁止某种可能性或行动步骤的推荐或建议功能,在法的层面上则具有指导行为人实施行为的规范意义。这种行为指导可能不具有义务的强制性,但标准的使用者如采用标准推荐或建议的方案,将不存在法律上的风险;如果不采用标准推荐或建议的方案,则可能存在法律上的风险。例如,国家标准《地铁设计防火标准》(GB 51298—2018)第4.3.1条规定:"(地上车站)站厅公共区每个防火分区的最大允许建筑面积不宜大于5000平方米。"第8.3.1条规定:"地下区间的排烟宜采用纵向通风控制方式,采用纵向通风方式确有困难的区段,可采用排烟道(管)进行排烟。"上述两条均属于推荐性条款,其法律意义在于,在地铁设计合同关系中,设计单位完成的设计方案如采用第4.3.1条和第8.3.1条推荐的方案,则不存在承担设计瑕疵责任的法律风险;如不采用第4.3.1条和第8.3.1条推荐的方案,则有可能存在承担设计瑕疵责任的法律风险。

允许型条款中的"可"与"不必",原本只是表达在同意或许可标准的使用人进行某种行为,在法律层面上则具有指导行为人实施行为的规范意义。例如,国家标准《美丽乡村建设指南》(GB/T 32000—2015)第7.2.1.3条规定:"农业固体废物污染控制和资源综合利用可按HJ 588要求进行。"HJ 588是指原环境保护部2010年发布的环境保护行业标准《农业固体废物污染控制技术导则》(HJ 588—2010)。第7.2.1.3条中的"可"虽然表示的是"同意""允许"的意思,但这也意味着按照HJ 588的要求处理农业废物,不具有法律上污染环境的风险,如果不是按照HJ 588的要求处理农业废物,则可能存在污染环境的法律风险。

陈述型条款中的"能"与"不能"、"可能"与"不可能",意在陈述由材料的、生理的或某种原因导致的能力或可能性,并不具有法律规范的意义。例如,国家标准《钢琴》(GB/T 10159—1995)第4.1.4条(音量)规定:"在全音域内均匀,能表现不同的强弱音,层次清楚。"该条款中的"能"表达的实际上是衡量钢琴质量的一项指标,在法律上可以构成钢琴生产者(卖方)的义务。又如,国家标准《婴儿摇篮的安全要求》(GB 30004—2013)第5.5条(紧固件):"为便于摇篮的搬运和储存的需要可卸下或可松下某些零部件,不能使用直接固紧的连接螺钉,如自攻螺钉。"该条中的"不能"表达的是婴儿车的一项安全指标,在法律上也可构成生产者(卖方)的义务。在标准的条款中,陈述型条款的用语常常与要求型条款的用语结合构成一个特定用语,如"应能""应不能",在法律上就更具有表达法律义务的功能。例如,国家标准《婴儿摇篮的安全要求》(GB 30004—2013)第5.10.1条规定:"按6.5.2测试时,底铺面与侧板、底铺面与端板的间距以及底铺面的开口或板条的间距应不能通过25 mm的滑规。"

在标准文本中,有些条款既有"应""不应"用语,又有"宜""不宜"或"可""可能"等用语,各种类型条款的用语混合使用。例如,国家标准《地铁设计防火标准》(GB 51298—2018)第7.1.2条规定:"消防用水宜由市政给水管网供给,也可采用消防水池或天然水源供给。利用天然水源时,应保证枯水期最低水位时的消防用水要求,并应设置可靠的取水设施。"这种条款表达的规范性要求,在法律上指向的是标准使用者的义务。

其次,在条款的形式上,图和表是条款的组成部分,能够更加直观地表达出条款的要求。例如,国家标准《婴儿摇篮的安全要求》(GB 30004—2013)第4.4条规定:"婴儿可触及区域内的可触及材料和表面涂层中可迁移元素的含量,应低于或等于表1中相应元素的最大限量要求。"

表1　材料中可迁移元素的最大限量

元素	锑 (Sb)	砷 (As)	钡 (Ba)	镉 (Cd)	铬 (Cr)	铅 (Pb)	汞 (Hg)	硒 (Se)
最大限量 mg/kg	60	25	1000	75	60	90	60	500

第5.1条规定:"摇篮外露的边缘和突出部件应倒角并且按6.4测试无毛刺或锐利边缘、尖端(见图1)。应无末端开口的管子。"

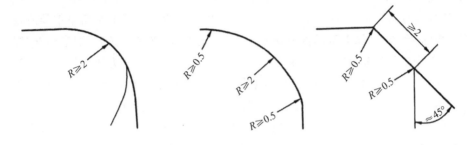

图 1　边和角的最小半径

　　表 1 和图 1 直观地表达出婴儿摇篮的安全要求,这些要求构成了婴儿摇篮生产者(卖方)义务的具体内容,也是判定婴儿摇篮安全性和质量的依据。

　　以上分析表明,标准的表达方式(条款的用语和形式)充分表达出对标准使用者即生产经营者的要求。在法律层面上,标准的表达方式所表达的内容足以在法律上构成生产经营者为或不为一定行为的规范。

四、标准的体系构成

　　GB/T 1.1—2020 第 5.1 条规定,制定标准的目标是"通过规定清楚、准确和无歧义的条款……从而促进贸易、交流以及技术合作"。为了达到这一目标,GB/T 1.1—2020 第 5.4 条提出标准编写的三项原则:一致性原则、协调性原则和易用性原则。一致性原则要求标准的结构及其构成内容"宜"保持一致,这是对标准内在体系的要求。协调性原则要求正在起草的标准与现行有效的标准之间"宜"相互协调、避免重复和不必要的差异,这是对标准外部体系的要求。易用性原则要求标准内容的表述"宜"便于直接应用,并且易于被其他标准引用或剪裁使用,这是建议标准的编制者编制标准时应考虑标准的外部体系。上述三原则均强调编制标准应注意标准的体系性。

　　标准构成要素中的"规范性引用文件"在标准体系的构建上发挥了重要的作用。编制标准时,如果该标准需要规定的有些内容在现行标准中已经作了规定,那么为了避免重复规定及重复规定可能导致的标准间的不协调等,可以采用引用的方法,列出引用标准的清单或在标准条款中写明引用的标准。[①] 这些

---

　　① 除了避免标准间的不协调外,采用引用方法的原因还包括避免篇幅过大、标准涉及其他专业领域。参见白殿一、王益谊等:《标准化基础》,清华大学出版社 2019 年版,第 121～122 页。

标准被引用后,成为标准应用时必不可少的文件,从而形成了由标准与被引用的标准构成的适用于特定标准化对象的标准体系。在通过引用方式形成的标准体系里,存在着标准引用的层级关系。所谓标准引用的层级,可以表述如下:A标准引用B标准,构成标准引用的第一个层级;B标准又引用C标准,构成了标准引用的第二个层级;C标准又引用了D标准,构成了标准引用的第三个层级。依此推演,形成了多层级的标准引用。以下以国家标准《月饼》(GB/T 19855—2015)为例分析标准引用的层级关系。

第一层级:国家标准《月饼》(GB/T 19855—2015)"规范性引用文件"列出了33项被引用标准的清单,并在具体的标准条款中分别规定了引用的具体标准。被引用标准清单中包括"GB 7099 糕点、面包卫生标准",第5.3条进而规定:卫生指标"应符合 GB 7099 食品安全标准的规定"。GB 7099《糕点、面包卫生标准》的最新版本是食品安全国家标准《糕点、面包》(GB 7099—2015)。[①] 这是第一层级引用的标准。

第二层级:食品安全国家标准《糕点、面包》(GB 7099—2015)未设"规范性引用文件"章,但在具体条文中引用了标准。该标准3.4条规定:"污染物限量应符合 GB 2762 的规定。"第3.5条关于微生物限量规定:"致病菌限量应符合 GB 29921 中熟制粮食制品(含焙烤类)的规定",[②]"微生物限量还应符合表3的规定",表3列出"菌落总数/(CFU/g)""大肠菌群/(CFU/g)""霉菌/(CFU/g)"各项的"采样方案及限量"和"检测方法"所适用的标准,这些标准包括 GB 4789.1、GB 4789.2、GB 4789.3、GB 4789.15。[③] 在食品安全国家标准《糕点、面包》(GB 7099—2015)引用的标准中,GB 2762 的最新版本是食品安全国家标准《食品中污染物限量》(GB 2762—2017)。这是第二层级引用的标准。

第三层级:食品安全国家标准《食品中污染物限量》(GB 2762—2017)同样未设"规范性引用文件"章,但在具体条款中引用了其他标准。第4.1.1条规定了焙烤食品中铅的限量为0.5 mg/kg。第4.1.2条(检验方法)规定:"按 GB

---

① 该标准原版是2003年发布的《糕点、面包卫生标准》(GB 7099—2003)。国家标准《月饼》(GB 19855—2015)"规范性引用文件"引用时用的是2003年版的名称。

② GB 29921 的最新版本是食品安全国家标准《食品中致病菌限量》(GB 29921—2013)。

③ GB 4789.1 的最新版本是食品安全国家标准《食品微生物学检验 总则》(GB 4789.1—2016),GB 4789.2 的最新版本是食品安全国家标准《食品微生物学检验 菌落总数测定》(GB 4789.2—2016)、GB 4789.3 的最新版本是食品安全国家标准《食品微生物学检验 大肠菌群计数》(GB 4789.3—2016)、GB 4789.15 的最新版本是食品安全国家标准《食品微生物学检验 霉菌和酵母计数》(GB 4789.15—2016)。

5009.12 规定的方法测定。"GB 5009.12 的最新版本是食品安全国家标准《食品中铅的测定》(GB 5009.12—2017)。这是第三层级引用的标准。

第四层级：食品安全国家标准《食品中铅的测定》(GB 5009.12—2017)规定了食品中铅含量测定的方法，包括石墨炉原子吸收光谱法、电感耦合等离子体质谱法、火焰原子吸收光谱法和二硫腙比色法。其中石墨炉原子吸收光谱法要求测试用的水应为"GB/T 6682 规定的二级水"。GB/T 6682 的最新版本是国家标准《分析实验室用水规格和试验方法》(GB/T 6682—2008)，该标准规定了二级用水的 pH 值、电导率等项指标。这是第四层级引用的标准。

国家标准《月饼》(GB/T 19855—2015)除了规定卫生指标外，还规定了小麦粉、白砂糖、花生、麦芽糖、食用油、月饼馅料等月饼原辅材料和月饼生产销售、食品添加剂、净含量负偏差、标签标识、包装等项指标引用的标准，依次推演开来，每一项指标均可能形成多个层级的标准引用关系。

不仅如此，在国家标准《月饼》(GB/T 19855—2015)第 5.3 条规定引用 GB 7099 之后，如果沿着食品安全国家标准《糕点、面包》(GB 7099—2015)第 3.5 条关于微生物限量的规定，还存在致病菌限量、微生物限量(菌落总数、大肠菌群、霉菌)各项指标的适用标准。这说明，在标准引用的各个层级上，仍可能推演出新的标准引用层级关系。

上述分析表明，围绕着月饼的质量与检测，通过标准的引用方法，足以构成一个以国家标准《月饼》(GB/T 19855—2015)为原点而展开的由多个层级引用标准构成的有序的呈树状的标准体系。国家标准《月饼》(GB/T 19855—2015)是这个树状标准体系的"树干"，逐级引用的标准是"树干"不断生长出来的"枝"和"叶"。这一树状的标准体系为月饼的生产经营及月饼质量的检测与认定提供了依据。

从法的技术层面上看，法的规范效力决定于法关于权利义务配置的确定性，而法的规范效力之整体效果与法的体系则成正比关系。法的体系越健全、越完善，法的规范效力之整体效果就越显著。法的体系不健全，法律规定有缺漏或者相互之间不能协调甚至存在冲突，法的规范效力之整体效果就会被削弱。

当标准进入法的系统时，如同法的规范效力之整体效果取决于法的体系一样，标准在法律调整社会关系、规范社会行为的作用上的效果也因标准的体系性而得到整体加强。可以试想，如果仅有月饼的质量标准，而无相关的检测标准，就无从科学地评判月饼的质量，月饼质量标准也就无从发挥对月饼生产经营行为的规范作用。如果有检测方法标准，而无检测用水的标准，同样无从评判月饼的质量，月饼质量标准同样无法发挥对月饼生产经营行为的规范作用。

　　我国立法将标准引进法的领域的同时,十分重视标准体系的建设。例如,《农产品质量安全法》第 11 条规定:"国家建立健全农产品质量安全标准体系。"《核安全法》第 8 条规定:"国家坚持从高从严建立核安全标准体系。"《电子商务法》第 66 条规定:"国家……加强电子商务标准体系建设。"《节约能源法》第 13 条规定:"国务院标准化主管部门和国务院有关部门依法组织制定并适时修订有关节能的国家标准、行业标准,建立健全节能标准体系。"《土壤污染防治法》第 12 条规定:"国务院生态环境主管部门根据土壤污染状况、公众健康风险、生态风险和科学技术水平,并按照土地用途,制定国家土壤污染风险管控标准,加强土壤污染防治标准体系建设。"标准体系建设已成为法律发挥规范效力的重要支撑。最能反映标准体系对法律的作用之整体效果的是《食品安全法》。

　　《食品安全法》第 4 条第 1 款规定:"食品生产经营者对其生产经营食品的安全负责。"这是一项法定的义务。依据《食品安全法》第 150 条规定,所谓食品安全,是指"食品无毒、无害,符合应当有的营养要求,对人体健康不造成任何急性、亚急性或者慢性危害"。因此,食品生产经营者的食品安全义务具体化为食品生产经营者提供的食品应满足对消费者"无毒、无害,符合应当有的营养要求"的义务。由于食品安全涉及食品生产经营的诸多环节,从食品原辅料到食品添加剂,从食品的加工、包装到贮存、运输,从食品生产的场所到食品加工的器具,任何一个环节出了问题,都会导致食品存在安全隐患。因此,《食品安全法》第 2 条将食品生产经营的全过程都纳入食品安全法的规范范围,具体包括:①食品生产和加工,食品销售和餐饮服务;②食品添加剂的生产经营;③用于食品的包装材料、容器、洗涤剂、消毒剂和用于食品生产经营的工具、设备的生产经营;④食品生产经营者使用食品添加剂、食品相关产品;⑤食品的贮存和运输;⑥对食品、食品添加剂、食品相关产品的安全管理。食品安全义务进而具体化为食品安全各个环节的具体义务。《食品安全法》第 4 章"食品生产经营"对食品安全各个环节的具体义务作了具体的规定。

　　然而,食品是否安全、是否无毒无害,是一个科学问题,法律并不能直接给出答案。判断食品是否安全,应依据以科学、技术和经验为基础而制定的标准。[①] 这就是《食品安全法》第 3 章规定的食品安全标准。该章规定了食品安全标准的内容(第 26 条),这些内容涉及食品安全的各个环节,具体包括:①食品、食品添加剂、食品相关产品(食品的包装材料、容器、洗涤剂、消毒剂和用于食品

---

　　① 国家标准《标准化工作指南 第 1 部分:标准化和相关活动的通用术语》(GB/T 20000.1—2014)第 5.3 条关于标准的定义,注 1:"标准宜以科学、技术和经验的综合成果为基础。"

生产经营的工具、设备)中的致病性微生物,农药残留、兽药残留、生物毒素、重金属等污染物质以及其他危害人体健康物质的限量规定;②食品添加剂的品种、使用范围、用量;③专供婴幼儿和其他特定人群的主辅食品的营养成分要求;④对与卫生、营养等食品安全要求有关的标签、标志、说明书的要求;⑤食品生产经营过程的卫生要求;⑥与食品安全有关的质量要求;⑦与食品安全有关的食品检验方法与规程;⑧其他需要制定为食品安全标准的内容。这些标准构成了系统的食品安全标准体系。《食品安全法》第3章还规定了"食品安全标准是强制执行的标准"(第25条),赋予食品安全标准以法的规范效力。因此,食品安全义务最终转化为遵守食品安全标准的义务。这一点体现在《食品安全法》关于食品安全各环节义务的规定,主要有:①食品生产经营应当符合食品安全标准(第33条);②食品添加剂的生产和使用应当符合标准(第39条第2款、第40条第2款);③食品相关产品的生产应当符合标准(第41条);④食品生产过程控制(原材料采购投放控制,生产关键环节控制,原料、半成品、成品检验控制,运输和交付控制)应符合标准(第46条);⑤食用农产品生产者应当按照标准使用农药、肥料、兽药、饲料和饲料添加剂等农业投入品(第49条);⑥餐饮服务提供者不得采购不符合标准的食品原料(第55条);⑦进入市场销售的食用农产品在包装、保鲜、贮存、运输中使用保鲜剂、防腐剂等食品添加剂和包装材料等食品相关产品,应当符合标准(第66条)。

上述分析表明,《食品安全法》规定的食品安全义务和食品安全标准之间构成了依存与被依存的关系,食品安全义务依赖食品安全标准而成立,如果没有食品安全标准或者食品安全标准体系不健全,食品安全义务的落实就会受到影响。正是涵盖食品安全全过程的食品安全标准体系为食品安全法全面规范食品安全生产经营行为提供了全面的支撑作用。

五、结语

国家标准《标准化工作导则 第1部分:标准化文件的结构和起草原则》(GB/T 1.1—2020)为标准的编写提供了基本的遵循,也为我们分析标准的规范性进而研究标准在法律规范社会行为中所发挥的作用提供了路径指引。本文关于标准的构成要素、标准的表达方式和标准的体系构成的认知均来自这项国家标准。通过对标准的构成要素、标准的表达方式和标准的体系构成三个层面的分析,可以较为系统地解释标准的规范性及其对于法律规范社会行为所发挥的作用。然而,标准化领域(工业、农业、服务业和公共服务)、标准化对象(产品、服务和过程)及标准类型(强制性国家标准、推荐性国家标准、行业标准、地方标准、团体标准、企业标准)的不同,都可能导致标准的个性化及其在规范性上的差异,从而影响其对法律规范社会行为的作用。同时,在法律的不同领域(如合同法、侵权法、行政法、刑法、诉讼法),标准规范对法律规范社会行为所具有的影响也可能存在着差异,难以整齐划一。这些都说明,标准基于其规范性而对法律规范社会行为发挥作用,还有待更加细致且深入的研究。

4.

法律中的标准——以法律文本为分析对象*▪

【摘要】通过对法律文本的检索与分析,可以得出结论:标准在法律的众多领域里具有重要的作用。这种作用主要体现在,当法律涉及科学技术问题时,需借助于标准以确定权利和义务的内容和行为的内容,标准成为法调整社会关系不可缺少的工具和手段。我国宪法未规定标准,表明标准在宪法上的地位有待确立,从标准在国家治理现代化中所具有的基础性和战略性作用来看,有必要在宪法中规定标准的法律地位,并制定一部以建立国家标准体系为目标、全面统揽标准化工作的法律。

一、引言

作为本文主题的标准,是指标准化意义上的标准。① 标准与法律同属规范的范畴,具有规范性,但二者属于不同性质的规范。② 然而,随着社会经济与法治的发展,标准化和法治化的领域不断扩大,标准与法律的联系日趋密切,呈现出"你中有我""我中有你"的融合现象。③ 从法的角度来看,这种"融合"现象具

---

　* 本文原题为"法律中的标准——以法律文本为分析对象",原载《比较法研究》2018 年第 2 期,合作者许林波。

　① 根据国家质检总局和国家标准委 2014 年发布的中华人民共和国国家标准《标准化工作指南 第 1 部分:标准化和相关活动的通用术语》(GB/T 20001.1—2014),标准是指"通过标准化活动,按照规定的程序经协商一致制定,为各种活动或其结果提供规则、指南或特性,供共同使用的和重复使用的文件"。国家标准、行业标准、地方标准、团体标准、企业标准、国际标准等,都是常见的标准化意义上的标准。

　② 柳经纬:《标准的规范性与规范效力——基于标准著作权保护问题的视角》,载《法学》2014 年第 8 期。

　③ 柳经纬:《标准与法律的融合》,载《政法论坛》2016 年第 6 期。

体表现为,标准逐渐进入法的领域,在法律调整社会关系的过程中扮演着越来越重要的角色,发挥着越来越重要的作用。然而,标准在法律中的地位究竟如何? 标准对法调整社会关系发挥何种作用? 并不是一个已决的问题。但是,这一问题的解决却是必要的。它不仅对我们认识标准与法律的关系①具有重要的理论价值,而且对于更好地发挥标准对于法治的作用也具有重要的现实意义。

本课题的研究可以在立法、执法和司法等多个层面上展开。② 本文拟在立法的层面上,以现行法律文本为分析对象,展开此项研究,旨在揭示标准在我国法律中的地位与作用,并进而探讨标准的宪法地位问题。

二、法律文本中的标准

(一)法律文本的来源

本文分析的对象限于全国人民代表大会及其常务委员会通过的法律、条例、决定及法律解释,不包括同样具有法源地位的行政法规、部委规章、司法解释、地方性法规规章。这些法律文本来自"中国人大网"(http://www.npc.gov.cn)"中国法律法规信息库",截止时间为 2017 年 8 月 17 日。

---

① 关于标准与法律的关系问题,我国现有的研究成果比较缺乏且时间较早,主要有中国计量大学洪生伟等关于"法律与标准生命周期过程比较分析三部曲"的研究,以及分别围绕服务法规与清真食品法规,对个别领域内法律与标准关系问题的比较研究。总结发现,已有研究成果均以标准化为核心与导向,而非专门讨论标准与法律的关系问题,且更未上升到标准化与法治化的关系互动层面。具体参见白桦、洪生伟:《立法和制定标准的比较分析和研究——法律与标准生命周期过程比较分析之一》,载《标准科学》2009 年第 2 期,齐陵、齐格奇、洪生伟:《执法和实施标准的比较分析和研究——法律与标准生命周期过程比较分析之二》,载《标准科学》2009 年第 7 期,白桦、洪生伟:《法律和标准实施监督检查的比较分析和研究——法律与标准生命周期过程比较分析之三》,载《标准科学》2010 年第 3 期;洪生伟:《我国的服务法规和标准——二谈服务标准化》,载《标准生活》2009 年第 9 期,马建勋、洪生伟:《我国清真食品法规与标准研究》,载《标准科学》2010 年第 5 期。

② 上述洪生伟等关于"法律与标准生命周期过程比较分析三部曲"的研究,即分别从立法与标准制定、执法与标准实施、法律本身与标准实施监督检查三个方面,初步探讨了法治的基本形态与标准化主要内容之间的区别与联系,并一再强调了技术法规(尤其是强制性标准)作为联结法律与标准的重要纽带的独特地位。详见白桦、洪生伟:《立法和制定标准的比较分析和研究——法律与标准生命周期过程比较分析之一》,载《标准科学》2009 年第 2 期;齐陵、齐格奇、洪生伟:《执法和实施标准的比较分析和研究——法律与标准生命周期过程比较分析之二》,载《标准科学》2009 年第 7 期;白桦、洪生伟:《法律和标准实施监督检查的比较分析和研究——法律与标准生命周期过程比较分析之三》,载《标准科学》2010 年第 3 期。

在"中国法律法规信息库"里,法律被分为"宪法""宪法相关法""民商法""行政法""经济法""社会法""刑法""诉讼及非诉讼程序法"8个栏目,与《中国特色社会主义法律体系(白皮书)》所述法律体系的构成大体相当。① 其中,"宪法"栏收录的现行有效法律文件10件,"宪法相关法"栏收录的现行有效法律文件40件,"民商法"栏收录的现行法律文件34件,"行政法"收录的现行有效法律文件84件,"经济法"收录的现行法律文件64件,"社会法"收录的现行法律文件20件,"刑法"栏收录的现行有效法律文件24件,"诉讼及非诉讼程序法"收录的现行法律文件10件,总计286件。

(二)"标准"一词的含义

在法律文本中,"标准"一词不只具有标准化的意义,还有其他意义。后者如"标准文本"(《立法法》第58条)、"支出标准"(《预算法》第32条)、"生活保障标准"(《国家赔偿法》第34条)、"补贴标准"(《兵役法》第42条)、"报酬标准"(《民法通则》第88条第4项)、"收费标准"(《证券法》第46条)、"资费标准"(《邮政法》第39条)、"工本费标准"(《居民身份证法》第20条)、"录取标准"(《民族区域自治法》第71条)等,这些"标准"均不具有标准化的含义。② 鉴于本文的议题,本文所述法律文本中的标准仅限于标准化意义上的标准,不包括其他意义的标准。

在标准化意义上,"标准"一词通常与标准化领域或者标准的制定主体和属性结合出现在法律文本中,前者如"技术标准""产品标准""服务标准""质量标准""安全标准""卫生标准""药品标准""环境质量标准""污染物排放标准""防洪标准"等,后者如"国家标准""行业标准""地方标准""团体标准""企业标准""国际标准",或"强制性标准""推荐性标准"。

在法律文本中,还有笼统使用"标准"一词的情形。此时,"标准"一词究竟属于哪一种情形,应根据其是否与标准化有关加以判定。如与标准化有关,则

---

① 2011年10月,国务院新闻办发布的《中国特色社会主义法律体系(白皮书)》:中国特色社会主义法律体系由宪法相关法、民法商法、行政法、经济法、社会法、刑法、诉讼与非诉讼程序法等多个法律部门组成。

② 作为技术领域以外所使用的"标准",源自古代汉语的演变过程中逐渐形成的"标"(典型代表)与"准"(基准、准则)的组合体。发展为"标"与"准"的连词形式的"标准"所表达的意思在思想认识上与语言效果上均产生了截然不同的新含义,使得人们自然而然会给"标准"赋予一种比较的色彩,从而促使"标准"一词逐渐进入技术领域并作为人们从事技术活动的依据或准则。因此说,标准化意义的标准与通常理解的标准的含义既有联系又有区别。参见梁丽涛主编:《发展中的标准化》,中国质检出版社、中国标准出版社2013年版,第8页。

应认定属于标准化意义上的标准。例如,《国防动员法》第 23 条规定:"列入目录的建设项目和重要产品,应当依照有关法律、行政法规和贯彻国防要求的技术规范和标准进行设计、生产、施工、监理和验收,保证建设项目和重要产品的质量。"本条中的"标准"事关国防建设项目工程的设计、生产、施工、监理、验收和国防"重要产品"的质量,工程建设和产品质量是标准化的重要领域,因而应属于标准化意义上的标准。如与标准化工作无关,则应认定非标准化意义上的标准。例如,《土地管理法》第 55 条第 1 款规定:"以出让等有偿使用方式取得国有土地使用权的建设单位,按照国务院规定的标准和办法,缴纳土地使用权出让金等土地有偿使用费和其他费用后,方可使用土地。"本条中的标准事关土地出让金等费用缴纳,而土地出让金并不属于标准化领域,与标准化工作无关,这就不属于标准化的含义。有时,法律文本中的"标准"一词还可能既具有标准化的含义又具有非标准化的含义。例如,《行政许可法》第 38 条第 1 款规定:"申请人的申请符合法定条件、标准的,行政机关应当依法作出准予行政许可的书面决定。"根据该法第 12 条关于行政许可事项的规定,①第 38 条中的"标准"既可以是指标准化意义上的标准(技术标准),也可以是指非标准化意义上的标准。本文将这种情形统计在标准化含义的标准之内。

在法律文本中,"规范"一词有时也具有标准的意义。例如,《环境保护法》第 17 条中的"监测规范",②《特种设备安全法》中的"技术规范",均属标准的范畴。由于"规范"一词的多义性,在法律文本中并非主要指标准,而且除《特种设

---

① 《行政许可法》第 12 条:"下列事项可以设定行政许可:(一)直接涉及国家安全、公共安全、经济宏观调控、生态环境保护以及直接关系人身健康、生命财产安全等特定活动,需要按照法定条件予以批准的事项;(二)有限自然资源开发利用、公共资源配置以及直接关系公共利益的特定行业的市场准入等,需要赋予特定权利的事项;(三)提供公众服务并且直接关系公共利益的职业、行业,需要确定具备特殊信誉、特殊条件或者特殊技能等资格、资质的事项;(四)直接关系公共安全、人身健康、生命财产安全的重要设备、设施、产品、物品,需要按照技术标准、技术规范,通过检验、检测、检疫等方式进行审定的事项;(五)企业或者其他组织的设立等,需要确定主体资格的事项;(六)法律、行政法规规定可以设定行政许可的其他事项。"

② 《环境保护法》第 17 条:"国家建立、健全环境监测制度。国务院环境保护主管部门制定监测规范,会同有关部门组织监测网络,统一规划国家环境质量监测站(点)的设置,建立监测数据共享机制,加强对环境监测的管理。有关行业、专业等各类环境质量监测站(点)的设置应当符合法律法规规定和监测规范的要求。监测机构应当使用符合国家标准的监测设备,遵守监测规范。监测机构及其负责人对监测数据的真实性和准确性负责。"国家也制定了系列的环境保护检测标准,如《近岸海域环境监测规范》(HJ442—2008)、《环境空气质量自动监测技术规范》(HJ/T193—2005)、《土壤环境监测技术规范》(HJ/T166—2004)等。

备安全法》①外,多数法律文本主要采用"标准"一词,因此为方便起见,下文检索结果未包括"规范"一词在内。这种情况不会影响本文的基本结论。

需要指出的是,在法律文本的用语中,除了标准化意义上的"标准"外,还有"标准化"。标准与标准化具有密切的联系,标准是标准化活动的产物,标准化的目的和作用,均通过制定和实施具体的标准来体现。② 鉴于本文探讨的主题是标准在法律中的地位与作用,也就是标准化在法治中的地位与作用,因此为叙述方便,本文对法律文本中的"标准化"与标准化含义的"标准"不作区分,法律文本中检索所得"标准"的数据包括"标准化"在内。

(三)检索结果

通过对法律文本的检索,在剔除非标准化意义的用语后,"标准"一词的分布情况如图1、图2所示,具体情况如下:

(1)"宪法"栏10件法律文本中,未检索出"标准"。

(2)"宪法相关法"栏40件法律文本中,有2件检索出"标准",即《国家安全法》和《国防法》分别检索出"标准"各1次,合计2次。

(3)"民商法"栏34件法律文本中,有8件检索出"标准",合计28次,其中最多的是《合同法》,检索出"标准"17次。

(4)"行政法"栏84件法律文本中,有49件检索出"标准",合计528次。其中,10次以上(含10次)的15件,最多的是《食品安全法》,共检索出"标准"100次,其次是《大气污染防治法》64次,《水污染防治法》40次。

(5)"经济法"栏64件法律文本中,有39件检索出"标准",合计424次。其中,10次以上(含10次)的13件,最多的是《标准化法》,共检索出"标准"95次,③其次是《节约能源法》42次、《产品质量法》26次。

(6)"社会法"栏20件法律文本中,有12件检索出"标准",合计90次。其中,10次以上(含10次)的2件,分别为《安全生产法》32次、《职业病防治法》16次。

---

① 《特种设备安全法》采用"技术规范"共39次,采用"标准"仅3次。

② 李春田主编:《标准化概论》,中国人民大学出版社2014年第6版,第11页。

③ 2017年11月4日,第十二届全国人民代表大会常务委员会第三十次会议修订的《标准化法》文本检索出"标准"(含"标准化"等带有"标准"字样的用语)203次。鉴于本文所采用的法律文本统一为2017年8月17日中国人大网(http://www.npc.gov.cn)"中国法律法规信息库"公布的文本,因此本文采用的《标准化法》文本检索数据仍以修订前的文本为准,不采用修订后的法律文本。

(7)"刑法"栏 24 件法律文本中,修正后的《刑法》检索出"标准"16 次。①

(8)"诉讼及非诉讼程序法"栏 10 件法律文本中,仅有《劳动争议调解仲裁法》检索出"标准"1 次。

根据上述检索情况,286 件法律文本中,共有 112 件检索出"标准",约占全部法律文本总数的 39.2％。其中,"经济法"39 件,占全部法律文本的 60.9％;"社会法"12 件,占全部法律文本的 60％;"行政法"49 件,占全部法律文本的 58.3％;"民商法"8 件,占全部法律文本的 23.5％;"诉讼及非诉讼程序法"1 件,占全部法律文本的 10％;"宪法相关法"2 件,占全部法律文本的 5％;"刑法"1 件,占全部法律文本的 4.2％;"宪法"为 0。

在 112 件法律文本中,共检索出"标准"1089 次,平均每件法律文本约 9.72 次。其中,最多的是"行政法"528 次,约占 48.48％;"经济法"424 次,约占 38.93％;"社会法"90 次,约占 8.26％;"民商法"28 次,约占 2.57％;"刑法"16 次,约占 1.47％;"宪法相关法"2 次,约占 0.18％;"诉讼及非诉讼程序法"1 次,约占 0.1％;"宪法"为 0。

(四)主要法律领域

上述检索结果表明,就包含"标准"的法律文本分布而言,行政法、经济法和社会法共有 100 件法律文本检索出"标准",约占全部法律文本总数的 35％,占检索出"标准"的法律文本总数的 89.3％;而论及"标准"在法律文本中出现的频次,行政法、经济法、社会法三者相加之和更是占比高达 95.68％,宪法、宪法相关法、民商法、刑法、诉讼及非诉讼程序五者合计不足 5％。综合可见,"标准"涉及的主要法律部门即"行政法"、"经济法"及"社会法",在这三个部门法里,"标准"的分布又主要集中在以下领域:

(1)环境保护。"行政法"栏收录的环境保护法律文本共 9 件,包括:《环境保护法》《海洋环境保护法》《水污染防治法》《固体废弃物污染防治法》《大气污染防治法》《放射性污染防治法》《环境噪声污染防治法》《防沙治沙法》《海岛保护法》,共检索出"标准"137 次,约占全部法律文本检出"标准"总数的 12.58％。

(2)安全生产。"行政法"、"经济法"和"社会法"三个法律部门中均有规范生产安全的法律,如《安全生产法》《矿山安全法》《特种设备安全法》《交通安全法》《突发事件应对法》《消防法》《职业病防治法》《劳动法》《劳动合同法》,共检

---

① "刑法"栏的 24 件法律文件中,《刑法修正案(四)》和《刑法修正案(八)》均检索出"标准",合计 5 次,但立法机关在刑法修正案后公布了新的刑法文本,因此刑法修正案检索出的"标准",不作重复统计。

索出"标准"127 次,约占全部法律文本检出"标准"总数的 11.66%。

（3）标准计量。"经济法"栏收录了《标准化法》和《计量法》,两个法律文本共检索出"标准"107 次,约占全部法律文本检出"标准"总数的 9.83%。

（4）食品安全。《食品安全法》共检索出"标准"100 次,约占全部法律文本检出"标准"总数的 9.18%,是全部法律文本中检索出"标准"次数最多的。不仅如此,该法还设专章（第三章）规定了食品安全标准,条文多达 9 条（第 24—32条）。

（5）能源。"经济法"栏收录的能源法包括《煤炭法》《水法》《节约能源法》《可再生能源法》《清洁生产促进法》,共检索出"标准"76 次,约占全部法律文本检出"标准"总数的 6.98%。

（6）工程建设。"经济法"栏收录有关工程建设的法律文本 8 件,包括《建筑法》《公路法》《铁路法》《港口法》《航道法》《防洪法》《电力法》《国防交通法》,共检索出"标准"68 次,约占全部法律文本检出"标准"总数的 6.24%。

（7）产品质量。"经济法"栏收录了《产品质量法》和《农产品质量法》,两个法律文本共检索出"标准"51 次,约占全部法律文本检出"标准"总数的 4.68%。

（8）医药卫生。"行政法"栏收录医药卫生方面的法律文本 8 件,包括《中医药法》《药品管理法》《传染病防治法》《精神卫生法》《执业医师法》《母婴保健法》《国境卫生检疫法》《献血法》,检索出"标准"47 次,约占全部法律文本检出"标准"总数的 4.32%。

上述 8 个领域的法律文本中共检索出"标准"713 次,约占全部法律文本检出"标准"总数的 65.47%。

除上述 8 个领域外,在国防军事、农林渔牧、网络安全、教育科技、语言文字、旅游服务、邮政、税收（环境保护税）等领域的法律文本中,也都不同程度地规定了"标准"。①

在其他法律部门中,"标准"一词出现最多的是《合同法》和《刑法》,分别为 17 次和 16 次。需要指出的是,这两部法律中的"标准"也与上述主要领域的标准有关。例如,《合同法》关于标准的规定主要体现在第 62 条第 1 项,有学者认

---

① 这些领域的法律文本中之所以也能够检索出"标准",但次数相对较少,很大程度上与标准的领域数量分布有关。国防军事、农林渔牧、网络安全、教育科技、语言文字、旅游服务、邮政、税收（环境保护税）等均属于《中国标准分类法》所划定的 24 大类标准专业领域,但据数据统计,相对于本文列举的 8 个代表性领域,这些领域分布的标准数量始终处于相对较少的地位。参见李景、汪滨等:《我国标准制定的领域动态趋势分析——基于国家标准馆 2006—2007 年度国内外标准文献新到馆藏》,载《图书情报工作》2009 年第 1 期。

为,这是法律明确规定的借助标准进行合同漏洞补充的最佳例证。[①] 该项规定的是当事人未就合同标的的质量明确约定时适用标准的问题,与上述产品质量标准、工程建设标准、食品安全标准等都有关系。《刑法》关于标准的规定集中体现在第 143 条和第 145 至第 148 条,其中第 143 条规定的是"生产、销售不符合安全标准的食品罪",第 145 条规定的是"生产、销售不符合标准的卫生器材罪",第 146 条规定的是"生产、销售不符合安全标准的产品罪",第 148 条规定的是"生产、销售不符合卫生标准的化妆品罪",分别属于上述食品安全标准、医药卫生标准、产品质量标准的范畴。

三、标准在法律中的地位与作用

在标准化意义上,标准是以科学、技术和经验的综合成果为基础而制定的,标准作为一种规范,目的在于为产品、过程和服务提供符合科学、技术和经验的规范。[②] 因此,标准与科学、技术直接关联。在法律文本中,"技术标准""产品标准""服务标准""质量标准""安全标准""卫生标准""污染物排放标准"等,都表明了标准与科学技术的联系。法律文本检索的情况也表明,在法的领域里,法律是否规定标准与其是否需要解决一定的科学技术问题有关。[③]

如果法律不涉及科学技术的问题,那么通常无规定标准之必要。例如,在"宪法"栏 10 件法律文本中未能检索到"标准"一词,这与宪法的内容有关,宪法规定的是国家的根本任务和根本制度,即社会制度、国家制度的原则和国家政权的组织及公民的基本权利义务等内容。这些内容与科学技术问题没有联系,因而宪法就没有规定标准的必要。又如,在三大诉讼法律文本中,也没有检索到"标准"一词,这也与诉讼法的内容不涉及科学技术问题有关,诉讼法规定的是诉讼程序及诉讼当事人在诉讼活动中的权利和义务,一般不涉及科学技术问题。在婚姻家庭法领域,法律调整的社会关系也不涉及科学技术问题,因此《婚姻法》《收养法》和《继承法》也无规定标准之必要。

但是,如果法律需要解决一定的科学技术问题,那么就有必要规定标准。

---

① 崔建远:《合同解释与法律解释的交织》,载《吉林大学社会科学学报》2013 年第 1 期。

② 参见国家标准《标准化工作指南 第 1 部分:标准化和相关活动的通用术语》(GB/T 20000.1—2014)关于"标准"和"标准化"的定义。

③ 有研究将这一过程与关系概括为"技术对法律的'归化'",且指明这一归化的实现与否取决于法律的价值判断,即"充分考虑使用要求,密切结合自然条件,合理利用国家资源,做到技术先进,经济合理,安全可靠"。参见童振华:《论法律与科学技术》,载《法学研究》1983 年第 3 期。

而且法律需要解决的科学技术问题对于法律问题的解决越重要,规定标准并赋予其相应的法律地位就越不可或缺了。例如,在"宪法相关法"栏40件法律文本中,仅有《国防法》和《国家安全法》分别检索出"标准"一词,前者规定"企业事业单位应当按照国家的要求……提供符合质量标准的武器装备或者军用物资"(第51条),后者规定"承担国家安全战略物资储备任务的单位,应当按照国家有关规定和标准对国家安全物资进行收储、保管和维护,定期调整更换,保证储备物资的使用效能和安全"(第72条),前者规定的标准是武器装备和军用物资的质量,后者规定的标准则是国防安全物资的收储、保管和维护,均属于科学技术问题。又如,《物权法》仅在第89条检索到标准化意义的"标准"一次,规定的是工程建设标准,《农业专业合作社法》也仅在第50条检索到"标准"一次,规定的是农产品质量标准,二者皆为科学技术问题。环境保护、安全生产、食品安全、产品质量、能源、工程建设、医药卫生等领域的法律文本中频繁检索出"标准"一词,也是由于在这些领域里,法律需要解决的科学技术问题对于法的目标和宗旨来说具有极为重要的意义。例如,《食品安全法》文本中共检索出"标准"100次,不仅如此,该法还设专章规定了食品安全标准(第三章),可见食品安全标准之于食品安全法的重要性。① 究其缘由,同样在于食品安全与否完全是一个科学技术问题,这一问题的解决对于实现食品安全法的立法宗旨(保证食品安全、保障公众身体健康和生命安全)②至关重要。又如,在环境保护领域,首先需要界定的是法律对环境质量有何要求,人类的何种行为将对环境构成危害,而行为是否构成对环境的危害则是一个科学技术问题,环境标准(环境质量标准、污染物排放标准)就为法律解决这一问题提供了依据。这也就是环境保护法律文本中频繁出现"标准"一词的原因。

上述表明,在涉及科学技术的问题上,法律对标准形成了一种依赖关系,即法律必须依赖于标准,法律本身并不直接规定所涉及的科学技术问题(如产品质量、环境质量、药品质量),而是将其交予标准解决,标准由此成为法律在调整

① 有关食品安全法与标准的密切关系的研究,宋华琳从制度变迁史的角度,梳理了自中华人民共和国成立至今食品安全标准法律制度的历史演进,指出《食品安全法》是对我国食品安全标准法律制度的根本性重塑;樊永祥等通过研究认为,完善食品安全标准制度的根本途径即在于《食品安全法》的修改完善;宋亚辉的研究则进一步表明,现行法在关键位置为食品安全标准嵌入私法设置了三条管道并照单全收,完全认可了食品安全标准的私法效力。参见宋华琳:《中国食品安全标准法律制度研究》,载《公共行政评论》2011年第2期;樊永祥、何来英等:《完善食品安全标准制度研究》,载《中国食品卫生杂志》2014年第4期;宋亚辉:《食品安全标准的私法效力及其矫正》,载《清华法学》2017年第2期。

② 《食品安全法》第1条规定:"为了保证食品安全,保障公众身体健康和生命安全,制定本法。"

涉及科学技术问题的社会关系时,不可缺少的手段和工具。

标准对于法律的意义可以从法实现其调整社会关系的机制来理解。张文显教授指出,法对社会关系的调整是"通过规定人们的权利和义务,以权利和义务为机制,影响人们的行为动机,指引人们的行为"来实现的。[①] 因此法对社会关系的调整机制可以分为两个层次:一是规定人们的权利和义务,告知人们在社会关系中享有何种权利,负有何种义务;二是通过权利和义务的规定,告知人们什么"可为",什么"不可为",什么"当为",什么"不当为",从而指引人们的行为。标准对于法律的意义,相应地也就表现在法调整社会关系的两个层面上。

首先,法律规定了人们的权利和义务,但在涉及科学技术的问题时,难以规定权利义务的具体内容,以科学、技术和经验为基础制定的标准使得法律规定的权利义务的内容得以具体化。以买卖关系为例,依据合同法的规定,卖方负有交付标的物的义务,并对标的物的质量负瑕疵担保责任(义务)。卖方的此项义务极具抽象性,其内容之确定因标的物的不同而有所区别。在现代社会,随着标准化事业的发展,不仅工业产品被纳入标准化的领域,农产品也被纳入标准化的领域,标的物的质量通常须依质量标准来确定,大概只有艺术品可以除外。[②] 因此,在买卖关系中,卖方的义务通常被具体化为交付符合特定质量标准的标的物的义务,买方的权利则被具体化为请求卖方交付符合质量标准要求的标的物的权利。在这里,法律只是告知人们享有何种权利、承担何种义务,标准则进一步告知人们享有的权利的具体内容是什么,承担的义务的具体内容是什么,标准成为买卖双方权利和义务的内容得以具体确定的工具。举一个例子,如果买卖的是自行车,法律会告知卖方其义务是交付合同约定的自行车并使之符合质量要求,而强制性国家标准《自行车安全要求》(GB 3565—2005)则进一步告知卖方所承担的义务的具体内容是交付达到该项标准所规定的具体品质指标要求的自行车,具体包括零部件的要求和整车的要求。[③] 这种通过标准来确定人们权利义务的具体内容的情形,在《合同法》第 62 条第 1 项的规定中得到集中体现。依据该法第 62 条第 1 项的规定,合同当事人对标的的质量要求不明确时,可以直接适用国家标准、行业标准以确定合同标的的质量,以确定债

---

① 张文显:《法的概念》,法律出版社 2011 年版,第 19 页。

② 实际上,从有形商品到商贸服务,从技术规范到网络信息,从企业管理到社会责任,均已被纳入标准化的工作范畴。参见王忠敏主编:《标准化基础知识实用教程》,中国标准出版社 2010 年版,第 8 页。

③ 根据强制性国家标准《自行车安全要求》(GB 3565—2005),零部件要求包括车闸、车把、车架/前叉组合件、前叉、车轮、轮辋、内胎、外胎、脚蹬和脚蹬/曲柄驱动系统、鞍座、链条、链罩、辐条挡盘、照明、反射器、鸣号装置、说明书等要求。

务人对标的质量所负的具体义务。这种须借助于标准来确定权利义务的具体内容的情形存在于大多数出现"标准"的法律文本中,尤其是涉及法定义务设定的规定更是如此。例如,《水污染防治法》第 10 条规定:"排放水污染物,不得超过国家或者地方规定的水污染物排放标准和重点水污染物排放总量控制指标。"《食品安全法》第 4 条规定"食品生产经营者应当依照法律、法规和食品安全标准从事生产经营活动,保证食品安全",第 33 条规定"食品生产经营应当符合食品安全标准";《公路法》第 24 条第 1 款规定:"公路建设单位应当根据公路建设工程的特点和技术要求,选择具有相应资格的勘查设计单位、施工单位和工程监理单位,并依照有关法律、法规、规章的规定和公路工程技术标准的要求,分别签订合同,明确双方的权利义务。"《网络安全法》第 10 条规定:"建设、运营网络或者通过网络提供服务,应当依照法律、行政法规的规定和国家标准的强制性要求,采取技术措施和其他必要措施,保障网络安全、稳定运行,有效应对网络安全事件,防范网络违法犯罪活动,维护网络数据的完整性、保密性和可用性。"这些规定都表明了标准对于确定法定义务的具体内容的意义。

其次,法律通过权利义务的规定,对社会行为做出"可为"与"不可为"、"当为"或"不当为"的评价,从而指引人们的行为,但这只是回答了"可为"与"不可为"、"当为"与"不当为"的问题,而没有回答"如何为"的问题,以科学、技术和经验为基础制定的标准则可做出解答,从而为人们的行为提供了具体的指向,并为司法实践中判定行为违法与否提供了事实的依据。① 以商品买卖为例,一般情况下,法律只要求卖方出售的商品符合约定或法定的质量要求(结果),即被认为是"可为"的或"当为"的;如不符合约定或法定的质量要求(结果),即被认为是"不可为"的或"不当为"的。至于该商品的生产过程也就是如何生产出来的,则属于"如何为"的问题,法律对此并不过问。然而,当商品涉及公共安全时,法律仅仅从卖方出售的商品是否符合约定或法定的质量要求(结果)来判断"可为"与"不可为"、"当为"与"不当为"是不够的,因为商品是否安全与其生产过程密切相关,为了确保生产出来的商品是安全的,法律应当对其生产过程即"如何为"的问题加以规范。如果等到商品生产出来之后,才根据其是否符合约定或法定的质量要求,做出"可为"与"不可为"、"当为"与"不当为"的判断,则难以满足公共安全的要求。以食品安全为例,当食品的质量被提升到公共安全的高度时,就必须严把食品生产过程各个环节的安全关。从食品的原材料到添加

---

① 涉及纠纷解决的问题,标准在国际贸易中发挥的仲裁作用更值得关注。当贸易双方对交易行为的内容有分歧时,标准往往会成为最重要的仲裁依据,用以解决商贸纠纷,保障国际贸易公平有序地发展。参见王忠敏主编:《标准化基础知识实用教程》,中国标准出版社 2010 年版,第 213 页。

剂,从食品的加工、包装到储存、运输,从食品加工人员的健康状况到加工器具和周遭环境的卫生条件,即所谓"从田间到餐桌",每一个环节对食品安全都至关重要,只要一个环节出了问题,就可能对消费者的安全构成危害。因此,基于公共安全的考虑,法律必须对食品的生产过程加以规范。但是,由于食品种类繁多,食品的生产过程复杂,食品安全的问题科技含量高,法律关于权利义务的规定,只能提供一个原则性的行为指引,而无法对生产过程的各个环节做出具体的规范。这种对食品生产过程及其环节的规范则由标准来完成。根据《食品安全法》第26条规定,食品安全标准包括:①食品、食品添加剂、食品相关产品中的致病性微生物,农药残留、兽药残留、生物毒素、重金属等污染物质以及其他危害人体健康物质的限量规定;②食品添加剂的品种、使用范围、用量;③专供婴幼儿和其他特定人群的主辅食品的营养成分要求;④对与卫生、营养等食品安全要求有关的标签、标志、说明书的要求;⑤食品生产经营过程的卫生要求;⑥与食品安全有关的质量要求;⑦与食品安全有关的食品检验方法与规程;⑧其他需要制定为食品安全标准的内容。根据国家标准化管理委员会官网(http://www.sac.gov.cn)"国家标准全文公开系统"的信息,"食品技术"项下,现行有效和即将实施的国家标准(包括强制性国家标准和推荐性国家标准)多达824项。其中,诸如《食品安全管理体系:食品链中各类组织的要求》(GB/T 22000—2006)、《食品加工机械:食物切碎机和搅拌机:安全和卫生要求》(GB 23242—2009)、《食品容器及包装材料用不饱和聚酯树脂及其玻璃钢制品卫生标准》(GB 13115—1991)、《食品添加剂 L-苹果酸》(GB 13737—2008)、《肉类加工厂卫生规范》(GB 12694—1990)、《蛋制品卫生操作规范》(GB/T 21710—2008)、《乳品设备安全卫生》(GB 12073—1989)等标准,都是规范食品生产过程中相关环节的。在其他国家标准项下也有与食品安全有关的标准,如"化工技术"项下"香油精"中就有作为食品添加剂的香油精的标准,如《食品添加剂 大茴香脑(天然)》(GB 23489—2009)、《食品添加剂 乳化香精》(GB 10355—2006)。众多的食品安全标准为法律规范食品安全生产中"如何为"的问题提供了具体的指向。

标准在为法律规范行为中"如何为"的问题提供具体指向的同时,也为实践中判定合法行为(适法行为)与违法行为提供了事实的依据。在法律上,判定行为是否违法的法律依据是法律的规定,而不是标准。即便是在标准化领域,也是如此。例如,某企业生产的产品不符合强制性标准的质量要求,构成违法行为。在这里,判定该企业行为违法的法律依据并不是该产品的强制性标准,而是《标准化法》关于"强制性标准,必须执行"的规定(第14条)。① 但是,标准在违法行为的事实认定上却具有重要的意义。正是由于存在企业生产的产品不符合强制性标准要求的客观事实,其行为才被认定为违反《标准化法》之规定的违法行为。此时,标准只是成为认定违法行为的事实依据,而不是法律依据。这一点对于准确理解违法行为(包括民事违法行为、行政违法行为和刑事违法行为)和适用法律至关重要。例如,根据《刑法》第143条关于"生产、销售不符合安全标准的食品罪"的规定,首先必须确定生产经营者生产、销售的食品是否存在不符合食品安全标准的事实;如存在这一事实,依据《刑法》第143条规定,是否满足"足以造成严重食物中毒事故或者其他严重食源性疾患"的条件,认定是否构成犯罪;如构成犯罪的,依据该条关于刑罚之规定,追究食品生产经营者的刑事责任。②

从112件法律文本中检出的1089处"标准",既无具体标准的名称,也无标准编号,并未指明具体的标准。因此,在操作层面上,必须根据法律的规定和具体情况才能确定所指向的特定标准。例如,《产品质量法》第13条规定:"可能危及人体健康和人身、财产安全的工业产品,必须符合保障人体健康和人身、财产安全的国家标准、行业标准……"如果具体的物品为灯具,那么《产品责任法》第13条所称"保障人体健康和人身、财产安全"的标准指向的就是强制性国家标准《灯具 第1部分:一般要求与实验》(GB 7000.1—2015),如属特种灯具(如手提灯),还应包括特种灯具的安全标准(如强制性国家标准《灯具 第2—8部分:特殊要求 手提灯》(GB 7000.208—2008))。

我国法律援引标准的方式,与美国《消费品安全法案》采用的方式有所不同,后者在规定具体产品的安全要求时会写明具体的标准。③ 例如,关于自行车

---

① 2017年修订后的《标准化法》第2条第4款。

② 《刑法》第143条规定:"生产、销售不符合卫生标准的食品,足以造成严重食物中毒事故或者其他严重食源性疾患的,处三年以下有期徒刑或者拘役,并处或者单处销售金额百分之五十以上二倍以下罚金;对人体健康造成严重危害的,处三年以上七年以下有期徒刑,并处销售金额百分之五十以上二倍以下罚金;后果特别严重的,处七年以上有期徒刑或者无期徒刑,并处销售金额百分之五十以上二倍以下罚金或者没收财产。"

③ 该法是于1972年由美国国会批准颁布的,此后经过十余次修订或收录其他法律的规定。2008年8月14日,美国总统签署了《消费品安全改进法案》,这是自1972年美国《消费品安全法案》颁布以来对其进行的最大一次修订。该法包括所有涉及消费品安全的标准与法规,同时,美国消费品安全委员会还依据该法制定了纸火柴夹安全标准、农业抛光材料安全标准、打火机安全标准等。参见刘春青等:《国外强制性标准与技术法规研究》,中国质检出版社、中国标准出版社2013年版,第86~87页。本文接下来讨论的自行车头盔安全标准亦由该委员会依据该法制定。

头盔,美国《消费品安全法案》第 20 条规定,在最终标准出台之前,应遵守美国国家标准学会称为"90.4—1984"的标准、斯内尔纪念基金会称为"B-90"的标准、美国测试与材料协会(ASTM)称为"F1447"的标准及其他标准。[①] 当然,这种援引标准的方式仅限于具体产品。如果法律规定的不是某种产品的标准而是某类产品的标准,法律也无法直接援引具体的标准,而只能笼统地规定某类标准。

我国法律采取的援引标准的方式,有利于保持法律的稳定性不因标准的变动而受到影响,同时又不会妨碍法律指向的标准随着科学技术的发展而完善,从而确保了法律借助于标准调整社会关系时能够做到"与时俱进"。例如,上述《产品责任法》制定于 1993 年,2009 年修订,该法第 13 条所规定的工业产品"保障人体健康和人身、财产安全"的国家标准、行业标准,由于未明确限定为某项特定标准,因此依据该条规定援引标准时,就不限于法律制定与修订时制(修)订的标准,而应包括法律制定与修订之后制(修)订的标准。当然,这种援引标准的方式能够做到"与时俱进",是建立在标准复审制度之上的。我国《标准化法》第 13 条规定:"标准实施后,制定标准的部门应当根据科学技术的发展和经济建设的需要适时进行复审,以确认现行标准继续有效或者予以修订、废止。"[②]《标准化法实施条例》第 20 条规定"标准复审周期一般不超过五年"。标准复审制度的目的在于确保标准能够因应科学技术的发展和经济建设的需要而不断完善,从而确保了依据法律规定援引标准以确定权利和义务的具体内容和规范行为时始终保持"与时俱进"的态势。当然,如果标准复审制度未能得到认真执行,标准老化,也会影响法律的"与时俱进"。

我国法律采取的援引标准的方式也存在着不足之处。由于法律规定未指明具体的标准,因此当同类产品存在不同标准的情形时,就会导致依据法律规定援引标准的不确定性,从而引起争议。因此,如果法律规定的标准是指向特定对象的,那么也可以在法律条文中明确具体的标准,以增加法律援引标准的确定性,避免不必要的争议。

四、标准的宪法地位问题

"宪法"栏 10 件法律文本,均未检出"标准"一词,不仅表明宪法在调整社会关系时无需借助于标准,更表明在我国宪法中,标准与标准化没有被作为一项

---

① 李怀林主编:《美国消费品安全法案》,中国标准出版社 2009 年版,第 31 页。
② 2017 年修订后的《标准化法》第 29 条第 3 款。

国家的基本制度加以规定。

这种情形符合大多数宪法的惯例。在世界各国的宪法中,除了韩国以外,都没有将标准与标准化作为一项国家基本制度加以规定。在一些联邦制国家,宪法在规定联邦权力时会涉及标准,其内容主要是明确有关规定度量衡等标准的权力属于联邦。例如,美国《宪法》第 1 条第 8 款规定"国会有权……制定度量衡的标准",德国《基本法》第 73 条规定联邦享有"货币政策、货币和铸币、度量衡和时间标准的确定"的专属权力,俄罗斯《宪法》第 71 条规定"俄罗斯联邦气象机构、标准、标准器具……的命名;正式的统计和会计核算"专属于俄罗斯联邦管辖。

与上述国家不同的是,韩国 1980 年通过宪法修正案,在第九章"经济"下,于第 128 条第 2 款规定"国家确立国家标准制度"。1987 年韩国再次修订宪法,保留了这一规定,列为第 127 条第 2 款。① 韩国宪法关于国家标准制度②的规定,大大提升了标准与标准化制度的法律位阶,使得标准制度成为一项与自由经济、自然资源保护、消费者保护并列的国家基本经济制度。③

为了落实宪法关于国家标准制度的规定,韩国于 1999 年制定了《国家标准法》。该法以构建国家标准体系为目标,旨在为科学技术革新提供便利,实现先进的工业结构与信息社会,并致力于促进国家竞争力和社会福利(第 1 条)。依据该法规定,韩国的国家标准体系涵盖了标准和计量及认证和认可(第 3 条)。为推进国家标准体系建设和协调部门间的标准化工作,设立了包括相关部长在内的国家标准理事会,直属总理大臣领导,统揽全国标准化工作(第 5 条);确立了国家标准体系建设的基本规划和年度行动计划制度(第 7 条、第 8 条);建立了国家标准体系的执行和管理的体制机制,内容包括机构、人事、经费等(第四章)。

依据宪法和《国家标准法》的规定,韩国建立了国家标准体系,全面提升了标准与标准化工作在整个国家制度建设中的地位。这是韩国标准化法有别于

---

① 有关韩国标准入宪的背景、过程及影响,参见金青:《韩国标准制度入宪及其对我国的借鉴意义》,载《中国标准化》2017 年第 12 期。

② 关于韩国宪法中所规定的国家标准制度的内涵,从立法目的与法律体系的角度揭示,应限定为以经济发展与科技振兴为目的的"科技领域的标准制度",而不包含政治、法律、道德、宗教、艺术及其他人文、社会、文化领域中一般的标准制度。

③ 韩国《宪法》第九章"经济"共 9 条(第 119～127 条),确立了韩国的基本经济制度,包括自由经济秩序、自然资源的利用与保护、耕地政策、国土的利用与保护、农渔村保护、中小企业保护、消费者保护、非国有化、发展外贸、发展科学技术、国家标准制度等。

其他国家的地方。①

韩国赋予标准以宪法地位,并依此建立国家标准体系,对于我国发展标准化事业有着重要的启示。

党的十八大以来,国家治理体系和治理能力现代化作为国家现代化建设的重要内容被提上议事日程,并在十八届三中全会上被确立为全面深化改革的总目标。随着标准化事业的发展,标准与标准化对于国家治理体系和治理能力现代化所具有的意义必将越来越重要,诚如魏礼群所言,标准化是国家治理和国际交往的重要规则,是国家治理能力现代化的重要标志,也是提高国家治理能力的重要抓手。② 在治理主体③上,国家治理强调治理主体的多元性及多元主体共治,我国的标准体系既包括由政府主导制定的标准(国家标准、行业标准和地方标准),也包括由社会团体制定的标准(团体标准)和企业制定的标准(企业标准),充分体现了治理主体的多元性。④ 在治理客体上,国家治理强调对政治、经济、文化、社会、生态文明等社会事务的全覆盖,我国标准体系建设也早已从最初的工业领域扩大到农业、服务业及政务、党建等领域,从经济层面、生态文明建设、社会管理、政府管理等各方面推进法治国家治理。⑤ 在治理目标(效果)上,国家治理旨在有效维护社会稳定和社会秩序,⑥标准化的目的是在一定范围内"获得最佳秩序,促进共同效益",⑦与国家治理的目标(效果)有着高度的契合性。在治理方式上,国家治理强调制度、法律和政策的综合运用,其中法治是国

① 韩国《国家标准法》规定了标准与合格评定的含义,以及政府在促进标准化活动的国际协调和减少重复等方面的作用,因而与《工业标准化法》和《计量法》共同构成了韩国有关标准化与合格评定的基本法律体系。在具体内容方面,韩国《国家标准法》包含了对国际单位制、国家校准体系、标准物质和校准、法制计量、工业标准等方面的规定,这些内容构成了韩国的国家标准体系。此外,《国家标准法》颁布的第二年(2000 年),韩国在《国家标准法》的框架下制定了国家标准基本规划,该规划设定的目标集中展现了韩国的国家标准政策。参见曾延光、李猛:《韩国标准化和合格评定概况》,载《世界标准化与质量管理》2007 年第 4期。

② 徐风:《用标准化推进国家治理体系现代化——访中国行政体制改革研究会会长魏礼群》,载《中国质量报》2016 年 1 月 8 日第一版,http://epaper.cqn.com.cn/html/2016-01/08/content_55286.htm? div=-1,2017 年 9 月 8 日访问。

③ 国家治理体系由治理主体、治理客体、治理目标、治理方式等构成。参见丁志刚:《如何理解国家治理和国家治理体系》,载《学术界》2014 年第 2 期。

④ 参见丁志刚:《论国家治理体系及其现代化》,载《学习与探索》2014 年第 11 期。

⑤ 参见刘亚男:《标准化与法治国家治理关系的研究》,载《标准科学》2016 年第 9 期。

⑥ 参见俞可平:《国家治理体系的本质内涵》,载《理论导报》2014 年第 4 期。

⑦ 参见国家标准《标准化工作指南 第 1 部分:标准化和相关活动的通用术语》(GB/T 20000.1—2014)关于"标准化"的定义。

家治理的基本方式,①标准化则是国家治理的另一基本方式;而且,正如本文所指出的,标准对于法调整社会关系具有重要的作用,因此标准在国家治理现代化建设中更具有基础性的地位。

如果从标准化的实际情况来看,我国已经形成了覆盖一、二、三产业和社会事业各领域的标准体系,共有国家标准 32842 项,备案的行业标准 54148 项,备案的地方标准 29916 项,备案的企业标准则超过 100 万项。② 其中,由政府主导制定的国家标准、行业标准和地方标准的总数达到 116906 项,远超过现行有效的法律、行政法规、部委规章、司法解释、地方法规规章的总数(30536 件)。③ 在标准与法律共同规范的领域,标准规范的范围也远远超过法律所规范的范围。例如,推荐性国家标准《矿山机械 安全标志 第 1 部分:通则》(GB/T 25517.1—2010)和《矿山机械 安全标志 第 2 部分:危险图示符号》(GB/T 25517.2—2010)详尽规定了矿山机械产品中可能产生的机械危险伤害所应注明的安全标志的使用原则、基本形式、标志内容构成、颜色、尺寸和制作的规范;强制性国家标准《食品安全国家标准 食品生产通用卫生规范》(GB 14881—2013)规定了食品生产过程中原料采购、加工、包装、贮存和运输等环节的场所、设施、人员的基本要求和管理准则。这些具体的规范要求都是法律所未涉及的。

近年来,随着我国社会经济的发展,标准化工作在国家治理现代化建设中的基础性地位已得到重视。2015 年,国务院印发《深化标准化工作改革方案》(国发〔2015〕13 号),提出了标准化工作改革目标和措施,建立了由国务院领导为召集人、有关部委领导组成的国务院标准化协调推进机制和部际联席会议制度。该方案明确指出,标准化在推进国家治理体系和治理能力现代化中,具有"基础性""战略性"的作用。在国家治理体系中,标准以其科学性、技术性和合理性有别于以公平正义为价值取向的法律,成为法律之外实现国家治理现代化

---

① 法学界对法治是国家治理的基本方式已有共识。参见张文显:《法治与国家治理现代化》,载《中国法学》2014 年第 4 期;李林:《依法治国与推进国家治理现代化》,载《法学研究》2014 年第 5 期;应松年:《加快法治建设促进国家治理体系和治理能力现代化》,载《中国法学》2014 年第 6 期;胡建淼:《国家治理的现代化与法治化》,载《行政管理改革》2014 年第 9 期;吴汉东:《国家治理能力现代化与法治化》,载《法学评论》2015 年第 5 期。

② 马建堂、田世宏主编:《国家标准化政策读本》,国家行政学院出版社 2017 年版,第 3 页。

③ 根据中国人大网(http://www.npc.gov.cn)"中国法律法规信息库"截至 2017 年 9 月 9 日的信息,共收录法律规范性文件 30536 件,其中法律 286 件,行政法规 676 件,部委规章 3946 件,"两高"解释 3040 件,地方性法规规章 22588 件。

目标的又一重要抓手。① 从这个角度来说,提升标准的法律位阶,赋予标准以相应的法律地位,实属必要。也就是从这个意义上说,韩国实行标准入宪,建立国家标准制度,值得我们借鉴。

(1)鉴于标准在国家治理体系和治理能力现代化中的基础性和战略性作用,有必要通过宪法的修订明确标准的宪法地位。鉴于标准与科学技术有着密切的关系,可以在《宪法》第 20 条("国家发展自然科学和社会科学事业,普及科学和技术知识,奖励科学研究成果和技术发明创造")下增设一款,规定"国家发展标准化事业,建立国家标准体系"。

(2)鉴于我国标准化法体系分散的情况,有必要制定一部以建立国家标准体系为目标的法律,全面统领标准化工作。我国《标准化法》施行于 1989 年,长期未修订,已经严重滞后于标准化事业和社会经济的发展。新修订的《标准化法》并没有改变我国标准化立法分散化的总体格局。一是《标准化法》不含计量,计量虽然与标准化关系密切,②但计量与标准分别立法的格局没有改变;③二是《标准化法》没有规定认证认可制度,认证认可作为标准化(标准实施)的一项基本制度,④其与标准分别立法的格局也没有变。⑤ 修订后的《标准化法》整体格局与修订前基本一致,仅限于标准的制定、实施(不含认证认可)和监督管理,并不是一部全面统揽标准化工作的法律。这种情形与我国长期以来形成的标准、计量、认证认可分散的管理体制有关,但从国家治理体系与治理能力现代化的要求来看,有必要建立国家标准体系,将计量、认证认可都纳入标准化体制内,并制定一部以建立国家标准体系为目标的法律,以全面统领标准化工作。

---

① 有学者提出,进入标准化时期,标准已成为人类社会的普遍性要素,人类社会的每一个组成要件与要素都呈现出统一化与规范化的趋势,这种统一化与规范化是普遍性的、社会性的、制度性的,并表现为一整套的制度规范和普遍性的行为模式。这也是标准参与国家治理、推动国家治理现代化实现的基础与背景。裘涵:《技术标准化研究新论》,上海交通大学出版社 2011 年版,第 16 页。

② 《计量法》第 2 条规定,计量法的适用范围是"建立计量基准器具、计量标准器具,进行计量检定,制造、修理、销售、使用计量器具"。

③ 《计量法》制定于 1985 年,2013 年和 2015 年两次修订。

④ 《认证认可条例》第 2 条第 1 款规定:"本条例所称认证,是指由认证机构证明产品、服务、管理体系符合相关技术规范、相关技术规范的强制性要求或者标准的合格评定活动。"

⑤ 《认证认可条例》制定于 2003 年。

5.

标准对法律的支撑作用[*]

【摘要】标准对法律的支撑作用表现在三个层面:一是在作用的机制上,标准具有延伸法律调整社会关系的作用,解决了法律无法直接回答的"如何为"的问题;二是在作用的广度上,标准对法律所发挥的作用是全领域的,在几乎所有的法律领域里均可以发现标准的存在;三是在作用的力度上,法律对标准形成了依赖关系,在许多法律领域,法律离开标准将难以发挥作用。标准对法律的支撑作用表明,在全面依法治国、建设法治国家的进程中,应当高度重视标准的作用,将标准纳入法治的视野,统揽标准和法律两个方面,充分发挥标准在法治中的作用。

一、引言

"标准对法律具有支撑作用",这一命题是由标准化界提出的。2015 年 12 月 17 日,国务院办公厅印发的《国家标准化体系建设发展规划(2016—2020)》(国办发〔2015〕89 号文)提出要"加强标准与法律法规、政策措施的衔接配套,发挥标准对法律法规的技术支撑和必要补充作用"。笔者认为,"标准对法律具有支撑作用"这一命题的提出,有立法(事实)的根据。在我国现行法律中,尤其是在环境保护、医药卫生、产品质量、安全生产、食品安全、工程建设、能源、医药卫生等领域,"标准"一词频繁地出现在法律文本之中,成为一种十分醒目的法律现象。在几乎所有的法律领域都会发现标准的存在。[①]

然而,无论是在标准化理论界还是在法学界,均未对这一命题进行深入的

---

* 本文原题为"论标准对法律的支撑作用",载《厦门大学学报》2020 年第 6 期。

[①] 柳经纬、许林波:《法律中的标准——以法律文本为分析对象》,载《比较法研究》2018 年第 1 期。

研究,并给出理论上的阐释。尤其是法学界,虽然在标准与法律的关系问题上已取得一些研究成果,①但对标准化界提出的"标准对法律具有支撑作用"这一命题,至今还未做出积极的回应。本文拟通过"标准作用于法律的内在机理""标准对法律发挥作用的广度"及"标准对法律发挥作用的力度"三个层面的分析,系统阐明标准对法律的支撑作用,作为对标准化界提出这一命题的理论回应。

二、标准作用于法律的内在机理

分析标准作用于法律的内在机理,旨在回答标准是如何发挥对法律的作用这一问题。法律以调整社会关系为己任,法律对社会关系的调整是通过权利和义务的配置以规范人们的行为来完成的。标准对于法律的作用也就表现在其对权利和义务的配置所发挥的作用,表现在其对法律规范社会行为所发挥的作用。

例如,在买卖关系中,法律赋予买方以请求卖方交付符合质量要求的标的物的权利;对卖方则课以交付符合质量要求的标的物的义务,这是法律关于买卖合同关系双方权利义务的配置。但是,此所谓交付"符合质量要求"标的物的权利和义务,属于抽象的权利和义务。在现代社会,这种抽象的权利和义务往往需要通过标的物的质量标准使之具体确定,质量标准所发挥的作用就在于为判定卖方交付的标的物是否符合合同约定的品质要求提供一种依据,从而使得买卖双方的权利义务得以具体化,也为卖方之履约行为提供一种规范指引。

又如,在食品安全领域,《食品安全法》第4条第1款规定:"食品生产经营者对其生产经营的食品安全负责。"这是一项法定的义务,即食品生产经营者依

---

① 参见何鹰:《强制性标准的法律地位——司法裁判中的表达》,载《政法论坛》2010年第2期;董春华:《论产品责任法中的符合强制性标准抗辩》,载《重庆大学学报(社会科学版)》2015年第4期;贺琛:《强制性标准在侵权法上的司法效用——以产品责任为中心》,载《求索》2016年第4期;刘亚男:《标准化与法治国家治理关系的研究》,载《标准科学》2016年第9期;于连超:《标准支撑法律实施:比较分析与政策建议》,载《求是学刊》2017年第4期;谭启平、应建均:《强制性标准对合同效力的影响及规范路径》,载《求是学刊》2017年第4期;谭启平:《符合强制性标准与侵权责任承担关系》,载《中国法学》2017年第4期;常纪文:《环境标准的法律属性和作用机制》,载《环境保护》2010年第9期;柳经纬:《标准的规范性和规范效力——基于标准著作权保护问题的视角》,载《法学》2014年第8期;柳经纬:《标准与法律的融合》,载《政法论坛》2016年第6期;柳经纬、许林波:《法律中的标准——以法律文本为分析对象》,载《比较法研究》2018年第1期;柳经纬:《评标准法律属性论》,载《现代法学》2018年第5期。

法负有保证其向消费者提供的食品符合安全要求(无毒、无害)的义务。然而,生产经营者提供的食品对消费者的生命健康是否安全,并非法律所能直接判定,而需依据食品安全标准,法律必须借助于食品安全标准来确定食品生产经营者的义务,因此《食品安全法》第 4 条第 2 款进而规定:"食品生产经营者应当依照法律、法规和食品安全标准从事生产经营活动,保证食品安全,诚信自律,对社会和公众负责,接受社会监督,承担社会责任。"第 33 条则更进一步,要求食品生产经营者在食品生产经营的各个环节,包括食品生产加工的场所、设备、工艺流程、容器、用水、人员以及食品的加工、包装、贮存、运输等,都要"符合食品安全标准"。食品安全标准为食品生产经营者的义务提供了具体的依据,也为食品的生产经营行为提供了规范。

标准对于法律的作用表现为延伸了法律调整社会关系的功能作用。[1] 这种作用如同机械臂之于工具的作用,倘若没有机械臂,人无法直接用自己的手抓到远处的物品;借助于机械臂,人就可以抓到远处的物品。在法律调整社会关系问题上,倘若不借助于标准,法律将无法具体确定生产经营者的食品安全生产经营义务,也无法确定卖方交付符合品质要求的标的物的义务。这种情形在法律涉及科学技术问题时表现得尤为明显。这是因为,法律通过权利义务的设定,对行为做出"可为"与"不可为"、"当为"或"不当为"的评价,从而指引人们的行为,但这只是回答了"可为"与"不可为"、"当为"与"不当为"的问题,而没有回答"如何为"的问题,标准则可以回答"如何为"的问题。[2]

再以食品安全为例。《食品安全法》规定了食品生产经营者生产经营食品的安全义务,但是食品安全义务不只是要求生产经营者最终提供给消费者的食品必须是安全的,对消费者的生命健康不构成危害。食品安全涉及食品的原料、加工、贮存、运输以及食品加工的场所、容器、人员(健康状况)、食品添加剂等环节,只要一个环节出了问题,就可能导致食品存在安全隐患。为了确保食品安全,切实保护人民的生命健康,食品安全法调整的范围就十分广泛,包括了"从田间到餐桌"的全过程及这一过程的各个环节。[3] 在这一过程及其各个环节

---

[1]　柳经纬:《标准与法律的融合》,载《政法论坛》2016 年第 6 期。

[2]　柳经纬、许林波:《法律中的标准——以法律文本为分析对象》,载《比较法研究》2018 年第 1 期。

[3]　《食品安全法》第 2 条第 1 款规定:"在中华人民共和国境内从事下列活动,应当遵守本法:(一)食品生产和加工,食品销售和餐饮服务;(二)食品添加剂的生产经营;(三)用于食品的包装材料、容器、洗涤剂、消毒剂和用于食品生产经营的工具、设备的生产经营;(四)食品生产经营者使用食品添加剂、食品相关产品;(五)食品的贮存和运输;(六)对食品、食品添加剂、食品相关产品的安全管理。"

中,食品生产经营者应该"如何为",即如何做才能确保不出现食品安全问题,这就不是法律所能回答的,而必须由食品安全标准来回答。《食品安全法》第 26 条规定:"食品安全标准应该包括下列内容:(一)食品、食品添加剂、食品相关产品中的致病性微生物,农药残留、兽药残留、生物毒素、重金属等污染物质以及其他危害人体健康物质的限量规定;(二)食品添加剂的品种、使用范围、用量;(三)专供婴幼儿和其他特定人群的主辅食品的营养成分要求;(四)对与卫生、营养等食品安全要求有关的标签、标志、说明书的要求;(五)食品生产经营过程的卫生要求;(六)与食品安全有关的质量要求;(七)与食品安全有关的食品检验方法与规程;(八)其他需要制定为食品安全标准的内容。"根据国家卫生健康委员会食品安全标准与检测评估司公布的《国家食品安全标准目录》(截至 2017 年 4 月),现行有效的食品安全标准多达 1157 项,包括"通用标准"11 项、"食品产品标准"64 项、"特殊膳食食品标准"9 项、"食品添加剂质量规格及相关标准"586 项、"食品营养强化剂质量规格标准"29 项、"食品相关产品标准"15 项、"生产经营规范标准"25 项、"理化检测标准"227 项、"微生物检验方法标准"30 项、"毒理学检验方法与规程标准"26 项、"兽药残留检测方法标准"29 项、"农药残留检测方法标准"106 项。[①] 正是如此详尽的食品安全标准具体回答了食品生产经营者在食品安全生产各个环节食品安全义务"如何为"的问题。

标准之所以能够发挥对延伸法律调整社会关系、规范行为的作用,原因在于标准也是一种规范,具有规范性。《标准化法》第 2 条第 1 款规定:"本法所称标准(含标准样品),是指农业、工业、服务业以及社会事业等领域需要统一的技术要求。"国家标准《标准化工作指南 第 1 部分:标准化和相关活动的通用术语》(GB/T 20000.1—2014)将标准定义为:"通过标准化活动,按照规定的程序经协商一致制定,为各种活动或其结果提供规则、指南或特性,供共同使用和重复使用的文件。"所谓"统一的技术要求""为各种活动或其结果提供规则、指南或特性",均表明标准具有规范性。

如果以法律规范的构成作为参照,在许多标准中也能发现"假定条件"(适用的人、场合和时间)、"行为模式"和"后果"三项要素。但是,仔细分析标准的规范构成不难发现,标准规范不直接具有法律的意义,标准不属于法律规范的范畴。例如,原国家环境保护总局发布的推荐性行业标准《土壤环境监测技术规范》(HJ/T 166—2004),该标准适用的人是从事土壤环境监测的专业机构,适

---

① 《食品安全国家标准目录》(截至 2017 年 4 月),参见原卫生部网站,http://www.nhfpc.gov.cn/sps/spaqmu/201609/0aea1b6b127e474bac6de760e8c7c3f7.shtml,2018 年 12 月 3 日访问。

用的场合是土壤环境监测专业机构在我国区域内从事土壤背景、农田土壤环境、建设项目土壤环境评价、土壤污染事故等类型的监测活动。这里的土壤环境监测专业机构侧重于其专业能力,不具有权利义务主体的意义。该标准也采用"可以""必须""应当""不得"等类似法律规范中的行为模式用语,但这些用语并不意味着土壤监测专业机构在法律上的权利或义务,只意味着从技术性层面上判断,按照标准的要求实施的行为具有技术上和科学上的合理性。例如,该标准有这样一段话:"在一组需要相互之间进行比较的样品应当有同样的个体组成,否则样本大的个体所组成的样品,其代表性会大于样本少的个体组成的样品。"此所谓"应当"并不意味着法律上的义务,只涉及比较样品的差异可能影响监测结论的准确性问题,属于技术合理性的范畴。从后果来看,该标准关于"分块随机"取样的要求是:"根据收集的资料,如果监测区域内的土壤有明显的几种类型,则可将区域分成几块,每块内污染物较均匀,块间的差异较明显。将每块作为一个监测单元,在每个监测单元内再随机布点。在正确分块的前提下,分块布点的代表性比简单随机布点好,如果分块不正确,分块布点的效果可能会适得其反。"这里的"代表性比简单随机布点好"或"适得其反",也就是遵从或违反这一要求的后果。这种后果只是基于科学和技术的合理性与否的判断,而不具有法律上的肯定性评价或否定性评价的意义。因此,标准本质上不具有法律规范的性质,它们属于技术规范。① 诚如标准化专家李春田在分析标准的规范性时所指出的,"标准调整的重点是人与自然规律的关系,它规范人们的行为,使之尽量符合客观的自然规律和技术法则,其目的是要建立起有利于社会发展的技术秩序。"②

虽然标准属于技术规范,调整的是人与自然规律的关系,与调整人与人之间社会关系的法律规范有着本质的区别;但是,标准对行为的规范,与法律对行为的规范之间可以兼容,标准可以被法律援引而成为行为的法律规范,标准中的"应当""可以""必须""禁止"等行为模式也就可以成为法律规范的行为模式,从而获得法的规范效力。这就是标准得以发挥对法律的作用的原因之所在。例如,依据《标准化法》第2条第3款关于"强制性标准必须执行"的规定,强制性标准对其所适用的人和行为就具有法律效力。例如,原国家环境保护总局和国家质量技术监督总局 2011 年发布的国家标准《危险废物贮存污染控制标准》(GB 18597—2001)属于强制性标准,该标准规定了除尾矿外的危险废物的包

---

① 柳经纬:《标准的规范性和规范效力——基于标准著作权保护问题的视角》,载《法学》2014 年第 8 期。

② 李春田:《标准化与秩序——社会存在和发展的基础》,载《中国标准化》2004 年第 2 期。

装,贮存设施的选址、设计、运行、安全防护、检测和关闭等要求,在"一般要求"中规定"有危险废物产生者和危险废物经营者应建造专用的危险废物贮存设施,也可利用原有构筑物改建成危险废物贮存设施。"(第 4.1 条)"常温常压下易爆、易燃及排出有毒气体的危险废物必须进行预处理,使之稳定后贮存,否则,按易爆、易燃危险品贮存。"(第 4.3 条)"禁止将不相容(相互反应)的危险废物在同一容器内混装。"(第 4.5 条)就标准自身而言,上述规定中"应(当)""可(以)""必须""禁止"并不具有权利义务的意义,但作为法律规定"必须执行"的强制性标准,这些用语对危险废物的产生者、经营者和管理者就意味着权利和义务,尤其是其中的"必须""禁止"足以表明危险废物的产生者和经营者所负的法律义务。

除了强制性标准直接依据法律规定而获得法律上的规范效力外,推荐性标准(包括推荐性国家标准、行业标准、地方标准)、[①]团体标准和企业标准也可以通过一定的方式与法律结合而获得规范效力。推荐性标准不具有强制执行的效力,国家鼓励生产经营者自愿采用推荐性标准(《标准化法》第 2 条第 3 款);团体标准"由本团体成员约定采用或者按照本团体的规定供社会自愿采用"(《标准化法》第 18 条第 1 款),企业标准是企业(一个或多个企业)为自己的生产所制定的标准。《标准化法》第 27 条规定:"……企业应当公开其执行的强制性标准、推荐性标准、团体标准或者企业标准的编号和名称;企业执行自行制定的企业标准的,还应当公开产品、服务的功能指标和产品的性能指标……企业应当按照标准组织生产经营活动,其生产的产品、提供的服务应当符合企业公开标准的技术要求。"依此规定,推荐性标准和团体标准由于被企业采用而获得对采用者生产经营活动的规范效力;企业标准则由于企业自己制定而获得对企业生产经营活动的规范效力。

在标准获得法的规范效力问题上,强制性标准基于法律的直接规定,彰显的是立法者的意志,即国家意志;推荐性标准、行业标准、地方标准、团体标准和企业标准则基于企业的采用或企业自主制定标准,体现的是当事人的意志。这种区别与标准化的目的有关。标准化理论认为,标准本质上是相关利益方协议的产物,以自愿采用即非强制实施为原则,以法的方式强制标准的实施,"应当慎重考虑其看待标准的性质、工业化程度及其社会上现行的法律和形式等各方

---

① 依据原《标准化法》第 7 条、《标准化法实施条例》第 18 条及《地方标准管理办法》的规定,不仅国家标准,行业标准和地方标准也可以分为强制性标准和推荐性标准。2017 年新修订的《标准化法》第 2 条第 2 款规定:"……国家标准分为强制性标准、推荐性标准,行业标准、地方标准是推荐性标准。"

面的情况"。① 在标准是否应以法律规定强制其实施的问题上,应主要考虑标准化的目的。标准化的目的既有效率,如适用性、兼容性、互换性、品质控制(最佳选择);又有公平,如安全(生命健康安全等)、环境保护、消费者保护、社会公共利益。② 如果说自愿采用的标准更多强调效率,强制实施的标准则更多考虑公平,考虑安全与社会的整体福利。③《标准化法》第 10 条第 1 款规定:"对保障人身健康和生命财产安全、国家安全、生态环境安全以及满足经济社会管理基本需要的技术要求,应当制定强制性标准。"将强制性标准限定在"保障人身健康和生命财产安全、国家安全、生态环境安全以及满足经济社会管理基本需要"的范围内,正是基于标准化的目的所做出的政策选择。

三、标准对法律发挥作用的广度

分析标准发挥对法律作用的广度,旨在回答标准在多大范围内对法律发挥支撑作用这一问题。标准对法律的支撑作用是全方位的、全领域的,几乎在所有的法律领域都可以发现标准的支撑作用。

在现代社会,法治是国家治理的基本方式,④法律覆盖了社会关系的所有领域,实现了对社会关系的全领域调整。在我国的法律体系里,调整社会关系的法律被分别归入宪法及相关法、民商法、行政法、经济法、社会法、刑法和诉讼与仲裁程序法等七个法律部门中。⑤ 法律不仅限于最高立法机关制定的法律、法令,还包括国务院制定的行政法规、地方立法机关制定的地方法规等。可以说,法律是一个庞大的系统,正是通过这样一个庞大的法律系统,实现了对社会关系的全面调整,为国家治理现代化提供了法治保障。

标准是科学技术和经验的产物。标准化是现代化的一项基础性工程,在便利经贸往来、支撑产业发展、促进科技进步、规范社会治理中发挥着越来越重要

① [英]桑德斯主编:《标准化的目的与原理》,中国科学技术情报研究所编辑,科学技术文献出版社 1974 年版,第 10～11 页。

② 国家标准《标准化工作指南 第 1 部分:标准化和相关活动的通用术语》(GB/T 20000.1—2014)将标准化的目标表述为:"包括但不限于品种控制、可用性、兼容性、互换性、健康、安全、环境保护、产品防护、相互理解、经济绩效、贸易。"

③ 参见刘三江、梁正、刘辉:《强制性标准的性质:文献与展望》,载《学术界》2016 年第 2 期。

④ 参见张文显:《法治与国家治理现代化》,载《中国法学》2014 年第 4 期。

⑤ 我国法律体系的构成,参见国务院新闻办:《中国特色社会主义法律体系(白皮书)》,2011 年 10 月发布,http://www.gov.cn/jrzg/2011-10/27/content_1979498.htm,2018 年 11 月 2 日访问。

的作用。① 在国家治理中,标准化为国家治理确立规范、提供合理化依据,为评估国家治理现代化提供量化指标,因此标准化是国家治理现代化的基石。② 随着科学技术和社会的发展,标准化从最早的工业领域逐渐扩大到农业、服务业及公共服务领域。诚如法国标准化专家 J.C.库蒂埃所言,"标准化在一切人类社会活动的地方都存在"。③ 在我国的标准体系里,标准因制定主体的不同分为国家标准、行业标准、地方标准和团体标准、企业标准,覆盖了工业、农业、服务业和社会事业等领域。④ 甚至在司法、党建这些似乎与科学技术毫无联系的领域,也出现了标准化的活动。⑤ 与法律一样,标准也实现了对社会活动领域的全覆盖,为国家治理的科学化和合理化奠定了基础。

标准化领域与法律领域均非常广泛,二者的领域存在高度的契合。虽然从世界范围来看,标准化的历史不过百余年,我国标准化的历史就更短,相对于历史悠久的法治而言仍属于"新生事物",⑥但是标准化的领域已经扩展到几乎所有的法律领域,标准通过不同的方式被自觉地引进法律,⑦发挥着调整社会关系的作用。

根据此前的研究,截至 2017 年 8 月 17 日,"中国人大网"(http://www.

---

① 马建堂、田世宏主编:《国家标准化政策读本》,国家行政学院出版社 2017 年版,前言。

② 俞可平:《标准化是治理现代化的基石》,载《人民政坛》2015 年第 31 期。

③ [法]J.C.库蒂埃:《标准化理论的若干问题》,国家标准总局标准化综合研究所编,1980 年印行,第 4 页。

④ 马建堂、田世宏主编:《国家标准化政策读本》,国家行政学院出版社 2017 年版,第 3 页。

⑤ 在司法领域,天津市高级人民法院 2015 年印发《天津法院司法标准化工作管理办法(实行)》《天津法院司法标准化工作规划纲要(2015—2017)》,司法标准化工作取得了成效。参见高憬宏主编:《人民法院司法标准化的理论与实践》,法律出版社 2017 年版。在党建领域,国家标准化管理委员会办公室 2017 年 4 月印发《关于在部分基层党组织开展党建标准化试点工作的通知》(标委办党委〔2017〕61 号),http://www.sac.gov.cn/sjgdw/sytz/201705/t20170502_236724.htm,2018 年 12 月 10 日访问。

⑥ 1980 年,法国标准化专家 J.C.库蒂埃应邀来华讲授标准化理论。他引用法国原工资标准化协会一位主席的话说"90%搞标准化的人还活着",生动地说明了标准化是一项"新生事物"。参见[法]J.C.库蒂埃:《标准化理论的若干问题》,国家标准总局标准化综合研究所编,1980 年印行,第 2 页。

⑦ 在我国,标准被引进法律的方式有三种:一是法律笼统地规定了标准或某一类标准,但没有指明具体的标准;二是法律不仅规定了标准,而且指明了具体的标准;三是法律不仅规定了标准,也指明了具体标准,还将标准的文本或具体指标引进法律。柳经纬:《标准与法律的融合》,载《政法论坛》2016 年第 6 期。

npc.gov.cn)"中国法律法规信息库"收录的 286 部法律文本中,共有 112 部检索出标准化意义上的"标准"一词达 1089 次,约占全部法律文本总数的 39.2%,法律部门包括宪法相关法、民商法、行政法、经济法、社会法、诉讼与仲裁程序法。① 2017 年 8 月 17 日之后,"中国法律法规信息库"新收录的《核安全法》《电子商务法》《土壤污染防治法》等法律中,也检索出"标准"一词。其中,尤以环境保护、安全生产、食品安全、工程建设、产品质量、能源、标准计量、医药卫生等与科学技术关系密切的新兴法律领域为突出,在这些法律领域里,标准成为法律调整社会关系不可或缺的手段。在这些领域的法律文本中,频繁地出现"标准"一词,标准的地位尤为重要。② 例如,《食品安全法》设专章规定了"食品安全标准"(该法第三章),共计有 48 个条文中出现"标准"一词,约占全部法律条文 150 条的三分之一。《农产品质量安全法》也设专章规定"农产品质量安全标准"(第二章)。又如,在《网络安全法》《核安全法》《电子商务法》《土壤污染防治法》等法律中,都规定了标准体系建设,③标准体系建设成为法律的重要支撑。

需要指出的是,在未检索出"标准"一词的法律中,并不意味着与标准毫无关系,标准对这些法律领域不起作用。在一些未检索出"标准"一词、看似与标准并无联系的法律中,也可以发现标准的作用。例如,我国《宪法》第 141 条第 1 款规定:"中华人民共和国国旗是五星红旗。"第 142 条规定:"中华人民共和国国徽,中间是五星照耀下的天安门,周围是谷穗和齿轮。"在《国旗法》和《国徽法》中,均未检索到"标准"一词,但《国旗法》第 19 条规定:"不得升挂或者使用破损、污损、褪色或者不合规格的国旗……"《国徽法》第 14 条规定:"不得悬挂破损、污损或者不合规格的国徽。"国旗、国徽是否合格,除了符合《国旗法》《国徽法》基本规格的要求外,还需符合有关国旗、国徽的标准。在国旗方面,现行有效的国旗标准包括 2 项强制性国家标准和 1 项推荐性国家标准。强制性国

---

① 柳经纬、许林波:《法律中的标准——以法律文本为分析对象》,载《比较法研究》2018 年第 1 期。

② 柳经纬、许林波:《法律中的标准——以法律文本为分析对象》,载《比较法研究》2018 年第 1 期。

③ 《网络安全法》第 15 条第 1 款规定:"国家建立和完善网络安全标准体系。国务院标准化行政主管部门和国务院其他有关部门根据各自的职责,组织制定并适时修订有关网络安全管理以及网络产品、服务和运行安全的国家标准、行业标准。……"《核安全法》第 8 条第 1 款规定:"国家坚持从高从严建立核安全标准体系。"《电子商务法》第 66 条规定:"国家推动电子商务基础设施和物流网络建设,完善电子商务统计制度,加强电子商务标准体系建设。"《土壤污染防治法》第 12 条第 1 款规定:"国务院生态环境主管部门根据土壤污染状况、公众健康风险、生态风险和科学技术水平,并按照土地用途,制定国家土壤污染风险管控标准,加强土壤污染防治标准体系建设。"

家标准是《国旗》(GB 12982—2004)和《国旗颜色标准样品》(GB 12983—2004)，推荐性国家标准是《国旗用织物》(GB/T 17392—2008)。该三项国旗的相关标准中又包含着与之关联的标准。如《国旗》(GB 12982—2004)引用了推荐性国家标准《评定变色用灰色样卡》(GB/T 250)、《纺织品色牢度试验 耐洗色牢度试验 1》(GB/T 3921.1)、《纺织品色牢度试验 耐洗色牢度试验 3》(GB/T 3921.3)等标准；《国旗颜色标准样品》(GB 12983—2004)引用了推荐性国家标准《颜色的表示方法》(GB/T 3977)和《均匀色空间和色差公式》(GB/T 3979)。在国徽方面，现行有效的国徽标准是强制性国家标准《国徽》(GB 15093—2008)，该标准引用的标准包括推荐性国家标准《纤维增强塑料弯曲性能试验方法》(GB/T 1449)、《漆膜附着力测试方法》(GB/T 1720)、《漆膜耐水性测试方法》(GB/T 1733)、《漆膜耐湿热测试方法》(GB/T1740)、《平面度误差检测》(GB/T 17337—2004)等。此外，为了规范单位和个人升挂、使用国旗，推荐性国家标准《国旗升挂装置基本要求》(GB/T 18302—2001)规定了国旗的升挂装置的技术要求、标志、标签和包装，其中包括广场旗、建筑物外墙墙面旗、建筑物顶旗、门楣旗、行进旗、室内立式旗的技术要求。在国旗法和国徽法中，标准为正确制作、升挂和悬挂国旗、国徽，维护国旗、国徽的尊严和国家形象，发挥了技术规范的作用。

　　标准对法律发挥作用所涉及的法律领域既包括与现代科学技术关系密切的环境保护、食品安全等新兴法律领域，也包括传统的民法、刑法等法律领域。在民法中，与标准关系密切的领域是合同法和侵权法。在标准化事业还不发达的时代，民法关于合同标的质量的规定，采取的是有约定依约定、无约定交付中等品质物品的处理方式。例如，《德国民法典》第 243 条第 1 款规定："仅以种类确定的物为债务标的物的，债务人应给付中等品质的物。"《日本民法典》第 401 条第 1 款也规定："仅以种类指示债权标的物情形，依法律行为的性质或当事人的意思，不能确定其品质时，债务人应给付具有中等品质的物。"我国民国时期的民法典第 200 条第 1 款也规定："给付物仅以种类指示者，依法律行为之性质或当事人之意思不能定其品质时，债务人应给以中等品质之物。"这是基于公平的观念，当事人对合同标的的质量约定不明确时，交付"中等品质"的物品，不高不低，对买卖双方是公平的。然而，在标准化背景下，当存在商品和服务的质量标准时，标准就可以弥补合同约定不明确的不足（合同漏洞）。在这一点上，我国民法没有沿袭德日的立法例，而是采用了援引标准以弥补合同约定不足的做法。《合同法》第 62 条第 1 项规定："质量要求不明确的，按照国家标准、行业标准履行；没有国家标准、行业标准的，按照通常标准或者符合合同目的的特定标准履行。"这里的"国家标准""行业标准"均为标准化意义上的标准，"通常标准"

"特定标准"虽然不等于标准化意义上的标准,但标准化意义上的标准(如国际标准、地方标准、企业标准)均可作为"通常标准""特定标准"予以采用。[①] 在侵权法领域,虽然符合标准(强制性标准)并不能成为主张免责的抗辩理由,[②]但是却可以成为认定侵权行为的事实依据。例如,《侵权责任法》第 65 条规定:"因污染环境造成损害的,污染者应当承担侵权责任。"何谓"污染环境"? 在存在着污染物排放标准的情况下,生产企业如果违反污染物排放标准即可认定构成污染环境,构成环境侵权行为。又如,最高人民法院《关于审理道路交通事故损害赔偿案件适用法律若干问题的解释》第 9 条规定:"因道路管理维护缺陷导致机动车发生交通事故造成损害,当事人请求道路管理者承担相应赔偿责任的,人民法院应予支持,但道路管理者能够证明已按照法律、法规、规章、国家标准、行业标准或者地方标准尽到安全防护、警示等管理维护义务的除外。"第 10 条规定:"因在道路上堆放、倾倒、遗撒物品等妨碍通行的行为,导致交通事故造成损害……道路管理者不能证明已按照法律、法规、规章、国家标准、行业标准或者地方标准尽到清理、防护、警示等义务的,应当承担相应的赔偿责任。"第 11 条规定:"未按照法律、法规、规章或者国家标准、行业标准、地方标准的强制性规定设计、施工,致使道路存在缺陷并造成交通事故,当事人请求建设单位与施工单位承担相应赔偿责任的,人民法院应予支持。"这些规定表明,标准在认定交通事故侵权责任中具有重要的作用。此外,在产品侵权责任、医疗侵权责任及安全注意义务方面,标准对于侵权行为的事实认定也具有重要的作用。

在刑事法领域,标准也发挥着重要的作用。《刑法》在有关"工程重大安全事故罪"(第 137 条)、"生产、销售不符合安全标准的食品罪"(第 143 条)、"生产、销售不符合标准的卫生器材罪"(第 145 条)、"生产、销售不符合安全标准的产品罪"(第 146 条)、"生产、销售不符合卫生标准的化妆品罪"(第 148 条)、"妨害传染病防治罪"(第 330 条)、"非法采集、供应血液、制作、供应血液制品罪;采集、供应血液、制作、供应血液制品事故罪"(第 334 条)的规定中,直接援引标准作为判定犯罪事实的依据。在其他一些罪的规定中,虽然未直接规定标准,但在犯罪事实的认定上,也离不开标准。例如,《刑法》第 338 条[污染环境罪]规定:"违反国家规定,排放、倾倒或者处置有放射性的废物、含传染病病原体的废物、有毒物质或者其他有害物质,严重污染环境的,处三年以下有期徒刑或者拘役,并处或者单处罚金;后果特别严重的,处三年以上七年以下有期徒刑,并处

---

① 《合同法》第 62 条第 1 项规定的采用标准的规则,与我国标准化体制不完全协调,需要修改。参见柳经纬:《合同中的标准问题》,载《法商研究》2018 年第 1 期。

② 谭启平:《符合强制性标准与侵权责任承担的关系》,载《中国法学》2017 年第 4 期。

罚金。"该条中的"国家规定"包括"排放、倾倒或者处置有放射性的废物、含传染病病原体的废物、有毒物质或者其他有害物质"的强制性国家标准,如《放射性废物管理规定》(GB 14500—93)、《核电厂放射性液态流出物排放技术要求》(GB 14587—2011)、《低中水平放射性固体废物的浅地层处置规定》(GB 9132—88)及前述《危险废物贮存污染控制标准》(GB 18597—2001)等标准。

在行政法领域,标准的作用主要表现在两个方面:一是在行政执法方面,标准是行政执法的重要技术依托。[①] 二是在公共服务方面,标准是公共服务均等化的重要保障。[②] 在行政执法方面,强制性国家标准扮演着执法依据的角色。在我国,标准依其实施效力不同分为强制性标准和推荐性标准。[③] 在 2017 年《标准化法》修订之前,政府主导制定的国家标准、行业标准和地方标准均有强制性标准和推荐性标准之分。《标准化法》修订后,依《标准化法》第 2 条规定,只有国家标准有强制性标准和推荐性标准之分,行业标准和地方标准均为推荐性标准。强制性国家标准具有强制实施的法律效力,生产经营者必须遵守,它是政府依法对生产经营活动进行检查监督的重要依据。例如,我国环境标准(环境质量标准和污染物排放标准)大多属于强制性标准。在环境行政执法中,环保部门的执法权限依据的是法律(如《环境保护法》)的规定,环保部门对生产经营者是否存在污染环境的行为做出认定的依据则是有关的环境标准(如污染物排放标准),环境标准与环境法律一样被列为环境执法的重要依据。[④] 在卫生行政执法、食品安全行政执法、安全生产行政执法等方面,强制性标准也扮演着执法依据的角色。在公共服务方面,近年来随着法治政府建设步伐的加快,为了规范政府行为、优化行政审批流程、提高行政审批效率,我国将标准化原理引进公共服务领域,开展政务服务标准化建设,制定了推荐性国家标准《政务服务中心运行规范》《政务服务中心标准化工作指南》系列标准[⑤]和《政务服务中心网上服务规范》(GB/T 32168—2015)。国务院审改办、国家标准委于 2016 年还发布了《行政许可标准化指引(2016 版)》,为各地开展行政审批标准化建设提供

---

① 刘平:《行政执法原理与技巧》,上海人民出版社 2015 年版,第 262 页。

② 黄恒学、张勇主编:《政府基本公共服务标准化研究》,人民出版社 2011 年版,第 2 页。

③ 李春田主编:《标准化概论》,中国人民大学出版社 2014 年第 6 版,第 30 页。

④ 王灿发主编:《中国环境行政执法手册》,中国人民大学出版社 2009 年版,第 12 页。

⑤ 包括国家标准《政务服务中心运行规范 第 1 部分:基本要求》(GB/T 32169.1—2015)、国家标准《政务服务中心运行规范 第 2 部分:进驻要求》(GB/T 32169.2—2015)、《政务服务中心运行规范 第 3 部分:窗口服务提供要求》(GB/T 32169.3—2015)、国家标准《政务服务中心运行规范 第 4 部分:窗口服务评价要求》(GB/T 32169.3—2015)、国家标准《政务服务中心标准化工作指南 第 1 部分:基本要求》(GB/T 32170.1—2015)、国家标准《政务服务中心标准化工作指南 第 2 部分:标准体系》(GB/T 32170.2—2015)。

指导。

在诉讼法领域,标准的作用主要体现在司法过程中对事实的认定上。无论是民事诉讼还是行政诉讼和刑事诉讼,司法的过程包括对案件事实的认定和法律的适用。事实认定是法律适用的基础。只有在正确的事实认定基础上,才可能有正确的法律适用。在事实认定上,标准是重要的依据。这一点集中体现在司法鉴定中。司法鉴定是诉讼活动中鉴定人运用科学技术或者专门知识对诉讼涉及的专门性问题进行鉴别和判断并提供鉴定意见的活动(《全国人民代表大会常务委员会关于司法鉴定管理问题的决定》第1条、《司法鉴定程序通则》第2条)。鉴定机构出具的鉴定意见是事实认定的重要证据,因其专业性而受到司法机关的重视。司法鉴定活动需依据标准进行。《全国人民代表大会常务委员会关于司法鉴定管理问题的决定》第12条规定:"鉴定人和鉴定机构从事司法鉴定业务,应当遵守法律、法规,遵守职业道德和职业纪律,尊重科学,遵守技术操作规范。"《司法鉴定程序通则》第4条重申了司法鉴定活动应当"尊重科学,遵守技术操作规范"的原则。《司法鉴定程序通则》第23条进而规定了司法鉴定采用标准的具体要求。该条规定:"司法鉴定人进行鉴定,应当依下列顺序遵守和采用该专业领域的技术标准、技术规范和技术方法:(一)国家标准;(二)行业标准和技术规范;(三)该专业领域多数专家认可的技术方法。"通常,司法鉴定依据的标准包括两个层面:一是鉴定人对"专门性问题"做出鉴别和判断所依据的实体性的标准,如食品质量标准、环境质量标准、污染物排放标准等;二是鉴定人对进行鉴定应遵循的程序性的标准,如食品安全检测标准、环境质量检测标准等。在这两个方面,鉴定人员如未严格遵守标准,都会影响到鉴定结论的科学性和可信度,从而影响到鉴定意见的证据效力。例如,在乳和乳制品方面,关于品质的强制性国家标准包括《生乳》(GB 19301—2010)、《巴氏杀菌乳》(GB 19645—2010)、《灭菌乳》(GB 25190—2010)、《调制乳》(GB 25191—2010)、《发酵乳》(GB 19302—2010)、《炼乳》(GB 13102—2010)、《乳粉》(GB 19644—2010)、《乳清粉和乳清蛋白粉》(GB 11674—2010)、《稀奶油、奶油和无水奶油》(GB 19646—2010)、《干酪》(GB 5420—2010)、《再制干酪》(GB 25192—2010)等;关于检测的强制性国家标准包括《食品微生物检验 乳与乳制品检验》(GB 4789.18—2010)、《生乳相对密度的测定》(GB 5413.33—2010)、《乳和乳制品杂质度的测定》(GB 5413.30—2010)、《乳和乳制品酸度的测定》(GB 5413.34—2010)、《乳和乳制品中黄曲霉毒素 M_1 的测定》(GB 5413.37—2010)等。有关乳和乳制品的诉讼案件中,司法鉴定人员只有根据委托鉴定的事项依据上述相关标准进行鉴定,所做出的鉴定意见才具有科学性,才能满足证据的要求,才能有利于法院对案件事实做出准确的判断,进而为法律的正确适用、为案件的公正裁判奠定坚实的基础。

四、标准对法律发挥作用的力度

分析标准对法律发挥作用的力度，旨在回答标准在多大程度上对法律发挥作用的问题。在这个层面上，标准对法律的支撑作用表现为，法律对标准形成了依赖关系，法律必须依赖标准才能发挥作用；在许多法律领域，离开了标准，法律将难以发挥作用。在某种意义上甚至可以说，标准决定着法治的质量和水平。

法律是行为规范。法律对社会行为发挥规范作用，在于它规定了什么是可为的和什么是不可为的，为人们的行为提供了准则。法律对行为的规范最终反映在对人们行为的评价上，即什么样的行为是合法的或适法的，什么样的行为是不合法的或违法的。在涉及标准的法律领域，标准为人们的行为合法与否的评价提供了进一步的依据。例如，在合同法领域，守约行为是合法行为，违约行为是不法行为，那么什么样的行为是守约行为，什么样的行为是违约行为？当合同的标的涉及质量标准时，标准即可为债务人的履约行为究竟是守约行为还是违约行为的评价提供依据。正是在这个意义上，《合同法》第62条第1项规定，合同对"质量要求不明确的，按照国家标准、行业标准履行"。又如，依据《国旗法》第17条规定，企事业单位或公民个人升挂国旗，应当升挂"符合规格"的国旗，不应当升挂"不合规格"国旗。那么，什么样的国旗是"符合规格"的国旗，什么样的国旗"不合规格"？判定的依据是国旗的标准，即强制性国家标准《国旗》(GB 12982—2004)，国旗标准为评价升挂国旗的行为提供了准则。

在许多法律领域，标准被法律直接规定为行为的规范，法律要求人们的行为除遵守法律外还应当遵守标准。在这些领域，标准获得了与法律具有等同意义的行为规范的地位。例如，《食品安全法》第4条第2款规定："食品生产经营者应当依照法律、法规和食品安全标准从事生产经营活动，保证食品安全，诚信自律，对社会和公众负责，接受社会监督，承担社会责任。"又如，《安全生产法》第10条第2款规定："生产经营单位必须执行依法制定的保障安全生产的国家标准或者行业标准。"第29条第1款规定："安全设备的设计、制造、安装、使用、检测、维修、改造和报废，应当符合国家标准或者行业标准。"第32条第2款规定："生产经营单位生产、经营、运输、储存、使用危险物品或者处置废弃危险物品，必须执行有关法律、法规和国家标准或者行业标准，建立专门的安全管理制度，采取可靠的安全措施，接受有关主管部门依法实施的监督管理。"《土壤污染防治法》第25条规定："建设和运行污水集中处理设施、固体废物处置设施，应当依照法律法规和相关标准的要求,采取措施防止土壤污染。"第 40 条规定:"实施风险管控、修复活动中产生的废水、废气和固体废物,应当按照规定进行处理、处置,并达到相关环境保护标准。"第 41 条规定:"转运的污染土壤属于危险废物的,修复施工单位应当依照法律法规和相关标准的要求进行处置。"

在这些领域,标准作为与法律具有同等意义的行为规范,在实践中形成了"违标即违法"的违法行为判定规则。① 例如,在环境执法领域,环境法理论研究也指出,"超标即违法"具有合理性。② 在海事执法领域,也有学者研究指出"海事机构在海事行政检查和行政处罚中可以依据'标准'来认定违法行为"。③

需要指出的是,"违标即违法"只是在强调标准在违法行为判定上的重要作用。严格说来,"违标"不等同于"违法"。"违标"只是案件事实,而"违法"则是对"违标"这一事实(行为)做出的法律上否定性的评价。前者的依据是标准,后者的依据则是法律。例如,在环境违法行为的认定中,企业超标排放污染物,属于"违标"的范畴,认定的依据是污染物排放标准;企业超标排放行为违法,属于"违法"的范畴,依据的则是环境保护法。

在诸多法律领域,标准与法律之间已经形成了某种依赖关系,离开了标准,法律将难以发挥作用。例如,在环境法领域,法律的目标是"保护和改善环境,防治污染和其他公害"。"保护和改善环境""防治污染和公害",涉及到对环境质量的科学评价、对污染环境行为的准确界定。对环境质量的评价、对污染行为的界定是一个科学技术的问题,立法机关制定的法律并不能直接给出依据,只有基于科学技术和经验而制定的标准才能给出依据。这就决定了环境标准在环境法中具有举足轻重的地位。我国《环境保护法》第 15 条和第 16 条分别规定了环境质量标准和污染物排放标准,前者为环境质量的评价提供了依据,后者为环境污染行为的界定提供了依据。如果缺乏环境标准,环境法就缺乏可

---

① 在行政法领域,不仅"违标即违法"可以成立,而且"合标即合法"也可以成立。但在侵权法领域,"违标即违法"可以成立,但"合标即合法"则不能成立。企业的排污即便符合国家的强制性标准,但如果造成损害,仍应承担侵权损害赔偿责任。2015 年,《最高人民法院关于审理环境侵权责任纠纷案件适用法律若干问题的解释》第 1 条规定:"因污染环境造成损害,不论污染者有无过错,污染者应当承担侵权责任。污染者以排污符合国家或者地方污染物排放标准为由主张不承担责任的,人民法院不予支持。"

② 参见廖建凯、黄琼:《环境标准与环境法律责任之间的关系探析》,载《环境技术》2005 年第 2 期。

③ 参见谷雨、郭江:《论"标准"在海事行政执法中的地位与适用》,载《中国海事》2011年第 1 期。

操作性,其"指引和规范作用会大打折扣"[①];环境标准是环境法得以实际运行的基础。[②] 在产品质量、安全生产、食品安全、医药卫生等领域,法律对标准也存在这种依赖关系。即便是在实行当事人意思自治的民法领域里,客观上法律对标准也存在着依赖的关系。例如,在标准化已经遍及生产经营各个领域的情况下,标准为确定合同的标的质量提供了极大的便捷。虽然在理论上和法律上,合同当事人完全可以抛开商品和服务的标准(包括强制性标准和推荐性标准)自主对合同标的的质量做出约定,但是这种做法是低效率的,而且几乎是不现实的。首先,在存在现成的商品和服务的标准时,合同当事人选择现成的商品或服务的标准作为合同标的的质量无疑是便捷的、高效的;当事人不选择标准而自行约定合同标的的质量,无疑是低效率的。其次,在现代化的条件下,商品和服务所包含的科学技术因素越来越复杂,非一般消费者所能知晓,消费者与生产经营者抛开商品和服务的质量标准自主约定合同标的的质量不具有现实的可行性。在当今社会,无论是消费领域还是生产领域,人们总是依靠标准进行交易活动。正是依托商品和服务的质量标准,合同法实现了对合同关系的规范。

当法律对标准形成某种依赖关系时,结果必然是:标准与法治将成正比关系,标准的水平高,法治的水平也随之提升;反之亦然。近年来各地频发的"毒跑道"事件充分地说明了这一点。

"毒跑道"是指在校园运动场所建设中出现的塑胶跑道含有毒成分的现象。从2015年开始,北京、苏州、无锡、南京、常州、深圳、上海、河北等地学校陆续出现塑胶跑道异味现象,有的造成学生出现流鼻血、过敏、头晕、恶心等症状。人们发现,产生"毒跑道"问题的原因固然与施工单位使用有毒有害材料有关,但现行的塑胶跑道标准严重滞后也是重要原因之一。一是有关运动场地的国家标准,《合成材料跑道面层》(GB/T 14833—2011)、《体育场地使用要求及检验方法第 6 部分:田径场地》(GB/T 22517.6—2011)、《中小学体育器材和场地 第11 部分:合成材料面层运动场地》(GB/T 19851.11—2005)均为推荐性国家标准,对施工单位不具有强制适用的效力;二是《合成材料跑道面层》(GB/T 14833—2011)、《体育场地使用要求及检验方法第 6 部分:田径场地》(GB/T 22517.6—2011)没有考虑中小学校园及其学生的特殊性,其在安全性能指标方

---

① 参见常纪文:《环境标准的法律属性和作用机制》,载《环境保护》2010 年第 9 期。

② 参见廖建凯、黄琼:《环境标准与环境法律责任之间的关系探析》,载《环境技术》2005 年第 2 期。

面明显低于同期欧盟国家的标准。① 因此,完善标准也就成为解决"毒跑道"问题的首要工作。② 2018 年 5 月 4 日,国家市场监督管理总局、国家标准化管理委员会批准发布了国家标准《中小学合成材料面层运动场地》(GB 36246—2018),该标准于 2018 年 11 月 1 日开始实施。《中小学合成材料面层运动场地》(GB 36246—2018)属于强制性标准,该标准增加了诸多技术内容,明确规定了符合绿色发展、技术进步、行业规范及学生健康防护要求的各项技术指标,填补了监管盲区,有利于对塑胶跑道质量问题实行全方位监管。该标准的发布为解决"毒跑道"问题奠定了技术基础。

从法治层面看,学校体育场地关系到学生的健康和成长,其建设属于法律规范的范畴。国务院 1990 年批准发布、2017 年修订的《学校体育工作条例》第20 条第 1 款规定:"学校的上级主管部门和学校应当按照国家或者地方制订的各类学校体育场地、器材、设备标准,有计划地逐步配齐。"这一规定阐明了校园体育场地建设法治与标准之间存在的依赖关系。如果有关体育场地的标准滞后,不仅要求低,而且不具有强制性效力,甚至"毒跑道"也不违反标准,那么"毒跑道"就难以避免,学生的身心健康就难以得到保障,学校体育场地建设的法治水平就低。如果标准要求高,而且具有强制性效力,那么严格执行高要求的标准,"毒跑道"就可以避免,学生的身心健康也就有了保障,学校体育场地建设的法治水平也就随之得以提升。上述国家标准《中小学合成材料面层运动场地》(GB 36246—2018)的发布及其实施,必将大大提升学校体育场地建设法治的水平。这就是标准的法治意义。

标准对法治水平所发挥的决定作用,还表现在良法善治方面。古希腊先哲亚里士多德指出:"法治应包含两重意义:已成立的法律获得普遍的服从,而大家所服从的法律又应该本身是制定得良好的法律。"③中共十八届四中全会通过的《中共中央关于全面推进依法治国若干重大问题的决定》也提出"法律是治国

---

① 有关"毒跑道"所涉标准问题的分析,参见丁国民、高炳巡:《校园"毒跑道"的症结及法律对策研究》,载《武汉体育学院学报》2016 年第 11 期;孔令学:《"毒跑道"事件折射的塑胶跑道"标准化"反思》,载《中国标准化》2017 年第 7 期;徐剑、叶明:《校园"毒跑道"事件审思与治理研究》,载《山东体育科技》2017 年第 4 期。

② 2016 年 6 月 22 日,教育部有关负责人在回答记者提出的"教育部如何治理'毒跑道'"问题时说:"解决'毒跑道'问题,我们将积极做好以下工作:一是协调国家有关专业部门和标准研制部门完善相应的标准,加快修订过程,实行强制标准,增强标准的科学性、规范性和强制性,更加体现学生健康优先的原则。……"《教育部有关负责人就学校塑胶跑道质量问题答记者问》,载《中国应急管理》2016 年第 6 期。

③ [古希腊]亚里士多德:《政治学》,吴寿彭译,商务印书馆 1965 年版,第 199 页。

之重器,良法是善治之前提"。良法善治是现代法治的核心要义。① 那么,什么是良法?有学者提出了"真、善、美"的评判标准(此处"标准"一词不具有标准化的意义,并非本文主题所讨论的标准),"真"是指法的内容的合规律性;"善"是指法的价值的合目的性;"美"是指法的形式的合科学性。② 有学者则从指导思想、价值建构、规范结构、文化精神四个层面提出了良法的判断标准。③ 概括起来,所谓良法的标准,不外乎内在价值和外在体系两个方面:在内在价值方面,良法应当体现人类的正义、保障人民利益的实现、促进社会进步;在外在体系方面,良法应当内容完备、规范合理、体系科学。标准对良法善治的作用主要体现在法的内在价值方面。

法律在体现人类正义、保障人民利益实现和促进社会进步方面,是通过权利义务的配置来实现的。例如,在一般情况下,法律对交易双方的权利义务的配置是对等的,以示公平对待交易双方,体现的是古典法的正义;在交易双方地位失衡的情况下,法律则对交易关系中处于强势的一方课以更多的义务、对处于弱势的一方赋予更多的权利,法律的天平向弱势群体倾斜,体现的是现代法的正义。民法彰显的是前一种正义;消费者权益保护法、劳动者权益保护法等弱势群体权益保护法彰显的是后一种正义。它们在体现人类正义、保障人民利益和促进社会进步方面都发挥了很好的作用,均可称之为良法。又如,在涉及社会公共利益的情况下,法律为了保障公共利益,使公权力介入本属于从业者个体活动的领域,对从业者课以最严的义务与责任,也体现了人类的正义。这种法律的产生本身就是社会进步的产物,亦可称之为良法,如环境保护法、食品安全法、产品(包括农产品)质量法、安全生产法、医药卫生法等。上述《学校体育工作条例》旨在"促进学生身心的健康成长"(该条例第 1 条),就其内在价值取向而言,亦可称之为良法。

标准对于良法的意义在于为良法关于权利义务的配置提供了科学技术上合理化的支持,它使得良法关于权利义务的配置更加符合良法的内在价值,有利于良法目标的实现。这是由标准的本质所决定的。标准以科学、技术和经验的综合成果为基础(国家标准《标准化工作指南 第 1 部分:标准化和相关活动的通用术语》5.3"标准")。它是科学技术发展的产物,随着科学技术的发展而不断完善。在标准化(制定和实施标准的活动)(国家标准《标准化工作指南 第 1

---

① 参见张文显:《法治与国家治理现代化》,载《中国法学》2014 年第 4 期。

② 参见李步云、赵讯:《什么是良法》,载《法学研究》2005 年第 6 期。

③ 参见李龙、汪进元:《良法标准初探》,载《浙江大学学报(人文社会科学版)》2005 年第 3 期。

部分:标准化和相关活动的通用术语》3.1"标准化")所追求的目的中,安全、健康、生命、保护消费者权益和社会公共利益等,①完全契合良法所内含的价值。标准在追求这些目的时,是通过系统的、具体的量化指标体系的设置来实现的,如同法律通过权利义务的配置来实现法的价值。然而,较之法律设置的权利义务,标准所设的量化指标体系更为具体,而且具有可评估性。因此,在标准与良法的关系问题上,依据标准化目的制定的标准,有助于良法目标的实现。当法律与标准形成依赖关系时,标准对于良法目标的实现作用就更加凸显。

例如,《食品安全法》的宗旨是"保证食品安全,保障公众身体健康和生命安全"(第1条),可谓良法。基于这一宗旨,《食品安全法》在权利义务配置上,采用了加重食品生产经营者责任、强化监管者职责的方式,规定了生产经营者和监管者在食品安全各环节的义务与责任。一是明确规定食品生产经营者对食品安全承担责任(第4条);二是明确规定中央政府和地方政府及其职能部门对食品安全负有监督管理的职责(第5条至第7条);三是建立食品安全风险监测与评估(第二章)、食品安全标准(第三章)、食品和食品添加剂生产经营许可(第35条、第39条)、食品安全全过程回溯(第42条)、食品生产经营过程控制(第四章第二节)、食品标签说明书广告管理(第四章第三节)、食品检验(第五章)、食品进出口(第六章)、食品安全事故处理(第七章)、监督管理(第八章)等制度,明确各方在食品安全各个环节的责任与义务;四是规定严格的食品安全违法行为的法律责任,包括食品生产经营者的法律责任和食品安全监管人员的法律责任(第九章)。《食品安全法》力求通过加重食品生产经营者责任和强化监管者监管职责的方式,以实现其"保证食品安全,保障公众身体健康和生命安全"的良法目标。

在食品安全法中,食品安全标准具有基础性的地位。食品安全法律制度的根本目的是食品安全。在现有科学认知的基础上,食品安全主要是指食品中不应含有可能损害或者威胁消费者健康的有毒、有害物质,使得食品在规定的范围内对消费者是安全的。② 食品不应含有可能损害或者威胁消费者健康的有毒有害物质,判定的依据是食品安全标准。食品生产经营者依法所负的食品安全

---

① 桑德斯将标准化的目标概括为:简化、传达、经济、安全、健康、生命、保护消费者权益和社会公共利益、消除贸易壁垒。参见[英]桑德斯主编:《标准化的目的与原理》,中国科学技术情报研究所编辑,科学技术文献出版社1974年版,第1页、第7页。参见国家标准《标准化工作指南 第1部分:标准化和相关活动的通用术语》将标准化的目的概括为:适用性、兼容性、互换性、品种控制、安全、环境保护、产品防护。参见国家标准《标准化工作指南 第1部分:标准化和相关活动的通用术语》4"标准化的目的"。

② 王艳林主编:《食品安全法概论》,中国计量出版社2005年版,第34页。

责任、监管者依法所负的食品安全监管职责都必须以食品安全标准为依据。关于食品生产经营,《食品安全法》规定:食品生产经营者应当依照法律、法规和食品安全标准从事生产经营活动"(第 4 条第 2 款、第 33 条);食品生产企业应当制定并实施食品生产环节控制要求,保证所生产的食品符合食品安全标准(第 46 条规定);进口食品(包括食品添加剂、食品相关产品)应当符合我国食品安全国家标准(第 92 条)。关于食品安全监督,对作为其重要抓手的食品检验,《食品安全法》规定,检验人应当依照有关法律、法规的规定,并按照食品安全标准和检验规范对食品进行检验,保证出具的检验数据和结论客观公正(第 85 条第 2 款)。在食品安全生产和监督问题上,食品安全标准为生产经营者履行义务和监督者履行职责提供了科学的依据,最终为实现食品安全法的目标,为实现食品安全领域的良法善治奠定科学的基础。

标准对于良法善治的作用还表现在,在不修订法律的情况下,通过标准的复审机制,提高标准的质量,使法律取得"水涨船高"的善治效果。标准复审是标准化的一项制度。《标准化法》第 29 条第 2 款规定:"国务院标准化行政主管部门和国务院有关行政主管部门、设区的市级以上地方人民政府标准化行政主管部门应当建立标准实施信息反馈和评估机制,根据反馈和评估情况对其制定的标准进行复审。标准的复审周期一般不超过五年。经过复审,对不适应经济社会发展需要和技术进步的应当及时修订或者废止。"标准复审是指对已经颁布一定期间的标准的适用性进行再确认的技术活动,[1] 标准复审工作由制定标准的部门组织技术委员会[2]进行。复审的对象不限于国务院标准化行政主管部门和国务院有关行政主管部门、设区的市级以上地方人民政府标准化行政主管部门制定的标准(即国家标准、行业标准和地方标准),团体标准和企业标准也实行复审。[3] 标准复审是一个优胜劣汰的过程。经过复审后,能够适应社会经

---

[1] 参见麦绿波:《标准复审方式(上)》,载《标准科学》2015 年第 7 期。

[2] 原国家质量监督检验检疫总局 2017 年 10 月 30 日公布的《全国专业标准化技术委员会管理办法》(总局令第 191 号)第 2 条规定:"技术委员会是在一定专业领域内,从事国家标准起草和技术审查等标准化工作的非法人技术组织。"截至 2016 年,我国已经建立 536 个全国专业标准化技术委员会、730 个分技术委员会、11 个标准化工作组,形成了较为完善的技术委员会组织体系,成为国家标准化体系的重要支撑力量。参见马建堂、田世宏主编:《国家标准化政策读本》,国家行政学院出版社 2017 年版,第 3 页。

[3] 《团体标准管理规定(试行)》(国质检标联〔2017〕536 号)第 12 条规定:"制定团体标准的一般程序包括:提案、立项、起草、征求意见、技术审查、批准、编号、发布、复审。"《企业标准化管理办法》(国家技术监督局令第 13 号)第 13 条规定:"企业标准应定期复审,复审周期一般不超过 3 年。当有相应国家标准、行业标准和地方标准发布实施后,应及时复审,并确定其继续有效、修订或废止。"

济发展的标准被保留下来,不能适应社会经济发展的标准则被废止,有的则通过修订以适应社会经济发展继续得以适用,标准经过定期的复审不断得到完善。① 因此,当法律援引了标准,与标准形成依赖关系时,法律即便不作修订也能借助于标准的复审机制做到"与时俱进",随着标准的不断完善而更好地适应社会经济发展的需要,从而取得"水涨船高"的法治效果。

五、结语

标准是一个庞大的体系。数以万计的标准覆盖了工业、农业、服务业和社会公共事业。② 这一庞大的标准体系通过法律的援引而进入法律系统,在法律调整社会关系、规范社会行为中发挥着支撑的作用。因此,在全面依法治国、建设法治国家的进程中,我们应当高度重视标准的作用,将标准纳入法治的视野,统揽标准和法律两个方面,充分发挥标准在全面依法治国中的积极作用。

标准对法律的支撑作用的另一面则是制约作用。当标准不能适应社会经济发展的需要而变得滞后时,依赖于标准的法律也必将滞后于社会经济的发展,即便是"良法"也难以取得"善治"的效果。此时,标准对法律则构成了严重的制约,甚至拖了法律的"后腿"。本文前述"毒跑道"事件,足以说明这一点。因此,在重视标准对法治的作用的同时,应特别强调健全和加强标准化工作,始终保持标准的科学性、先进性和适用性,不让标准拖了法律的"后腿"。

---

① 有关标准复审的目的、周期、程序、方式、复审的内容及要素、复审结论的作出、复审成果的应用,参见麦绿波:"标准复审的方式(上)""标准复审的方式(下)",载《标准科学》2015 年第 7 期、第 8 期。

② 截至 2016 年,我国共有国家标准 32842 项,备案的行业标准 54148 项、地方标准 29916 项、企业标准超过 100 万项。参见马建堂、田世宏主编:《国家标准化政策读本》,国家行政学院出版社 2017 年版,第 3 页。另外,根据"国家标准全文公开系统"(http://www.gb688.cn/bzgk/gb/index)截至 2019 年 9 月 12 日的信息,该系统共收录现行有效的国家标准(未包括食品安全、环境保护、工程建设方面的国家标准)37334 项,其中强制性国家标准 1992 项,推荐性国家标准 35342 项。

6.

标准替代法律的可能及限度[*]■

【摘要】标准化存在着一个"自给自足"的体系,具有法的功能。当标准化的对象与法律所规范的对象发生重叠时,或者标准化本身包含着实现法的目标时,通过标准化体系的运行,可以取得与法律治理相同的效果。标准之所以能够替代法律,主要原因在于标准化所具有的效率和权威性。然而,标准替代法律是不完全的,只有在法治的条件下,标准才具有这种作用。标准替代法律对于法治的意义在于,应当将标准纳入法治的视野,充分发挥标准化的作用,推进国家法治建设。

一、引言

2010 年,英国标准协会(British Standards Institution,BSI)发布了一份名为《标准使法规的制定更轻松》(Enabling Lighter Touch Regulation—The Role of Standards)的报告①,旨在阐释标准在政府制定和实施法规中的作用。② 该报告提出了一个饶有兴味的话题:"利用标准替代法规"(using standards in place of regulation)。报告举了一个事例对此作了说明:英国的汽车修理行业长期以来很不规范,消费者投诉频繁。从维护消费者权益的立场出发,英国消费者委员会(National Consumer Council,NCC)计划向政府的公平交易委员会

---

* 本文原题为"论标准替代法律的可能与限度",载《比较法研究》2020 年第 6 期。

① 《标准使法规的制定更轻松》(Enabling Lighter Touch Regulation—The Role of Standards),英文本见 https://www.slideshare.net/mobile/BSIStandards/enabling-lighter-touch-regulation-the-role-of-standards;中译本见刘春青等:《美国、英国、德国、日本和俄罗斯标准化概论》,中国质检出版社、中国标准出版社 2012 年版,第 247~255 页。

② 刘春青等:《美国、英国、德国、日本和俄罗斯标准化概论》,中国质检出版社、中国标准出版社 2012 年版,第 57 页。

办公室(Office of Fair Trading,OFT)提出规范汽车修理行业的建议,试图通过法律的途径解决问题。此时,英国标准协会(BSI)(一个民间性组织)为此制定了一项带有"风筝"认证标志的代号为"PAS 80"的汽车维修技术服务规范的标准,[①]该项标准被汽车维修行业采纳,通过"风筝"标志的认证(合格评定),从而规范了汽车维修服务业,取得了良好的效果。由于"风筝"标志在英国具有广泛的认可度,因而也改变了消费者对汽车维修行业缺乏信任度的状况,英国消费者委员会(NCC)最终放弃了寻求法律途径解决汽车维修行业不规范问题的计划。[②]

在这个事例中,所谓"标准替代法律",是指可以采用标准化的方法替代法律的方法寻求社会问题的解决方案,或者说采用标准化的方法来解决社会问题也可以获得如同采用法律方法所具有的效果。而且,采用标准化的方法或许比法律的方法更有效率。[③] 在上述事例中,对政府来说确实如此。因为如果采用法律的方法解决问题,由政府出面整治汽车维修行业不规范的问题,势必费时费力,增加政府的人力和财政支出。

类似于上述英国汽车维修行业不规范的问题,采用标准化的方法予以解决,具有一定的普遍性。在产品和服务的提供、食品安全、生产安全、劳工保护、消费者保护、环境保护、社会责任乃至公共服务、社会管理等领域,似乎都可以通过标准的制定和实施,取得规范社会行为的效果,而这些领域的行为规范也恰是法律的职责所在。因此,"标准替代法律"并非天方夜谭,而是有现实的需要,也是现实的存在,应当给予必要的法学关注。

二、"自给自足"的标准化体系

解开标准何以能够替代法律问题的关键是标准化存在着一个"自给自足"的体系。当标准化的对象与法律所规范的对象发生重叠时,或者标准化本身包

---

① 英国标准协会(BSI)网站有 2005 年版的 PAS 80,全称为"PAS 80:2005 Automotive garage services-Service and repair of vehicles-Technical and customer service-Specification"(《汽车修理车间服务:车辆保养和维修——技术服务和客户服务规范》),该标准已被撤销(失效),https://shop. bsigroup. com/ProductDetail/? pid = 000000000301379718& _ ga = 2.133817038. 190549834. 1575615638-1085850438. 1575615638,2019 年 12 月 6 日访问。

② 原文对这个例子的介绍较为简单,笔者根据原文意思,对该事例有所演绎。

③ 有学者以社会责任国际组织(Social Accountability International,SAI)1997 年制定的《社会责任标准 SA8000》(Social Accountability 8000 International standard)为例,探讨了标准替代法律的可能性问题,指出"非强制性标准在一定程度上可以替代法律,并且是有效率的"。参见司艳、郑祖玄:《非强制性标准与法律》,载《世界经济情况》2006 年第 24 期。

含着实现法的目标时,通过标准化"自给自足"体系的运行,可以取得与法律治理相同的效果。

《中华人民共和国标准化法》(以下简称《标准化法》)第 3 条第 1 款规定:"标准化工作的任务是制定标准、组织实施标准以及对标准的制定、实施进行监督。"国家标准《标准化工作指南 第 1 部分:标准化和相关活动的通用术语》(GB/T 20000.1—2014)第 3.1 条给标准化(standardization)所下的定义是"为了在既定范围内获得最佳秩序,促进共同效益,对现实问题或潜在问题确立共同使用和重复使用的条款以及编制、发布和应用文件的活动"。此所谓"确立条款""编制、发布文件",指标准的制定;"应用文件"则指将标准用于解决社会问题的活动,即标准的实施。标准化工作任务中的监督,其对象是标准的制定和实施。因此,标准的制定和实施构成了标准化活动的主体,标准化活动主要指制定和实施标准的活动。

《标准化法》第 2 条第 1 款规定:"本法所称标准(含标准样品),是指农业、工业、服务业以及社会事业等领域需要统一的技术要求。"标准依其信息载体的不同分为标准样品和标准文件,后者形式上包括"标准""技术规范""规程""指南"等。[①] 人们通常说的标准,如国家标准、行业标准、地方标准、企业标准、国际标准等,主要指标准文件。

根据国家标准《标准化工作导则 第 1 部分:标准化文件的结构和起草规则》(GB/T 1.1—2020)的规定,构成标准的"要素"包括"资料性要素"(informative elements)和"规范性要素"(normative elements)。[②] 标准规定的技术要求,主要体现在"规范性要素",尤其是其中的"要求"(requirement)["要求"是指"表达声明符合该文件(标准文件——引者注)需要满足的客观可证实的准则,并且不允许存在偏差的条款"]。标准的"规范性要素"也是标准所具有的规范性的载体,遵守标准也就是遵守标准中的"规范性要素",尤其是其中的"要求"。

关于标准中"要求"要素的编制,须遵守"目的性""性能""可证实性""数字选择""避免重复"原则。[③] 关于其中的"可证实性"原则,国家标准《标准化工作导则 第 2 部分:标准中规范性技术要素内容的确定方法》(GB/T 1.2—2002)给

[①] 李春田主编:《标准化概论》,中国人民大学出版社 2014 年第 6 版,第 32 页。

[②] "资料性要素"包括标准文本中的封面、目次、前言、引言、规范性引用文件、资料性附录、参考文献和索引。"资料性要素"提供有助于对标准的理解和使用的附加信息,不具有规范性。具有规范意义的是标准的"规范性要素"。"规范性要素"包括标准文本中的范围、术语和定义、符号、代号和缩略语、技术要求等。

[③] 参见国家标准《标准化工作导则 第 2 部分:标准中规范性技术要素内容的确定方法》(GB/T 1.2—2002)第 5.1 条、第 5.2 条、第 5.3 条、第 5.4 条、第 5.5 条。

出了具体的要求。该标准第 5.3.1 条规定:"不论产品标准的目的如何,只应列入那些能被证实的技术要求。"第 5.3.3 条规定:"……如果没有一种试验方法能在较短的时间内证实产品是否符合稳定性、可靠性或寿命等要求,则不应规定这些要求。……"根据第 5 章关于"要求"的规定,上述以产品标准为例所阐述的可证实性原则也可适用于"过程标准"和"服务标准"的编制。在标准化中,用以证实"要求"的方法包括测量、测试、试验以及观测和判断。[①] 在许多标准文本中,不仅规定了"要求",也规定了相应的证实方法,正是"可证实性"原则的体现。例如,食品安全国家标准《糕点、面包》(GB 7099—2015)第 3 章"技术要求"规定了"原料要求""感官要求""理化指标""污染物限量""微生物限量""食品添加剂和食品营养剂"。其中,"感官要求""理化指标"和"微生物限量"三项内容包括"要求"和"检验方法"(检验方法也是标准[②]);"污染物限量"和"食品添加剂和食品营养剂"两项只要求符合相关的标准,而这些标准中则包含着相应的检验方法。按照"可证实性原则",标准中的"要求"与证实方法应保持一致,即"凡是对结果提要求,其证实方法应是对结果的测量或测试;对过程提要求,其证实方法应是对过程的监测"。[③]

标准的"可证实性"原则不仅为标准的可行性提供了保障,而且也为标准的实施奠定了基础。如果标准规定的"要求"是无法证实的,那么就不具有可行性,也无法得到有效实施。只有"要求"是可证实的,标准才是可行的,也是可以实施的。

制定标准本身不是标准化的目的,标准化的目的在于标准的实施。[④] 只有标准得到实施,标准化才具有现实的意义和制度价值。正如国际标准化专家桑德斯(T.R.B. Sanders)指出的,"标准化的效果只有在标准被实行时才能表现出来。制订、出版标准不过是为了达到目标而采取的手段。即使出版的标准内容很好,而在生产或消费的所有场合没有被实施,那就没有任何价值"。[⑤]

标准的实施有三种基本方式:一是法律引用;二是当事人约定;三是合格评

[①] 王忠敏主编:《标准化基础知识实用教程》,中国标准出版社 2010 年版,第 85 页。

[②] 例如,食品安全国家标准《糕点、面包》(GB 7099—2015)第 3.3 条"理化指标"规定"酸价(以脂肪计)(KOH)(mg/g)"应"≤""5",检验方法是"GB 5009.299"。"GB 5009.299"指食品安全国家标准《食品中酸价的测定》,最新版本是《食品中酸价的测定》(GB 5009.299—2016)。

[③] 王忠敏主编:《标准化基础知识实用教程》,中国标准出版社 2010 年版,第 87 页。

[④] 沈同、邢造宇、张丽虹主编:《标准化理论与实践》,中国计量出版社 2010 年版,第 280 页。

[⑤] [英]桑德斯主编:《标准化的目的与原理》,中国科学技术情报研究所编辑,科学技术文献出版社 1974 年版,第 8 页。

定(认证认可)。此外,宣传、教育、推广则是标准实施的辅助方式。① 通过法律的引用,标准借助法律的强制力而得到实施,这是一种强力实施标准的方式。《世界贸易组织/技术性贸易壁垒协定》(*Agreement on Technical Barriers to Trade of the World Trade Organization*)(以下简称《WTO/TBT 协定》)中的技术法规、②我国标准化法规定的强制性标准,③均属于这种情形。从法的角度看,采用这种方式实施标准具有普遍的法律效力。当事人约定采用标准作为合同义务履行的依据,也是借助法律的力量实施标准的一种方式,只不过采用这种方式实施标准的效力限于合同当事人之间(合同相对性原则)。合格评定(认证认可)作为一种标准的实施方式,本身并不直接借助于法律,也没有法律的强制效力,而是标准化体制的一种制度安排。

合格评定(认证认可)制度起源于英国,④现已成为国际标准化和各国标准化的重要制度。我国 1991 年颁布了《中华人民共和国产品质量认证管理条例》,2003 年颁布了《中华人民共和国认证认可条例》(以下简称《认证认可条例》)。根据《认证认可条例》第 2 条规定,认证是指由认证机构证明产品、服务、管理体系符合相关技术规范、相关技术规范的强制性要求或者标准的合格评定活动;认可是指由认可机构对认证机构、检查机构、实验室以及从事评审、审核等认证活动人员的能力和执业资格予以承认的合格评定活动。认证的对象是产品、服务、管理体系,认可的对象是认证机构、检查机构、实验室及其从事认证工作的人员。无论是认证还是认可,都属于第三方的行为。如产品质量认证,是由获得第三方认可的认证机构对企业的产品的质量独立进行评判,相对于产品的生产企业和消费者而言,认证机构也属于第三方。

---

① 标准化理论界通常将宣传、教育、推广作为标准实施的基本方式,而不将当事人约定作为基本方式。但正如印度标准化专家魏尔曼博士(Dr. Lal C.Verman)指出的,"当这些标准为了保证符合合同中某些技术条款而被引用时,可作为供应和建筑合同的基础加以应用。这可能是标准的一种非常普通的法律应用……"参见[印]魏尔曼:《标准化是一门科学》,中国科学技术情报研究所编辑,科学文献出版社 1980 年版,第 213 页。

② 《WTO/TBT 协定》附录Ⅰ对技术法规给出了明确的定义。技术法规,是指规定强制执行的产品特性或其相关工艺和生产方法,包括适用的管理规定在内的文件。该文件还可包括或专门关于适用于产品、工艺或生产方法的专门术语、符号、包装、标志或标签要求。

③ 《标准化法》第 2 条第 3 款规定:"强制性标准必须执行。国家鼓励采用推荐性标准。"

④ 1903 年英国工业标准委员会(ESC)首次在钢轨产品上使用"风筝"标志,1919 年英国《商标法》规定产品经第三方检验符合标准后方可使用"风筝"标志,1922 年英国工业标准委员会(ESC)注册了"风筝"标志,成为第一个受法律保护的认证标志,由此标志着合格评定制度的产生。参见洪生伟:《质量认证教程》,中国质检出版社、中国标准出版社 2014 年版,第 6 页。

合格评定与标准的关系表现为,合格评定是标准的实施方式,标准是合格评定的依据。① 关于前者,已如前述;关于后者,则可在有关合格评定的规范中得到证实。例如,原国家质量监督检验检疫总局 2009 年发布的《强制性产品认证管理规定》第 9 条规定,强制性产品认证规则的内容应包括"适用的产品所对应的国家标准、行业标准和国家技术规范的强制性要求"。国家认证认可监督管理委员会制定的有关认证规则,均规定了认证所依据的具体标准。如《有机产品认证实施规则》(CNCA-N-009:2014)第 4 条规定,有机产品认证的依据是"GB/T 19630《有机产品》";②《强制性产品认证实施规则 摩托车乘员头盔》(CNCA-C11-15:2017)第 2 条规定,摩托车乘员头盔质量认证的依据是"GB 811《摩托车乘员头盔》"。后者还进一步规定"原则上认证检测依据用标准应执行国家标准化行政主管部门发布的最新版本"。③

合格评定本质上是对评定对象进行标准符合性的评定,④因而亦可称为"标准符合性评定"。⑤ 就认证而言,如果委托人的产品、服务、管理体系符合相关标准的要求,认证机构将给出合格的评定,出具认证证书,委托人可以在认证范围内使用认证证书和认证标志。⑥ 认证机构应对其认证的产品、服务、管理体系实施有效的跟踪调查,认证的产品、服务、管理体系不能持续符合认证要求的,认证机构则可(应)暂停其使用直至撤销认证证书,委托人不得继续使用认证标志。⑦

以上关于标准的制定与实施(合格评定)的简要描述足以表明,标准化存在

① 刘宗德:《认可认证制度研究》,中国计量出版社 2009 年版,第 33 页。

② GB/T 19630 的最新版本是《有机产品 生产、加工、标识与管理体系要求》(GB/T 19630—2019)。

③ GB 811 的最新版本是 2010 年版,即《摩托车乘员头盔》(GB 811—2010)。

④ 全国认证认可标准化技术委员会编:《合格评定建立信任——合格评定工具箱》,中国标准出版社 2011 年版,第 7 页。

⑤ "合格评定"一词是英文"conformity assessment"的汉译。麦绿波认为,该词组译为"符合性评定"更确切,因此主将"conformity assessment to standard"译为"标准符合性评定"。在其所著《标准学——标准的科学理论》中采用"标准符合性评定"替代"合格评定"。参见麦绿波:《标准学——标准的科学理论》,科学出版社 2019 年版,第 477 页。

⑥ 《认证认可条例》第 25 条规定:"获得认证证书的,应当在认证范围内使用认证证书和认证标志,不得利用产品、服务认证证书、认证标志和相关文字、符号,误导公众认为其管理体系已通过认证,也不得利用管理体系认证证书、认证标志和相关文字、符号,误导公众认为其产品、服务已通过认证。"

⑦ 《认证认可条例》第 27 条规定:"认证机构应当对其认证的产品、服务、管理体系实施有效的跟踪调查,认证的产品、服务、管理体系不能持续符合认证要求的,认证机构应当暂停其使用直至撤销认证证书,并予公布。"

着一个"自给自足"的体系。所谓"自给",是指作为标准化活动组成部分的合格评定依据的标准来自于标准化内部而非外部;所谓"自足",是指作为标准化活动组成部分的标准的制定是为了满足合格评定的需要,并在合格评定中得到实施。标准的"可证实性"原则为这一"自给自足"体系的运行提供了机制保障。标准化的体系如同由立法、执法和司法构成的法治体系一样,具有自足性。因此,当标准化的对象与法律的规范对象存在联系时(如前述英国规范汽车维修行业的情形),通过标准化体系的运行,即制定标准和实施(合格评定)标准,可以取得如同采用法律的方法一样规范社会行为的效果。正是在这个意义上,我们说标准可以替代法律。

三、标准化的"法律功能"

从标准化的发展史来看,标准化最初发生在工业领域,尤其是军工产品生产领域,其目的是简化产品的品种、统一产品的尺寸、实现产品的互换,从而节约生产成本、提高生产效率。[①] 标准化在统一产品尺寸、实现产品互换的同时,也就具有了作为生产者与购买者之间信息传达工具的作用。桑德斯指出:"标准的第一个原始任务是在给生产者与购买者之间提供传达的手段,列出所需物品的大小和性能,并增加购买者的信任感,使其在订购符合标准的物品时能相信其质量和可靠性。"[②]

标准所具有的信息传达的工具性具有法的意义。其一,生产者声明其产品符合特定标准或者使用产品认证标志,可构成对其产品质量的担保;其二,当买卖双方约定产品质量执行特定标准或者买方购买标明执行特定标准的产品或者使用认证标志的产品时,标准可以成为确定合同质量条款的内容,成为买卖双方履约的依据;其三,如果买卖双方就标的物的质量产生争议,标准又可成为认定标的物的质量是否合格,进而认定卖方是否存在违约行为的事实依据。这就表明,在规范市场交易问题上,法律可以发挥作用,标准也可以发挥作用,或者说标准本身也具备了解决法律问题的功能作用。相对于简化、统一、互换、经

---

① 1895 年,英国人斯凯尔顿(H.J. Skelton)在《泰晤士报》发表了有关钢梁和型材尺寸规格过于烦琐的信件,引起了各方的关注。1901 年英国工程师标准化协会(英国标准协会的前身)成立,1903 年制定了第一个国家标准《钢轨断面标准》,统一了钢轨规格,解决了产品互换问题。美、法、德标准化的兴起,情形也类似。参见赵全仁、黄儒虎主编:《标准化发展史》,中国标准出版社 1993 年版,第 66～69 页。

② [英]桑德斯主编:《标准化的目的与原理》,中国科学技术情报研究所编辑,科学技术文献出版社 1974 年版,第 3 页。

济、效率等标准化的直接作用而言,标准所具有的解决法律问题的功能作用,具有派生性。因此,我们可以说,标准的法律功能是标准化的"副产品"。

随着标准化事业的发展,标准化的空间(领域、内容、级别)不断扩大。在领域(行业)上,标准化不仅被应用于工业,而且被应用到农业、服务业等更广泛的社会领域。在内容上,标准化不仅涉及术语、规格、检验、测试、操作规范等,还可包括产品的包装、贮存与运输。① 甚至像"合同"这种原属于法的内容,也被纳入标准化的内容。② 标准具有的法律功能这一"副产品"的意义也越来越显著。

实际上,标准化理论早已将法律问题纳入标准化的目标任务之中,安全、健康、消费者利益和公共利益保护、消除贸易壁垒,与简化、统一、互换、效率等目标一样,均被确定为标准化的"目的"。桑德斯指出,许多标准是为了安全和健康而制定的,如汽车和飞机使用的安全带标准、生产用防护服标准;制定标准必须同等地考虑消费者的利益;标准还必须关注到更为广泛的社会公共利益问题,如环境问题;应当通过标准的国际化消除因各国标准的不一致而产生的贸易壁垒。③ 安全、健康、消费者利益和公共利益保护、消除贸易壁垒,不仅是法律的问题,也是标准化的问题。

当然,在面对共同的社会问题时,法律与标准给出的解决方案存在差异。法律给出的解决方案是基于法的公平和正义原则,通过权利、义务的合理配置,规定什么是可为的或不可为的,什么是当为的或不当为的,当为而不为、不可为而为应承担什么样的责任,以到达解决社会问题的目的。例如,在安全、健康、生命及消费者权益保护问题上,我国《消费者权益保护法》第 7 条规定:"消费者在购买、使用商品和接受服务时享有人身、财产安全不受损害的权利。消费者有权要求经营者提供的商品和服务,符合保障人身、财产安全的要求。"第 18 条

---

① 标准化理论界通常用三维坐标图来展示标准化的空间:X 轴表示标准化的领域(专业),包括工程、运输、建筑、食品、农业、林业、纺织、化学、情报、科学、教育等;Y 轴表示标准化的内容,包括术语、符号、规格、取样与检查、实验与分析、品种限制、等级、操作规范、包装、贮存、运输等;Z 轴表示标准化的级别,包括公司级、国家级、地区(区域)级、国际级。参见:[英]桑德斯主编:《标准化的目的与原理》,中国科学技术情报研究所编辑,科学技术文献出版社 1974 年版,第 10 页;[印]魏尔曼:《标准化是一门科学》,中国科学技术情报研究所编辑,科学文献出版社 1980 年版,第 40 页;[法]J.C.库蒂埃:《标准化理论的若干问题》,国家标准总局标准化综合研究所编,1980 年印行,第 4 页。

② 在魏尔曼的标准化空间三维图中,Y 轴所表示的标准化内容包括"合同"。[印]魏尔曼:《标准化是一门科学》,中国科学技术情报研究所编辑,科学文献出版社 1980 年版,第 40 页。

③ 参见[英]桑德斯主编:《标准化的目的与原理》,中国科学技术文献出版社 1974 年版,第 1~7 页。

规定:"经营者应当保证其提供的商品或者服务符合保障人身、财产安全的要求。对可能危及人身、财产安全的商品和服务,应当向消费者作出真实的说明和明确的警示,并说明和标明正确使用商品或者接受服务的方法以及防止危害发生的方法。宾馆、商场、餐厅、银行、机场、车站、港口、影剧院等经营场所的经营者,应当对消费者尽到安全保障义务。"第 19 条进而规定:"经营者发现其提供的商品或者服务存在缺陷,有危及人身、财产安全危险的,应当立即向有关行政部门报告和告知消费者,并采取停止销售、警示、召回、无害化处理、销毁、停止生产或者服务等措施。采取召回措施的,经营者应当承担消费者因商品被召回支出的必要费用。"标准所给出的解决方案则是基于科学、技术和经验,[①]对什么样的产品和服务是安全的或者说是无害的,定出必要的技术指标,并通过标准的实施落实到具体的产品中。例如,我国食品安全国家标准《糖果》(GB 17399—2016)规定了糖果的感官指标、污染物限量、微生物限量及食品添加剂和食品营养强化剂的指标。国家标准《电动轮椅车》(GB/T 12996—2012)规定了表面、装配、尺寸、质量、性能、动力和控制系统、强度等技术要求,还规定了测试方法。这些技术指标为生产经营提供了依据,也为判定产品的安全性提供了科学的依据。

显而易见,在上述两种方案中,法律的方案有法的强制力作为保障,生产经营者必须遵守;标准化的方案就其本身(即不借助于法律)而言,并无强制性,只能供生产经营者自愿采用(遵守)。然而,如果生产经营者遵守标准,提供符合标准的产品和服务,那么采用标准的方案同样可以取得解决安全、健康、消费者利益和公共利益保护等问题的效果。而且,较之法律关于权利义务的规定的原则性,标准规定的技术要求具有确定性和可证实性,采用标准化的方案较之法律的方案更具有可操作性。

在标准化的发展过程中,一种有别于产品、服务标准化的情形是社会管理、公共服务的标准化。在我国,此类标准至少包括以下几种:①社会责任标准,如国家标准《社会责任指南》(GB/T 36000—2015)、山东省地方标准《企业社会责任指标体系》(DB37/T 2452—2013)、河南省地方标准《民营企业社会责任评价与管理指南》(DB41/T 876—2013);②乡村建设标准,如国家标准《美丽乡村建设指南》(GB/T 32000—2015)、浙江省地方标准《美丽乡村建设规范》(DB33/T 912—2014)、福建省地方标准《美丽乡村建设指南》(DB35/T 1460—2014);③政务服务标准,如国家标准《政务服务中心网上服务规范》(GB/T 32168—

---

① 国家标准《标准化工作指南 第 1 部分:标准化和相关活动的通用术语》(GB/T 20000.1—2014)第 5.3 条"注 1"强调标准的制定"宜以科学、技术和经验的综合成果为基础"。

2015)、《政务服务中心运行规范》(GB/T 32169.1 至 32169.4—2015)、广东省地方标准《城市社区基本服务功能要求》(DB44/T 764—2010);④法律服务标准,如司法行业标准《全国民事行政法律援助服务规范》(SF/T 0058—2019)、《全国仲裁工作管理信息系统技术规范》(SF/T 0059—2019)、《全国人民陪审员选任管理系统技术规范》(SF/T 0060—2019)。

这类标准的一个共同特点是其标准化的对象多属于法律规范的对象,标准的内容大多源自法律的原则和规范或者体现了法律的要求。在社会责任标准方面,例如国家标准《社会责任指南》(GB/T 36000—2015)的"核心主题和议题"包括组织治理、人权、劳工实践、环境、公平运行实践、消费者问题、社区参与和发展,涉及的法律领域包括人权法、劳动法、环境保护法、反腐败和公平竞争法、消费者权益保护法等,其规定的要求源自这些法律的原则和规定。在乡村建设标准方面,如国家标准《美丽乡村建设指南》(GB/T 32000—2015)的内容包括村庄规划、村庄建设、生态环境、经济发展、公共服务,乡村文明和基层组织,其内容也来自城乡规划法、环境保护法、劳动法、社会保障法、义务教育法、村民自治法等法律的要求。① 在政务服务标准方面,如国家标准《政务服务中心运行规范 第1部分:基本要求》(GB/T 32169.1—2015)规定进驻的部门是"为自然人、法人和企业组织提供行政许可、行政给付、行政确认、行政征收以及其他服务项目的政府部门和相关服务单位"(第3.3条),服务对象是"申请办理行政许可、行政给付、行政确认、行政征收以及其他服务项目的自然人、法人和其他组织"(第3.2条)。行政许可、行政给付、行政确认、行政征收等政务服务本质上是行政法的事项,采用标准化的方法规范政务服务行为,目的是建设服务型政府。② 在法律公共服务标准方面,例如行业标准《全国民事行政法律援助服务规范》(SF/T 0058—2019)规定了"民事行政法律援助的服务原则、服务类型以及法律咨询、诉讼案件代理、非诉讼案件代理和服务质量控制等要求"(第1条);要求"法律援助机构应依法受理及审查民事行政法律援助申请、指派承办人员、提供民事行政法律援助服务","提供民事行政法律援助服务的承办人员,应严格遵守法律法规和行业规范,符合法定程序,维护法律正确实施"(第4.2

① 关于《社会责任指南》(GB/T 36000—2015)和《美丽乡村建设指南》(GB/T 32000—2015)两项国家标准更详细的分析,参见柳经纬:《标准与法律的融合》,载《政法论坛》2016年第6期。

② 黄恒学、张勇主编:《政府基本公共服务标准化研究》,人民出版社2011年版,第4~5、64~66页。

条)。该标准所承载的"完善法律援助制度"[①]"促进提高法律援助服务质量、维护法律援助公信力、提高受援群众法治领域获得感"的功能,[②]本身就是法治的目标。由此可见,上述社会管理标准和公共服务标准所具有的法的功能已经不只是标准化的"副产品",而是标准化本身所追求的效果。尤其是在公共服务领域,标准化已成为实现法治目标的重要制度安排。[③]

从标准化的"副产品"到标准化所追求的效果,标准化的实践表明,标准化可以替代法律用于解决法律的问题;甚至于原本属于法律的问题也可以用标准化的方法来解决。

四、标准化的效率与权威性

标准是一种产品,[④]合格评定是一种服务。标准无论是产品,还是服务,其能够发挥作用,包括替代法律的作用,全在于社会的认同和采用。如不被认同并采用,其作用就得不到发挥,更谈不上替代法律。标准化之所以能被认同和采用,从而发挥替代法律的作用,主要原因则在于标准化所具有的效率(全面经济)和权威性。

效率在标准化的理论中又被称为"全面经济",它是标准化所追求的重要目的,也是标准化具有的优越性之所在。桑德斯指出:"广义上的经济是所有标准化活动的最初和最终的目的。除了直接把安全作为目的的标准之外,一切标准

---

① 2015 年 6 月,中共中央办公厅、国务院办公厅《关于完善法律援助制度的意见》提出要"推进法律援助标准化建设",参见《中共中央办公厅、国务院办公厅关于完善法律援助制度的意见》(中办发〔2015〕37 号),2015 年 6 月 29 日印发。

② 《〈全国民事行政法律援助服务规范〉解读》,载司法部网站,http://www.moj.gov.cn/news/content/2019-11/22/zcjd_3236179.html,2019 年 12 月 11 日访问。

③ 2019 年 7 月,中共中央办公厅、国务院办公厅印发《关于加快推进公共法律服务体系建设的意见》,该意见提出要"建立健全评价机制""构建公共法律服务评价指标体系,研究制定以业务规范指标、服务效果指标和社会评价指标为主要内容,以基础设施、人员配备、业务开展等方面量化考评指标及奖惩标准为重点的科学指标体系"。2019 年 12 月 3 日,国务院办公厅印发《关于建立政府服务"好差评"制度 提高政务服务水平的意见》(国办发〔2019〕51 号)。该意见提出,要在 2020 年底前全面建成政务服务"好差评"制度体系,建成全国一体化在线政务服务平台"好差评"管理体系。其内容包括:一是明确责任标准,完善现场服务规范、网上服务规范,在实践基础上制定政务服务评价国家标准;二是畅通评价渠道,设置评价器、评价功能模块等,方便企业和群众现场评价、网上评价,委托第三方评估,及时了解政策落实及政务服务情况;三是用好评价结果,加强评价数据的综合分析和应用,推进服务供给精细化,健全政务服务奖惩机制,将政务服务"好差评"情况纳入绩效评价。

④ 王忠敏主编:《标准化基础知识实用教程》,中国标准化出版社 2010 年版,第 9 页。

都应该清楚地显示出经济上的优越性。"①魏尔曼将"获得最大的全面的经济效果"列为各级标准(指企业标准、协会标准、国家标准、国际标准等)的首要目的,其内容包括"费用""人力""材料"等方面的"全面经济"。② 前引我国国家标准《标准化工作指南 第1部分:标准化和相关活动的通用术语》(GB/T 20000.1—2014)第3.1条之所谓"获得最佳秩序",表明了标准化活动对效率的追求,"最佳"的意义是追求"效益最大化",③提高质量、降低成本、减少消耗、缩短工期等都是"最佳秩序"的体现。④ 有关研究也表明,标准化的效率对于经济增长具有重要的贡献。⑤

关于标准化的效率,可以从两个层面来理解:一是在企业层面上,采用标准化的方式组织生产,可以优化生产环节、缩短工期、减少消耗、节约生产成本、提高企业生产效率。在市场经济条件下,合格评定还是企业进入市场的"通行证";⑥二是在社会层面上,实施标准化,简化品种、统一尺寸、实现互换,可以优化资源配置、方便交易、提高全社会的效率。前者构成企业采用标准化方法的内生动力,企业采用标准化的方法组织生产,通过降低成本、提高效率,增强企业产品和服务的市场竞争力。后者则构成国家积极实施标准化的内生动力,通过实施标准化,发挥标准化的优势,促进社会经济的全面发展。现代标准化虽只有不过百余年的历史,但却能迅速被世界各国所接受并加以推广,甚至被确

---

① [英]桑德斯主编:《标准化的目的与原理》,中国科学技术情报研究所编辑,科学技术文献出版社1974年版,第4页。

② [印]魏尔曼:《标准化是一门科学》,中国科学技术情报研究所编辑,科学文献出版社1980年版,第47页。

③ 王忠敏主编:《标准化基础知识实用教程》,中国标准化出版社2010年版,第5页。

④ 李春田主编:《标准化概论》,中国人民大学出版社2014年第6版,第13页。

⑤ 在德国,1960—1990年,每年3.3%的经济增长率中标准的贡献约为0.9%;在英国,1948—2002年,劳动生产率的增长中约13%要归功于标准;在我国,1979—2007年,标准增长对实际GDP增长的贡献约为0.79%。参见于欣丽:《标准化与经济增长——理论、实证与案例》,中国标准出版社2008年版,第53页、第231页。

⑥ 朱虹:《开拓国际市场的通行证——ISO 9000系列标准认证》,载《工业计量》1998年第3期;刘北辰:《质量认证:进入国际市场的通行证》,载《对外贸易实务》2008年第10期。

定为国家战略,①效率是至为重要的原因。②

标准化的权威性是效率(全面经济)之外其得到广泛认可并被采用的又一原因。魏尔曼指出:"标准化领域内最显著的历史发展,乃是权威的进化,为了指导商业和工业,并在国民生计和国际贸易中,构成一支经济力量,这种权威使非强制性标准成为有效的工具。"③标准的权威性表明标准具有公众影响力而能够得到社会的普遍认同和采用。

首先,标准化的权威性源于标准制定的"一致同意原则"。我国国家标准《标准化工作指南 第1部分:标准化和相关活动的通用术语》(GB/T 20000.1—2014)第5.3条将标准(standard)定义为:"通过标准化活动,按照规定的程序经协商一致制定,为各种活动或其结果提供规则、指南或特性,供共同使用和重复使用的文件。"④该定义强调标准的制定需经"协商一致",也就是"一致同意原则"。"一致同意原则"要求标准的制定应在使用标准的所有当事人(生产经营者、用户、技术人员)之间取得"最大可能的协议"。⑤ 这种协议并不意味着相关方当事人没有任何异议,但可以表明在实质性问题上相关方当事人没有坚持反对意见,而且各方的观点得到了尊重,有关的争议得到了协调。⑥ 标准化的制度

---

① 参见腾飞:《美国国家标准化战略及我国之借鉴》,载《中国标准化》2003年第5期;方志荣、徐建宁:《英国国家标准化战略综述》,载《石油工业技术监督》2004年第11期;马飞、李天煜、曾红莉、张迪:《东北亚国家标准化战略研究与分析》,载《中国标准化》2018年第3期;刘静、孙亮、张巳男、杨明:《法国标准化战略发展历程及最新进展》,载《标准科学》2018年第4期;许柏、杜东博、刘晶、王天娇、苏晓雪、刘岩峰:《日本标准化战略发展历程与最新进展》,载《标准科学》2018年第10期;方琳、周树华、于俊:《印度最新国家标准化战略解读》,载《标准科学》2018年第12期。2016年9月,第39届国际标准化组织(ISO)大会在我国召开,习近平总书记在致大会的贺信中宣告"中国将积极实施标准化战略,以标准助力创新发展、协调发展、绿色发展、开放发展、共享发展",载人民网,http://politics.people.com.cn/n1/2016/0912/c1024-28710457.html,2019年10月6日访问。

② 当然,国家推广标准化、实施标准化战略的动力不止于效率(全面经济),安全、消费者保护、环境保护、社会治理等也是重要的原因。

③ [印]魏尔曼:《标准化是一门科学》,中国科学技术情报研究所编辑,科学文献出版社1980年版,第19页。

④ 国家标准《标准化工作指南 第1部分:标准化和相关活动的通用术语》(GB/T 20000.1—2002)关于标准的定义是:"为了在一定的范围内获得最佳秩序,经协商一致制定并由公认机构批准,共同使用的和重复使用的一种规范性文件。"该定义"等同采用"ISO/IEC指南第2号1996年版给标准所下的定义。参见麦绿波:《标准化学——标准化的科学理论》,科学出版社2017年版,第79页。

⑤ [印]魏尔曼:《标准化是一门科学》,中国科学技术情报研究所编辑,科学文献出版社1980年版,第19页。

⑥ 王忠敏主编:《标准化基础知识实用教程》,中国标准化出版社2010年版,第113页。

安排,尤其是技术委员会制度,为"一致同意原则"的贯彻、为各利益相关方意见的表达提供了保障。① 依"一致同意原则"制定的标准,是各利益相关方之间达成的共识,因而能够被各方自愿接受。② 这就是标准的权威性所在。诚如魏尔曼指出的,"一旦所有这些当事人取得一致意见,并找到作为标准基础的共同立场,该标准便取得权威"。③

其次,标准化的权威性源自标准的科学性。标准是农业、工业、服务业以及社会事业等领域需要统一的技术要求,《标准化法》对标准的制定提出了科学性的要求,即"制定标准应当在科学技术研究成果和社会实践经验的基础上……保证标准的科学性、规范性、时效性,提高标准质量"(第 4 条);国家标准《标准化工作指南 第 1 部分:标准化和相关活动的通用术语》(GB/T 20000.1—2014)第 5.3 条"注 1"也强调"标准宜以科学、技术和经验的综合成果为基础"。标准的科学性是科学技术领域专家集体智慧的体现,标准所采用的科学技术"是相关协商一致认为的当前最好水平的技术"。④ 标准的复审制度为确保标准科学性的与时俱进提供了保障。⑤ 标准化的发展史表明,标准是应社会发展的需要而产生的、解决社会问题的、专业性的技术方案,因而得到社会的普遍认同,从而被广泛采用。例如,为解决食品危害问题而产生的食品安全标准,既为食品生产经营提供了依据,也为判定食品是否安全提供了依据,而且还为食品监管提供了依据,因而受到生产者、消费者和监管者各方的认同。

再次,标准化的权威性源自标准化机构的独立性。除企业标准由使用者制

---

① 2017 年,原国家质量监督检验检疫总局发布的《全国专业标准化技术委员会管理办法》第 2 条规定:"技术委员会是在一定专业领域内,从事国家标准起草和技术审查等标准化工作的非法人技术组织。"第 6 条规定了技术委员会的职责,包括"编制本专业领域国家标准体系,根据社会各方的需求,提出本专业领域制修订国家标准项目建议","开展国家标准的起草、征求意见、技术审查、复审及国家标准外文版的组织翻译和审查工作"。为了确保技术委员会的代表性,第 7 条规定:"技术委员会由委员组成,委员应当具有广泛性和代表性,可以来自生产者、经营者、使用者、消费者、公共利益方等相关方。来自任意一方的委员人数不得超过委员总数的 1/2。教育科研机构、有关行政主管部门、检测及认证机构、社会团体等可以作为公共利益方代表。"

② 王忠敏主编:《标准化基础知识实用教程》,中国标准化出版社 2010 年版,第 113 页。

③ 〔印〕魏尔曼:《标准化是一门科学》,中国科学技术情报研究所编辑,科学文献出版社 1980 年版,第 10 页。

④ 麦绿波:《标准学——标准的科学理论》,科学出版社 2019 年版,第 43 页。

⑤ 《标准化法》第 29 条第 2 款规定:"国务院标准化行政主管部门和国务院有关行政主管部门、设区的市级以上地方人民政府标准化行政主管部门应当建立标准实施信息反馈和评估机制,根据反馈和评估情况对其制定的标准进行复审。标准的复审周期一般不超过五年。经过复审,对不适应经济社会发展需要和技术进步的应当及时修订或者废止。"

定外,标准的制定机构和合格评定机构均为专门从事标准化工作的组织,它们独立于标准的使用者,包括产品和服务的生产经营者、用户、消费者,还可能包括监管者。基于其独立性,标准化机构制定的标准和提供的合格评定服务,更容易获得包括生产经营者、用户和消费者在内的社会大众的信赖和认同。这一点在认证上表现得最为突出。例如,由独立的具有专业资质(能力)的认证机构根据标准对生产经营者的产品进行评定和证明,其评定结果相对于生产经营者(第一方)自己的产品检验和用户或消费者(第二方)对产品的评价,更加客观和公正,认证机构所颁发的产品认证证书和允许该产品使用的认证标志,向用户、消费者和社会公众传达了该产品符合标准的信息,从而获得用户、消费者和社会公众的信赖。①

最后,标准化的权威性源自国家的认同。这也是标准化权威性最重要的来源。国家对标准化的认同包括实施标准化战略,将标准引进法律,赋予标准以强制实施效力、技术法规、强制性标准,强制认证等形式。国家对标准化的认同说明了标准所具有的权威性。同时,由于公权力的支持,国家的认同又更加强化了标准化的权威性,使得标准和合格评定更能获得社会公众的广泛认同。

基于标准化所具有的效率和权威性,当标准化被广泛应用于产品的生产、服务的提供及社会管理时,标准化所具有的法的功能,无论是作为"副产品"还是标准化所追求的目标,都能通过标准化"自给自足"体系的运行而取得如同法律的效果。这就是标准所以能够替代法律的奥秘之所在。

五、"标准替代法律"的不完全性

前文通过对标准化的分析,旨在阐明标准替代法律的原理,使得我们得知标准替代法律之"所以然",基于这种"所以然",标准替代法律具有可能性和现实性。然而,我们还必须指出,标准替代法律是不完全的、不充分的。法的目标是通过权利义务的配置实现对社会关系的有效调整,构建一个有序的社会,即法治社会。标准发挥替代法律的作用需以法治为必要条件,只有在法治的环境里,标准才可能发挥替代法律的作用;如果离开了法治的条件和环境,且不说替代法律,标准具有的简化、统一、互换和经济等一般功能作用都难以发挥。

首先,在法治社会,标准化活动也属于法律调整的范围,规范标准的制定与实施是法律的任务。实现这一任务的法律就是标准化法。从各国的情况来看,由于标准化体制的不同,形成了两种不同的法律模式:一是标准化工作以民间

---

① 参见刘宗德:《认证认可制度研究》,中国计量出版社 2006 年版,第 27~28 页。

标准化组织为主导,主要通过政府与标准化机构签订合作协议的方式,将标准化工作授权民间标准化机构管理,政府对标准化工作实施有限管理,如美国、德国、英国;二是标准化工作以政府为主导,国家通过专门的标准化立法,将标准化活动纳入国家法律调整的范围,实现政府对标准化工作的统一管理,如日本、俄罗斯。① 世界上多数国家选择后一种模式,我国也属于这种模式。1962 年,国务院颁布了新中国第一部标准化法,即《工农业产品和工程建设标准管理办法》;1979 年,国务院颁布《标准化管理条例》,取代了 1962 年的《工农业产品和工程建设标准管理办法》;1988 年,七届全国人大常委会通过了《标准化法》;2017 年十三届全国人大常委会通过了修订后的《标准化法》。在合格评定方面,1990 年,国务院颁布了《产品质量认证管理条例》;2003 年,国务院颁布了《认证认可条例》。随着我国标准化事业的发展,一个以《标准化法》为核心的包括标准化特别法、标准化配套法规规章、行业标准化规章、地方标准化法规规章的标准化法律体系基本形成,实现了对标准化活动的全面规范。② 标准化法为标准化活动提供了法律依据,为实现标准化的功能作用提供了法律保障。只有在标准化法治的条件下,标准化活动才能依法有序进行,才可能发挥作用,才能谈得上替代法律的作用。如果离开了标准化法,标准化活动自身将可能无序,不仅替代法律的功能,就连标准化的一般功能都难以发挥。

其次,标准与法律均具有规范性,但标准本身不具有法律的属性,③标准是外在于法律的规范系统,标准要发挥替代法律的功能作用,就必须进入法律的领域。例如,前述英国汽车维修行业的事例中,汽车维修行业采用英国标准协会制定的"PAS 80"标准用以规范汽车维修服务,该项标准即进入了私法领域,成为经营者和消费者之间维修服务合同的重要条款,从而发挥规范汽车维修服务行为的作用。如果标准不能进入法律的系统,那么标准还是标准,谈不上替代法律。标准进入法律领域的路径有二:一是当事人约定;二是法律规定。④ 前者如工程建设合同约定标的物的质量应符合特定标准,生产经营者在其产品上载明执行的标准等;后者如《中华人民共和国食品安全法》第 33 条规定"食品生产经营应当符合食品安全标准",《中华人民共和国消防法》第 9 条规定"建设工程的消防设计、施工必须符合国家工程建设消防技术标准"。无论是通过当事

---

① 参见刘春青等:《美国、英国、德国、日本和俄罗斯标准化概论》,中国质检出版社、中国标准出版社 2012 年版,第 176～180 页。

② 柳经纬、周宇:《新中国标准化法制建设 70 年》,载《贵州省党校学报》2019 年第 6 期。

③ 柳经纬:《标准的规范性与规范效力——基于标准著作权保护问题的视角》,载《法学》2014 年第 8 期。

④ 柳经纬:《论标准的私法效力》,载《中国高校社会科学》2019 年第 6 期。

人的约定还是通过法律的规定,标准进入法律领域发挥规范作用的决定因素是法而不是标准。这一点可以通过合同"标准条款"效力的认定得到较好的说明。当合同当事人约定标的物的质量执行特定标准时,该项标准即可成为合同质量条款的内容,即"标准条款"。① 该"标准条款"是否有效,是否能够起到确定合同权利义务,规范履约行为的作用,应依私法的原则和规定而定。如果"标准条款"不存在《中华人民共和国民法典》第 153 条规定的无效情形,依据当事人意思自治的私法原则,应确认该"标准条款"有效,合同约定的标准才能起到确定合同权利义务,进而规范履约行为的作用。如果"标准条款"存在民法典第 153 条规定的无效情形,那么该"标准条款"无效,合同约定的标准就不能起到确定合同权利义务,进而规范履约行为的作用。在这里,标准能够起到确定合同权利义务,进而规范履约行为的作用的因素是法律而非标准。由此可见,标准进入法律领域发挥作用是受法律制约的,只有得到法律的肯定才能发挥作用,才谈得上替代法律。

再次,标准是一种技术规范,本身不具有强制实施的效力,更缺乏对违反标准的行为的制裁。国家标准《标准化工作导则 第 1 部分:标准化文件的结构和起草规则》(GB/T 1.1—2020)第 3.3.2 条关于"要求"的定义是"表达声明符合该文件(标准文件——引者注)需要满足的客观可证实的准则,并且不准存在偏差的条款"。第 5.5.3 条明确指出,标准"不应规定诸如索赔、担保"等合同要求,"也不应规定诸如行政管理措施、法律责任、罚则等法律法规要求"。因此,标准的规范性仅表现在,如果标准的使用者声明其产品和服务符合标准时,标准才对使用者具有规范作用。标准具有规范作用的前提是使用者"声明"其产品和服务符合标准,如果不存在这一前提,标准就没有规范作用。这也就是说,标准并不具备要求人们遵守的强制力。同时,作为一种技术规范,标准被违反只会产生技术上的不利后果,而不会产生法律上的不利后果(责任)。例如,食品安全国家标准《蜂蜜》(GB 14963—2011)规定了蜂蜜的"蜜源要求""感官要求""理化指标""污染物限量""兽药残留限量""农药残留限量""微生物限量"及其检验方法。如果生产经营者生产经营的蜂蜜符合该标准,即表明该种蜂蜜对消费者来说是"安全"的;如果不符合该标准,则表明该种蜂蜜对消费者来说是"不安全"的。② 违反标准的后果仅此而已。在实行认证的产品和服务中,如果产品和服务不符合认证标准,也只是不能在其产品和服务上使用认证标志,不

---

① 柳经纬:《合同中的标准问题》,载《法商研究》2018 年第 1 期。

② 我国《食品安全法》第 150 条规定,"食品安全,指食品无毒、无害,符合应当有的营养要求,对人体健康不造成任何急性、亚急性或者慢性危害"。

得使用认证标志虽然会导致该产品和服务在市场中缺乏竞争力,但不会产生法律上的不利后果(法律责任),更不会受到强制性的制裁。这种情形足以表明,标准替代法律只限于人们自愿采用标准并遵守标准的场合,在不采用标准和违反标准的场合,标准就起不到替代法律的作用。如果借助于法律的强制力(在标准经法律规定的路径进入法律的场合),使遵守标准成为法定义务,违反标准即可构成对法定义务的违背,依法应承担法律责任,那么法律的震慑力足以促使人们遵守标准,标准才能起到替代法律的作用。这也就说明,如果缺乏法律的强制力,标准被遵守进而发挥替代法律的功能作用是有限的。

六、结语

行文至此,本文所谓"标准替代法律"的意义已明。所谓"标准替代法律",其意并非是以标准"取代"法律,更不是以标准之治"取代"法律之治,而是在法治的条件下,通过标准化"自给自足"体系的运行,可以取得与法律治理相同的效果。认识到标准对法治所具有的这种作用,对于推进法治国家建设,具有重要的意义。一方面,随着标准化事业的发展,标准化已经从工业领域扩大到农业、服务业和社会管理领域,标准无处不在,数量庞大的标准实现了对社会领域的全覆盖。① 另一方面,随着法治的进步,不仅法律体系日益健全,标准与法律的关系也日趋密切,几乎在所有的法律领域都能看到标准的存在,标准对于法治的作用日益凸显。因此,在依法治国的战略部署中,应当高度重视标准所具有的作用,将标准纳入法治的视野,充分发挥标准所具有的特殊优势,全面推进法治国家建设。

然而,这一点尚未在全面依法治国、建设法治国家的顶层设计中得到充分体现。党的十一届三中全会恢复法治建设以来,尤其是十五大提出依法治国、建设社会主义法治国家的治国方略以来,法治日益受到重视。十八届四中全会通过的《中共中央关于全面推进依法治国若干重大问题的决定》,对全面依法治国作了全面部署。十九届四中全会通过的《中共中央关于坚持和完善中国特色社会主义制度 推进国家治理体系和治理能力现代化若干重大问题的决定》将

---

① 2019 年 9 月 11 日,国务院新闻办就中国标准化改革发展成效有关情况举行发布会,国家市场监督管理总局副局长、国家标准化管理委员会主任田世宏到会介绍说:"截至目前,我国共有国家标准 36877 项,备案的行业标准 62262 项,备案地方标准 37818 项,团体标准 9790 项,企业自我声明公开的标准有 114 万项。"载国家市场监督管理总局标准创新管理司网站,2019 年 9 月 12 日,http://www.samr.gov.cn/bzcxs/sjdt/tpxw/201909/t20190918_306834.html,2019 年 12 月 21 日访问。

"坚持全面依法治国,建设社会主义法治国家"定位为我国国家制度和国家治理体系具有的"显著优势"之一,进而提出要"坚持和完善中国特色社会主义法治体系"。然而,美中不足的是,在上述执政党的决策文献中,标准对于法治所具有的作用,尚未受到应有的重视,无论是关于全面依法治国总目标的论述,还是关于科学立法、严格执法、公正司法、全民守法具体法治环节的论述,均未提到标准的作用。这在一定程度上也表明,标准尚未被纳入法治的视野。这种情形与标准对法治所具有的作用并不相称。

7.

评标准法律属性论[*]

【摘要】标准与法律本属于不同性质的规范系统,但在标准法律属性论者看来,标准尤其是政府主导制定的标准具有法律属性,属于法律的范畴。然而,如果将标准法律属性论置于我国标准化的实践中加以考察,就不难发现它存在着明显的理论缺陷。标准法律属性论的出现自有其主客观原因,然而严格区分标准与法律仍属必要。从标准对于法治的意义来看,有必要将标准与标准化提升到国家法治战略的高度来认识,在具体法治的环节中重视对标准化成果的利用,加强对标准化与法治问题的理论研究。

一、引言

标准与法律(制定法)[①]均为规范性文件,具有规范性,但二者的规范属性不同,[②]二者在制定主体、制定程序以及实施和监督检查等方面存在着明显的区别,[③]应属于不同性质的规范系统。然而,在我国,无论是在理论界还是实务界,

---

[*]   本文原题为"评标准法律属性论——兼谈区分标准与法律的意义",载《现代法学》2018 年第 5 期。

①   在法源上,法包括习惯,《民法总则》第 10 条确认了习惯的法源地位。由于标准与习惯不具有可比性,标准与制定法具有可比性,因此在本文的语境下,法律特指制定法。

②   参见柳经纬:《标准的规范性与规范效力——基于标准著作权保护问题的视角》,载《法学》2014 年第 8 期。

③   白桦、洪生伟等人对标准与法律的制定、实施和监督检查("生命周期过程")进行了对比分析,揭示了二者的区别。参见白桦、洪生伟:《立法和制定标准的比较分析和研究——法律与标准生命周期过程比较分析之一》,载《标准科学》2009 年第 2 期;齐陵、齐格奇、洪生伟:《执法和实施标准的比较分析和研究——法律与标准生命周期过程比较分析之二》,载《标准科学》2009 年第 7 期;白桦、洪生伟:《法律和标准实施监督检查的比较分析和研究——法律与标准生命周期过程比较分析之三》,载《标准科学》2010 年第 3 期。

都不乏标准法律属性论者。在标准法律属性论者看来,标准或某类标准具有法律属性,属于法的范畴。因此,从理论上厘清标准与法律的关系,仍具有重要的理论价值和现实意义。与以往对标准与法律进行简单的对比分析不同,本文拟从梳理标准法律属性论者的观点入手,进而分析标准法律属性论的理论缺陷及其主客观原因,从理论上厘清标准与法律的关系,最后阐明区分标准与法律的现实意义。

二、标准法律属性论的表现形式

在我国理论界和实务界,主张标准法律属性论者,大致有以下几种情形。

(一)基于技术法规的理论,认为标准中的强制性标准属于技术法规

"技术法规"(Technical Regulation)是世界贸易组织(WTO)的贸易技术壁垒(TBT)协议中使用的一个概念,技术法规与标准的区别主要在于技术法规是强制性的,而标准是自愿采用的。[①] 在我国现行法律体系里,并无技术法规这一法的类型或形式,也不使用"技术法规"的概念,但是在标准化理论界,技术法规却是一个常新的话题。他们根据世界贸易组织(WTO)的贸易技术壁垒(TBT)协议的规定,对照我国的标准体系,认为我国的强制性标准属于法律规范,与技术法规没有根本性的差异。[②] 这一观点直接反映了我国加入世界贸易组织(WTO)时对技术法规的态度。2000 年 2 月,国家质量技术监督局发布了《关于强制性标准实行条文强制的若干规定》,并在该规定的编制说明中宣称"强制性标准在我国具有强制约束力,相当于技术法规",明确了强制性标准的技术法规地位。2001 年 12 月 11 日,我国政府在入世议定书上正式签字,我国正式成为世界贸易组织(WTO)成员。在入世文件中,我国政府把强制性标准作为技术法规来处理,将我国的强制性标准向世界贸易组织(WTO)通报。[③] 强制性标准是技术法规这一点,也得到法学界的认可,但在技术法规是否仅限于强制性标

---

① 参见梁广炽:《〈WTO/TBT 协定〉中技术法规与标准的关系》,载《中国质量技术监督》2003 年第 5 期。

② 参见文松山:《强制性标准与技术法规之异同》,载《世界标准化与质量管理》1998 年第 12 期。

③ 杨辉:《技术法规与标准的定位及我国技术法规体系的建设》,载《航天标准化》2011 年第 2 期。实际上,早在 20 世纪 90 年代初,在我国恢复关贸总协定(GATT)缔约国地位的谈判中,即已达成共识,我国的强制性标准就是关贸总协定(GATT)所说的技术法规。参见中国标准化研究院:《标准是怎样炼成的——当代中国标准化的口述历史》,中国质检出版社、中国标准出版社 2014 年版,第 87 页。

准的问题上,一些学者认为强制性标准并不是技术法规的全部,技术法规还包括其他内容。例如,有学者认为,我国技术法规体系包括有技术内容的法律、法规、规章等,强制性标准只是技术法规的组成部分。① 有学者根据我国标准化的实践,认为我国技术法规的范围涵盖了世界贸易组织(WTO)的贸易技术壁垒(TBT)协议中的技术法规,但又超出其规定的范畴,我国已经形成了是以强制性标准为主、各行业部门制定的技术规范为辅的技术法规体系。②

(二)基于标准著作权争议案件处理的需要,认为政府制定的标准尤其是强制性标准具有法规性质

1999 年,最高人民法院知识产权审判庭因处理标准出版纠纷案件中的标准是否受著作权法保护的问题致函国家版权局版权管理司,国家版权局版权管理司在复函中称:"关于标准的性质,我们同意你庭的意见:强制性标准是具有法规性质的技术性规范,推荐性标准不属于法规性质的技术性规范,属于著作权法保护的范围。"③这一复函意味着,最高人民法院知识产权庭与国家版权局版权管理司之间就标准的法律属性问题达成共识,认为推荐性标准不属于法的范畴,强制性标准则属于法的范畴,后者依据《著作权法》第 5 条规定不享有著作权。这一共识也就成为最高人民法院指导各级法院处理有关标准著作权纠纷或标准出版纠纷的指导意见。1999 年 11 月 22 日,最高人民法院知识产权庭在给北京市高级人民法院的《关于中国标准出版社与中国劳动出版社著作权侵权纠纷案的答复》(〔1998〕知他字第 6 号函)中指出"推荐性国家标准,属于自愿采用的技术性规范,不具有法规性质","国家标准化管理机关依法组织制订的强制性标准,是具有法规性质的技术性规范"。对于推荐性标准,该函提出"应当确认属于著作权法保护的范围","依据著作权法予以保护";对于强制性标准,该函只是从出版许可的角度对受许可人的出版经营利益给予保护,而没有确认其属于著作权法保护的范围。④ 围绕着标准的著作权纠纷,尤其是标准的出版

---

① 李玫:《加快我国技术法规体系建设的几点思考》,载《西南政法大学学报》2002 年第 2 期。

② 郭济环:《我国技术法规概念刍议》,载《科技与法律》2010 年第 2 期。

③ 《国家版权局版权管理司关于标准著作权纠纷给最高人民法院的答复》(权司〔1999〕50 号),1999 年 8 月 4 日作出,https://www.pkulaw.com/chl/aae668e7cc46f2cbbdfb.html,2017 年 9 月 22 日访问。

④ 《最高人民法院知识产权审判庭关于中国标准出版社与中国劳动出版社著作权侵权纠纷案的答复》(〔1998〕知他字第 6 号函),1999 年 11 月 22 日作出,https://www.pkulaw.com/chl/2d7a1e6c989723fdbdfb.html,2017 年 9 月 22 日访问。

纠纷,有学者进一步认为,不只是推荐性标准,凡是政府制定的标准(国家标准、行业标准和地方标准),都属于立法、行政性质的文件,依法不享有著作权。①

(三)基于"软法"的理论,认为标准是法的一种表现形式

"软法""硬法"是软法学者提出的关于法的一种分类。在软法学者看来,区分"软法"与"硬法"的关键(划分标准)是"能否运用国家强制力保证实施",那些能够运用国家强制力保障实施的法规范属于"硬法",那些不能运用国家强制力保证实施的法规范属于"软法"。② 标准被软法论者归类为"软法"。例如,我国著名的软法论倡导者罗豪才、宋功德在其所著的《软法亦法:公共治理呼唤软法之治》一书中多次提到,"标准"("专业标准")是软法的规范形态。③ 不过,该书作者与多数软法研究者一样,并未就标准的软法地位问题进行专门的论述,仅有的分析见于林良亮博士的《标准与软法的契合——论标准作为软法的表现形式》一文。该文通过对标准化机制与软法治理的契合分析,论证标准是软法的一种表现形式。与一般软法论者不同的是,该文认为强制执行的标准(即强制性标准)属于"硬法"的范畴,属于"软法"的标准只是那些非由国家制定、非依赖国家强制力保证实施的技术规范。④ 根据软法的理论,标准要么属于"硬法"要么属于"软法","硬法"是法,"软法"也是法(即"软法亦法"),因此标准无论属于"硬法"还是属于"软法",均属于法的范畴。

(四)基于特定法域里标准与法律的密切联系,认为标准是法律体系的组成部分

在环境法领域,环境标准与环境法有着密切的关系,几乎所有的理论研究都离不开环境标准。许多环境法学者因此将环境标准纳入环境法体系,认为环境标准是环境法的重要组成部分。例如,韩德培主编的《环境法教程》将"环境保护标准中的环境保护规范"(环境质量标准和污染物排放标准)列在宪法、环

---

① 参见周应江、谢冠斌:《技术标准的著作权问题辨析》,载《知识产权》2010年第3期;王润贵:《国家标准的著作权和专有出版权问题刍议》,载《知识产权》2004年第5期;王清:《标准出版若干法律问题讨论》,载《出版科学》2008年第3期;杨华权:《论中国标准的著作权和专有出版权》,载《电子知识产权》2011年第11期。
② 参见罗豪才、宋功德:《软法亦法:公共治理呼唤软法之治》,法律出版社2009年版,第299~300页。
③ 罗豪才、宋功德:《软法亦法:公共治理呼唤软法之治》,法律出版社2009年版,第314页、第375页、第456页、第512页。
④ 参见林良亮:《标准与软法的契合——论标准作为软法的表现形式》,载《沈阳师范大学学报》2010年第3期,另载罗豪才主编:《软法的理论与实践》,北京大学出版社2010年版。

境保护基本法、环境保护单行法、环境纠纷解决程序法之后,作为环境法体系的一项内容。① 蔡守秋主编的《环境与资源保护法》在"从法律法规的内容和功能看环境法体系"中,将"各种依法制定并具有法律效力的环境资源标准"列入环境法体系。② 金瑞林主编的《环境法学》第五章"环境法体系","环境标准"为其一节(第五节)。③ 对于将环境标准纳入环境法体系的理论主张,有学者从形式和作用两个层面进行了论证:在形式上,《环境保护法》等法律都有关于环境标准的规定,根据"纳入其中即为组成"的逻辑,认定环境标准形式上属于环境法体系;在作用上,环境标准可以为环境法所援引而产生法律上的强制实施效果,因而将环境标准纳入环境法的体系是合理的。④

在食品安全法领域,标准与法律也具有密切的关系,《食品安全法》专章规定了"食品安全标准"。因此,亦有学者认为食品安全标准"属于强制性技术法规","国家食品安全标准是国家食品安全法制体系中的重要组成部分"。⑤

标准法律属性论不仅仅是一种理论主张,也对法律实践产生了影响。除了上述最高人民法院知识产权庭与国家版权局版权管理司达成的意见直接影响司法外,也有一些法院在具体案件的裁判中直接将标准作为法律来援引。例如,辽宁省沈阳市皇姑区人民法院在一起因电梯噪声引起的商品房买卖合同纠纷案的判决书载明:"根据《中华人民共和国合同法》第六十条、第四十四条、第一百零七条,《社会生活环境噪声排放标准》《GB 22337—2008》第 4.2.1 条之规定"作出判决。⑥

三、标准法律属性论的理论缺陷

如果将标准法律属性置于我国标准化的实践中加以考察,就不难发现标准法律属性论存在着明显的理论缺陷。无论是基于何种理论或实务的需要,当面对我国标准化的实际时,标准法律属性论都不免捉襟见肘、漏洞百出,陷入难

---

① 韩德培主编:《环境保护法教程》,法律出版社 2015 年第 7 版,第 57 页。

② 蔡守秋主编:《环境与资源保护法》,湖南大学出版社 2011 年版,第 43 页。

③ 金瑞林主编:《环境法学》,北京大学出版社 2016 年版,第 53 页。

④ 常纪文:《环境法前沿问题——历史梳理与发展探究》,中国政法大学出版社 2011 年版,第 47 页。

⑤ 何翔:《食品安全国家标准法律体系的建设研究》,中南大学 2013 年博士学位论文,第 1 页。

⑥ 薛某诉沈阳中耀房地产开发(沈阳)有限公司商品房销售合同纠纷案,辽宁省沈阳市皇姑区人民法院(2016)辽 0105 民初 2855 号民事判决书。

以摆脱的理论困境。

第一，事物的分类是人们认识客观世界的基本方法，分类的主要依据（标准）是事物的本质属性。依据本质属性，可以将相同本质属性的事物归入同一类事物（聚类），将不同本质属性的事物区分开来。依此，不同的事物应具有不同的本质属性，相同的事物则应具有相同的本质属性。在标准与法律的关系问题上，标准法律属性论要么混同了法律与标准的界限，将标准或某类标准归入法的范畴；要么无视标准的同一性，将标准划分为具有法律属性的标准和不具有法律属性的标准，或如软法论者将标准划分为属于"硬法"的标准和属于"软法"的标准。这就违背了事物分类的基本规律，属于典型的"只见树木不见森林"，结果必然是既模糊了人们对标准的认知，又模糊了人们对法律的认识，造成了对标准与法律认知的混乱。

第二，在我国的标准体系里，政府主导制定的标准依其标准化对象不同而被区分为强制性标准和推荐性标准，①然而就具体的标准而言，强制性标准和推荐性标准并不是截然分开的。有的标准纯粹是强制性的，有的标准则纯粹是推荐性的，然而有的标准则既有强制性内容又有推荐性内容，属于强制性内容和推荐性内容"混合"的标准。例如，国家标准《车用压缩天然气》（GB 18047—2017）在说明部分特别注明第 4.1 条是强制性的，其余是推荐性的；国家标准《车用乙醇汽油（E10）》（GB 18351—2017）在说明部分注明第 5 章是强制性的，其余是推荐性的；国家标准《陶瓷烹调器铅、镉溶出量允许极限和检测方法》（GB 8058—2003）注明第 4 章为强制性内容，其余为推荐性内容。上述三项国家标准均为强制性和推荐性"混合"的标准。除了标准本身注明外，还有一种情况也是强制性和推荐性"混合"的标准。例如，我国旅游行业标准《绿色旅游景区》（LB/T 015—2011）属于推荐性标准，但该标准中的多个条款援引了强制性国家标准（强制性国家标准的代号是 GB）。第 5.1.4.1 条规定："……景区内的地表水质量应达到或优于 GB 3838—2002 的Ⅲ类水质标准。"第 7.3.1.3 条规定："景区污水应全部经过处理后排放，不直接向河流等自然环境排放超标废水，污水排放达到 GB 8978—2004 的排放标准。"第 7.3.3.1 条规定："空气质量达到 GB 3095—1996 的要求；声环境质量达到 GB 3096—2008 的要求。"第 7.3.3.2 条规定："热力锅炉符合 GB 13271—2001 的要求。"第 8.4.1 条规定："餐饮场所数量和布局合理，餐饮卫生符合 GB 16153 的要求；生活饮用水质量

---

① 《标准化法》第 10 条第 1 款规定："对保障人身健康和生命财产安全、国家安全、生态环境安全以及满足经济社会管理基本需要的技术要求，应当制定强制性标准。"第 11 条规定："对满足基础通用、与强制性国家标准配套、对各有关行业起引领作用等需要的技术要求，可以制定推荐性国家标准。"

符合 GB 5749 的规定。"第 8.5.6 条规定:"……游泳场所符合 GB 9667 的标准。"①在国家标准中,这种"混合"标准不在少数。标准法律属性论者中,那些主张强制性标准具有法律属性观点的学者和机构显然未注意到"混合"标准的这种情况。如果按照这部分标准法律属性论者的见解,必然得出"混合"标准部分是法律而另一部分不是法律的结论。这种结论显然无法让人接受。

还有一种情形,与上述"混合"标准情形不同,也是标准法律属性论所无法解释的。这种情形是:某项强制性标准引用了推荐性标准,如未注明被引用标准的推荐性不变,此时被引用的推荐性标准在该项标准中就转变为强制性标准。例如,强制性国家标准《一次性使用无菌注射针》(GB 15811—2016)特别注明"本标准的全部技术内容为强制性",同时该标准所引用的规范文件则包括 GB/T 1962.1—2015、GB/T 1962.2—2001、GB/T 18457—2015 等十多项推荐性国家标准。如果按照强制性标准具有法律性质而推荐性标准不具有法律性质的理论,就必然得出这些被引用的推荐性标准独立存在时不具有法律性质,被强制性标准引用时就具有了法律性质的结论。同一项标准在不同场合具有不同的属性,这也是令人无法接受的。

第三,积极采用国际标准,是我国标准化战略的一项基本政策。修订前的《标准化法》②第 4 条规定"国家鼓励积极采用国际标准",修订后的《标准化法》第 8 条规定"结合国情采用国际标准"。根据原国家质量监督检验检疫总局 2001 年制定的《采用国际标准管理办法》,采用的国际标准包括国际标准化组织(ISO)、国际电工委员会(IEC)和国际电信联盟(ITU)制定的标准以及国际标准化组织确认并公布的其他国际组织制定的标准;不仅国家标准,行业标准、地方标准和企业标准均可采用国际标准;采用的方式包括等同采用和修改采用,采用国际标准时应尽可能等同采用。③ 因此,我国许多标准是采用国际标准的结

---

① GB 3838—2002 是指强制性国家标准《地表水环境质量标准》,GB 8978—2004 是指强制性国家标准《污水综合排放标准》,GB 3095—1996 是指强制性国家标准《环境空气质量标准》、GB 3096—2008 是指强制性国家标准《声环境质量标准》,GB 13271—2001 是指强制性国家标准《锅炉大气污染物排放标准》,GB 9663 是指强制性国家标准《旅店业卫生标准》,GB 16153 是指强制性国家标准《饭馆(餐厅)卫生标准》,GB 5749 是指强制性国家标准《生活饮用水卫生标准》,GB 9667 是指强制性国家标准《游泳场所卫生标准》。

② 《标准化法》于 1988 年 12 月 29 日七届全国人大常委会第五次会议通过,2017 年 11 月 4 日十二届全国人大常委会第三十次会议修订。

③ 《采用国际标准管理办法》第 12 条规定,等同采用,指与国际标准在技术内容和文本结构上相同,或者与国际标准在技术内容上相同,只存在少量编辑性修改;修改采用,指与国际标准之间存在技术性差异,并清楚地标明这些差异以及解释其产生的原因,允许包含编辑性修改。

果。以国家标准为例,根据国家标准化管理委员会网站"国家标准全文公开系统"(http://www.gb688.cn/bzgk/gb/index)截至 2018 年 2 月 17 日的信息,该系统收录的现行有效的强制性国家标准 2002 项,其中采用国际标准的 668 项,采标率约为 33.37%;现行有效的推荐性国家标准 32970 项,其中采用国际标准的 12605 项,采标率约为 38.23%。以具体标准为例,国家标准《手术植入物 有源植入式医疗器械 第 2 部分:心脏起搏器》(GB 16174.2—2015)载明:"本部分采用翻译法,等同采用 ISO 14708—2:2005《手术植入物 有源植入式医疗器械 第 2 部分:心脏起搏器》。"①根据我国政府所作的承诺,国际标准在我国受著作权法的保护。2007 年,国家标准化管理委员会发布的《ISO 和 IEC 标准出版物版权保护管理规定(试行)》第 1 条明确规定,保护国际标准化组织(ISO)和国际电工委员会(IEC)标准出版物的版权,第 26 条规定:"对其他国家和国际组织有关标准出版物的复制、销售、翻译出版的管理参照本规定执行。"这就意味着,无论是推荐性标准还是强制性标准,只要是采用国际标准或国外标准的,标准中涉及国际标准或国外标准的部分内容,受我国著作权法保护。② 依据我国《著作权法》的规定,由此即可推导出与标准法律属性论截然不同的结论,即标准中属于国际标准和外国标准的部分内容不属于《著作权法》第 5 条规定的不受著作权法保护的"法律、法规,国家机关的决议、决定、命令和其他具有立法、行政、司法性质的文件,及其官方正式译文"。显而易见,标准法律属性论无法解释我国标准化的这种现象。最高人民法院知识产权庭和国家版权局版权管理司达成一致的意见,用以指导司法实践,则更是有违我国政府所作的承诺。

第四,从世界标准化的实践来看,标准主要是由非政府机构的标准化组织制定的,标准属于"私"的产品,而不属于"公"的产品,标准的制定权属于私权而

---

① "等同采用"(IDT)是我国标准采用国际标准的一种方式,另一种方式是"修改采用"(MOD)。原国家质检总局 2002 年颁布的《采用国际标准管理办法》第 12 条规定,"等同采用",指与国际标准在技术内容和文本结构上相同,或者与国际标准在技术内容上相同,只存在少量编辑性修改;"修改采用",指与国际标准之间存在技术性差异,并清楚地标明这些差异以及解释其产生的原因,允许包含编辑性修改。

② 在国家标准化管理委员会网站"国家标准全文公开系统"里,之所以标明采标的数据,原因就在于所采用的国际标准和外国标准受著作权法保护,不宜公开或不宜免费使用。其中,如采标的是强制性国家标准,该系统只提供在线阅读服务,而不提供免费下载服务;如采标的是推荐性国家标准,则只提供"题录信息",而不提供在线阅读服务。该系统还特别声明:"本系统对质检总局、国家标准委自 2017 年 1 月 1 日后新发布的国家标准,将在《国家标准批准发布公告》发布后 20 个工作日内公开标准文本,其中涉及采标的推荐性国家标准的公开,将在遵守国际版权政策前提下进行。"参见国家标准全文公开系统网站,http://www.gb688.cn/bzgk/gb/index。

不属于公权。在我国,由于历史的原因(计划经济体制),标准则主要由政府主导制定。但是,随着市场化改革的深入,由市场主体制定的标准(企业标准、团体标准)逐渐得到发展。2015年,国务院印发的《深化标准化工作改革方案》(国发〔2015〕13号)提出了"建立政府主导制定的标准与市场自主制定的标准协同发展、协调配套的新型标准体系"的改革目标,在具体措施上提出要"整合精简强制性标准""优化完善推荐性标准""培育发展团体标准""放开搞活企业标准""提高标准国际化水平"。在标准体系的改革上,呈现出一种类似于我国经济体制改革"国退民进"的现象。这种情况表明,标准与法律不同,标准的制定权并不专属于公权,标准可以由非国家机关的企业和社会团体制定;而法律的制定权(立法权)则属于公权,只能专属于国家机关,非国家机关不能享有或分享立法的权力。标准法律属性论者显然未能注意到国际标准化的实际情况,也未能注意到我国标准化体制改革的实际情况,更未能关注到标准的制定权姓"私"不姓"公"的本质所在。因此,标准法律属性论不仅混同了标准与法律之"私"与"公"的关系,而且也与我国市场化的标准化体制改革的实践不吻合,无法为标准化体制改革提供合理的理论解释。

四、标准法律属性论的客观原因

除了受国外软法理论和世界贸易组织(WTO)的技术法规理论的影响外,标准法律属性论的产生还受我国特殊的社会、经济背景的影响。

第一,我国标准化体制形成于计划经济年代,带有浓厚的计划体制色彩。其特点是:从中央及各部委到各级地方人民政府,建立了十分完备的标准化管理机构,形成了十分庞大的标准化行政管理体系;政府不仅是标准化工作的管理者,也是标准的制定者和实施监督者,它们几乎包揽了标准化的全部工作。在这种体制下,标准化工作与政府行政管理工作总是交织在一起,以至于人们常常分不清楚,哪些事物属于标准化的对象,应当制定标准;哪些事物属于行政管理的对象,应当制定行政规章。在这种体制下,政府制定的标准(国家标准、行业标准、地方标准),很容易被理解为与政府制定的法规、规章等法律性文件具有等同的性质。在标准法律属性论者中就有学者认为,我国的国家标准、行业标准和地方标准,是"政府机关依法定职责组织制定、审批、发布和组织实施的,属于法定标准,具有普遍的适用效力",因而是"具有立法、行政性质的正式官方文件"。[①]

---

① 周应江、谢冠斌:《技术标准的著作权问题辨析》,载《知识产权》2010年第3期。

第二,与我国标准化体制相适应,我国标准化立法具有强调标准的法律约束力的传统。1962年国务院颁布的《工农业产品和工程建设技术标准管理办法》是中华人民共和国成立后第一部标准化法律。该办法第18条规定:"各级生产、建设管理部门和各企业单位,都必须贯彻执行有关的国家标准、部标准。"第19条规定:"一切生产企业,对于原料、材料、协作件的验收,半成品的检查,以及成品的检验,都必须按照技术标准进行。""一切建设工程的设计、施工和验收,都必须按照技术标准进行。"1979年,国务院颁布的《标准化管理条例》第18条规定:"标准一经批准发布,就是技术法规,各级生产、建设、科研、设计管理部门和企业、事业单位,都必须严格贯彻执行,任何单位不得擅自更改或降低标准。对因违反标准造成不良后果以至重大事故者,要根据情节轻重,分别予以批评、处分、经济制裁,直至追究法律责任。"修订前的《标准化法》区分了强制性标准和推荐性标准,第14条规定"强制性标准必须执行","禁止生产、销售和进口"不符合强制性标准的产品。修订后的《标准化法》延续了这一规定(第2条、第25条)①。除了《标准化法》外,许多法律也有关于严格执行标准的规定。例如,《核安全法》第8条第2款规定"核安全标准是强制执行的标准",《安全生产法》第10条第2款规定"生产经营单位必须执行依法制定的保障安全生产的国家标准或者行业标准"。在现行法中,还有一种情形,即将标准与法律并列作为规范的依据。例如,《食品安全法》第4条第2款规定:"食品生产经营者应当依照法律、法规和食品安全标准从事生产经营活动,保证食品安全……"《环境保护法》第34条规定"……向海洋排放污染物、倾倒废弃物,进行海岸工程和海洋工程建设,应当符合法律法规规定和有关标准,防止和减少对海洋环境的污染损害。"上述关于标准的规定,彰显了标准尤其是强制性标准的法律效力,对标准法律属性论者产生了直接的影响,主张强制性标准具有法规性质、强制性标准是技术法规的,都直接源于法律关于强制性标准必须执行的规定。

第三,与我国标准化事业发展不相适应的是,我国标准化法学理论研究在整体上较为薄弱。长期以来,关注标准化法律问题的主要是标准化理论界,有关研究主要集中在标准化体制本身,除了标准与专利、标准与反垄断、标准与贸易壁垒外,标准与立法、标准与执法、标准与司法、标准与民法、标准与刑法、标准与行政法等标准与法治的基础性问题,则少有人问津。有关标准与法律关系的研究,也主要是基于标准化本身的需要,回答标准化理论研究的问题,而不是要回答法治和法学理论研究的问题;相关研究成果主要停留在简单的对比分析

① 《标准化法》第2条第3款规定:"强制性标准必须执行。……"第25条规定:"不符合强制性标准的产品、服务,不得生产、销售、进口或者提供。"

115

层面,并未涉及基础理论的层面,未见有较高学术分量的研究成果。例如,标准与法律均属于法律规范,也具有规范效力,那么在标准与法律在规范性和规范效力上究竟有何区别、是何关系? 标准所具有的规范效力是仅限于强制性标准,还是所有标准? 如果说标准具有法律效力(如强制性标准之强制效力),其效力来源何处?① 这些问题,无论是标准法律属性论者,还是标准化学界的标准与法律区别论者,均未给出答案。在标准法律属性论者看来,既然国家标准、行业标准、地方标准是政府制定的,法律又规定强制性标准具有强制性,那么这些标准就具有法律属性。在他们看来,问题就这么简单,没有深究的必要。因此,标准化法学理论研究整体的薄弱,限制了人们的视野,这也是导致标准法律属性论的重要因素。

五、标准法律属性论的主观原因

除了客观因素外,标准法律属性论的主观原因是缺乏对标准与法律的关系进行深入的剖析,未能科学地解释标准与法律的关系。

标准法律属性论本质上是对标准与法律之关系的一种理论解释。无论是基于何种理论与需要,标准法律属性论者都旨在阐释标准与法律的关系。技术法规论者根据强制性标准与技术法规的同质性来阐释标准与法律的关系,最高人民法院知识产权庭和国家版权局版权管理司达成的意见则依据不同类型标准的效力来阐释标准与法律的关系,环境法学者、食品安全法学者则依据标准在所在法域中的重要地位来阐释标准与法律的关系。软法论者将强制性标准归入"硬法",将其他标准归入"软法",也是对标准与法律关系的一种阐释。

那么,标准法律属性论关于标准与法律的关系的阐释是否成立呢? 是否符合标准与法律关系的真实情况呢? 这需要我们对标准与法律的关系作进一步的梳理和分析。

在现代社会,随着标准化事业的发展,标准无处不在,标准的领域不断扩大,并逐渐渗入法律的固有领域,标准与法律的关系日益密切,呈现出某种"融合"的现象,其主要体现在两个方面:一是法律引进标准;二是标准吸收法律。② 标准法律属性论者将标准纳入法律的范畴,所关注的是前者。标准法律属性论者之所以认为标准具有法律属性,很大程度上与法律关于标准的规定有关,尤

---

① 有关标准的规范性和规范效力的研究,请参见柳经纬:《标准的规范性与规范效力——基于标准著作权保护问题的视角》,载《法学》2014 年第 8 期。

② 参见柳经纬:《标准与法律的融合》,载《政法论坛》2016 年第 6 期。

其与《标准化法》关于"强制性标准必须执行"的规定有直接的关系。技术法规论者主张标准是技术法规,最高人民法院知识产权庭和国家版权局版权管理司达成的意见认为强制性标准具有法规性质,环境法学者认为环境标准是环境法体系的组成部分,都是基于强制性标准的强制效力。软法论者之所谓"硬法",包含了强制性标准,也是基于强制性标准的强制效力。①

在我国现行法中,法律关于标准的规定,在两个层面上展开:一是法律规定了标准,二是法律规定了标准的效力。在第一个层面上,根据"中国人大网"(http://www.npc.gov.cn)"中国法律法规信息库"截至 2017 年 8 月 17 日所收录的 286 部法律文本中,共有 112 部检索出标准化意义上的"标准"一词,约占全部法律文本总数的 39.2%,涉及的法律部门有宪法相关法、民商法、行政法、经济法、社会法、刑法、诉讼与非诉讼程序法。② 在第二个层面上,除了《标准化法》规定了强制性标准的效力外,不少法律也规定了标准的效力。例如,《食品安全法》规定"食品生产经营者应当依照法律、法规和食品安全标准从事生产经营活动,保证食品安全"(第 4 条);《消防法》规定"建设工程的消防设计、施工必须符合国家工程建设消防技术标准"(第 9 条);《环境保护法》规定"向海洋排放污染物、倾倒废弃物,进行海岸工程和海洋工程建设,应当符合法律法规规定和有关标准,防止和减少对海洋环境的污染损害"(第 34 条)。

因此,科学地阐释标准与法律的关系,还需从上述两个层面上做进一步的分析。通过这两个层面的分析,不仅可以厘清标准与法律的关系,而且还可以进一步发现标准法律属性论在标准与法律关系问题上的误解。

在第一个层面上,众多法律规定了标准,表明标准对于法律具有重要的意义。法以调整社会关系为己任,法对社会关系的调整是"通过规定人们的权利和义务,以权利和义务为机制,影响人们的行为动机,指引人们的行为"来实现的。③ 标准对于法调整社会关系的作用体现在标准为确定当事人的权利和义务的内容提供了依据,为行为人"如何为"提供了指引,法律对标准形成了某种依赖关系。例如,《水污染防治法》第 10 条规定:"排放水污染物,不得超过国家或者地方规定的水污染物排放标准和重点水污染物排放总量控制指标。"依据这一规定,排污企业的义务是不得超标准排放水污染物,这一义务需依据水污染物排放标准来确定。又如,《食品安全法》第 4 条规定:"……食品生产经营者应

---

① 软法论者将非强制性的标准归入"软法",是基于标准化机制与软法机制的契合,与大多数标准法律属性论者不同。关于软法机制的问题,并非本文讨论的范围。

② 柳经纬、许林波:《法律中的标准——以法律文本为分析对象》,载《比较法研究》2018 年第 2 期。

③ 张文显:《法的概念》,法律出版社 2011 年版,第 19 页。

当依照法律、法规和食品安全标准从事生产经营活动,保证食品安全……"依据这一规定,食品生产经营者负有提供安全食品的义务,但确定生产经营者提供的食品是否安全的依据则是食品安全标准。不仅在环境保护法和食品安全法这些特定领域里,法律对标准形成了依赖的关系,在民法领域,法对社会关系的调整也存在着依赖于标准的情形。例如,在买卖法中,卖方负有交付标的物的义务,依意思自治原则,当事人可以自由约定标的物的品质,但是在现代社会,由于科学技术的发展,产品的品质日益复杂,大概除了艺术品外,在大多数情况下,如不依赖于产品质量标准,这种自由约定几乎不可能。以买卖自行车为例,在确定自行车品质的问题上,强制性国家标准《自行车安全要求》(GB 3565—2005)所规定的自行车零部件和整车的具体要求,为当事人确定自行车的品质提供了便捷的依据,当事人离开了该标准而约定自行车的品质几乎不可能。

但是,法律对标准形成的依赖关系,只能说明标准对于法律所具有的重要意义,并不能改变标准的本质属性,也不会模糊标准与法律的界限,使得标准成为法的一种形式或法的组成部分。因为标准毕竟不由立法机关制定,标准的制定权也不专属于公权,标准只是关于产品、过程和服务的技术要求,需以科学、技术和经验为基础,依赖于具有科学、技术能力的标准化技术委员会的工作,由标准化机构发布。标准的发布机构可以是政府(国家标准、行业标准、地方标准),也可以是社会团体(团体标准)和企业(企业标准)。在标准对于法律的意义问题上,我们宁可将标准作为法调整社会关系的一种工具对待,也不能将其视为法的组成部分。

在第二个层面上,法律关于标准效力的规定表明,标准不仅具有规范性,而且具有法律意义上的规范效力,即法的约束力和强制力。自《标准化法》颁行之后,为提高产品质量,国家实施"依标生产"的政策,要求企业必须依据标准组织生产,严禁企业"无标生产"。原国家质量技术监督局 1990 年颁布的《企业标准化管理办法》第 18 条明确规定:"企业生产的产品,必须按标准组织生产,按标准进行检验。"1995 年,原国家质量技术监督局发布《全国消灭无标生产试点县实施方案》;1996 年,国务院发布了《质量振兴纲要》,重申企业应"严格按标准组织生产,没有标准不得进行生产";1998 年,原国家质量技术监督局下发《关于加强消灭无标生产工作若干意见的通知》,在全国范围内消灭"无标"生产。根据修订前的《标准化法》第 7 条和《标准化法实施条例》第 18 条的规定,标准包括国家标准、行业标准、地方标准和企业标准,国家标准、行业标准和地方标准又可分为强制性标准和推荐性标准。在禁止"无标生产"的情况下,企业生产必须依据标准,因而不仅强制性标准具有规范效力,推荐性标准和企业标准也具有规范效力。修订后的《标准化法》第 27 条第 2 款规定"企业应当按照标准组织生产经营活动,其生产的产品、提供的服务应当符合企业公开标准的技术要求",重申了"依标生产"的要求。按照修订后的《标准化法》第 2 条第 2 款规定,标准包括强制性国家标准、推荐性国家标准、推荐性行业标准、推荐性地方标准和团体标准、企业标准,这些标准均具有规范效力。

但是,标准所具有的规范效力并不是源自于标准本身,而是源自于法律的规定。强制性标准之所以具有效力,并不是因为其被贴上"强制性"的标签,也不是因为其在我国标准体系中拥有"GB"(强制性国家标准)的代号,而是因为《标准化法》第 2 条"强制性标准必须执行"的规定,是《标准化法》赋予强制性标准以法律效力。在标准化理论界,有学者明确指出,强制性标准的"强制性不是标准固有的,而是国家法律法规赋予的"。① 在环境法学界,亦有学者指出,"强制性标准本身不属于法的规范","强制性环境标准必须经环境立法确认并由环保等主管部门决定使用后才具有相应的法的拘束力",②或认为"我国环境标准具有法规约束性,是我国环境保护法律法规所赋予的";③还有学者虽然主张环境标准是环境法律体系的重要组成部分,但也认识到环境标准原本属于技术规范,是法律"赋予其法律规范的效力"。④ 在标准的规范效力来源问题上,强制性标准如此,推荐性标准及其他类型的标准更是如此。因此,标准的规范效力与法律的规范效力有着根本的区别,后者的规范效力来自于其本身,前者的规范效力不是来自其本身,而是来自于后者的赋予,标准只有与法律发生联系才具有法律意义上的规范效力。

综上所述,法律规定了标准和标准的规范效力,并不会导致标准丧失自我,而成为法律的组成部分,标准与法律之间仍然存在着明显的界限,只是它们之间的关系更加密切而已。了解这一点十分必要,否则就会将标准与法律混为一谈,并导致一系列的理论和实践难题。标准法律属性论之所以难以成立,其主观原因就在于他们只看到二者在法律上的密切关系之表象,而忽略了它们原本存在的本质区别,更没有看到标准在法调整社会关系中所扮演的角色和其规范效力来源于法律的规定这一深层的联系。这也是标准法律属性论面对标准化实践时捉襟见肘、漏洞百出的根本原因所在。

---

① 李春田主编:《标准化概论》,中国人民大学出版社 2014 年第 6 版,第 30 页。

② 汪劲:《环境法学》,北京大学出版社 2014 年第 3 版,第 129 页。

③ 王灿发主编:《中国环境行政执法手册》,中国人民大学出版社 2009 年版,第 12 页。

④ 王树义等:《环境法基本理论研究》,科学出版社 2012 年版,第 92 页。

六、区分标准与法律的现实意义

任何事物间的关系之所以能够引起人们的兴趣,都是由于它们之间存在着某种联系。如果事物之间毫无联系,风马牛不相及,就没有研究的必要,因而也就不会引起人们的兴趣。标准与法律的关系之所以受到标准化理论界和法学界的关注,原因就在于标准与法律存在着联系。然而,探讨彼此联系的事物之间的关系,不应当只看到它们之间的联系,而忽略它们原本存在的区别,将它们视为一物或者将此物视为彼物,都会使得任何理论研究失去意义。这是因为,区别彼此联系的不同事物,是研究其间关系的必要前提。只有在区分不同事物的前提下探讨它们之间的关系,才能找出它们之间联系的规律,给出合理的理论解释,并在此基础上提出处理好彼此联系的事物之间关系的有价值的方案。研究标准与法律的关系也是如此。如果我们只看到标准与法律的联系,甚至将标准视同法律,而忽略了标准与法律的区别,那么也就无从揭示标准与法律联系的规律,因而也无法对标准与法律的关系给出合理的解释,更不可能提出任何有价值的处理标准与法律之间关系的方案。

从法的角度来看,法律与标准的联系表现在法律规定了标准,赋予标准以法的规范效力。[①] 这表明法律在调整社会关系过程中需借助于标准,对标准形成了某种依赖关系,法所规定的权利义务需以标准为内容,法对企业行为合法性的评判需以标准为基础。在这个意义上,完全可以说,标准支撑着法律,决定着法律的实际效用。例如,在环境保护领域,保护和改善环境、防治污染和其他公害、保障公众健康,是环境保护法的任务(《环境保护法》第 1 条),环境保护法需以环境标准为支撑,环境保护法实际发挥的效用如何,将取决于环境标准(尤其是污染物排放标准)的宽与严。污染物排放标准越严,企业污染物排放的义务也越严,环境保护法所发挥的效用也就越大,反之就越小。而且随着社会经济的发展,人民群众对环境质量的要求越来越高,必然促进环境科学技术的发展,环境标准质量也将随着环境科学技术的发展而不断提升,环境保护法所发挥的效用也必将呈现出"水涨船高"的态势。标准对法律所具有的这种作用也存在于安全生产、食品安全、产品质量、能源、医药卫生等领域的法律规制中。标准对法律所具有的支撑作用也进一步说明,法律要实现对社会行为的有效规范,对社会关系的有效调整,就必须在国家法治的层面上提高对标准化事业的

---

① 从标准化的角度来看,标准与法律的联系表现在标准吸收了法律。参见柳经纬:《标准与法律的融合》,载《政法论坛》2016 年第 6 期。

认识,在具体法治的层面上重视对标准化成果的利用,在法学研究的层面上加强对标准化与法治化的理论研究。

首先,在国家法治的层面上提高对标准化事业的认识。全面依法治国是党的十八大以来所确立的"四个全面"战略布局之一,是实现国家治理体系和治理能力现代化的基本路径。标准化对于全面依法治国具有重要的支撑作用,必须给予充分的重视。对于这一点,我们的认识还远远不够。2015 年,国务院印发的《深化标准化工作改革方案》(国发〔2015〕13 号)只是强调标准化在保障产品质量安全、促进产业转型升级和经济提质增效、服务外交外贸等方面的重要作用,新修订的《标准化法》对标准化事业的认识也局限在"促进科学技术发展、提高经济社会发展水平、提升产品和服务质量,保障人身健康和生命财产安全"的层面上,①标准与标准化对于全面依法治国、实现国家治理体系和治理能力现代化的意义,并没有受到重视。从标准与标准化对于法治的作用来看,有必要将标准化事业提升到国家法治战略的层面上认识。

其次,在具体法治的层面上重视对标准化成果的利用。党的十四届四中全会通过的《中共中央关于全面推进依法治国若干问题的决定》提出了新的法治"十六字"方针,即科学立法、严格执法、公正司法、全民守法。标准与标准化对于法治的作用应当落实到具体法治的层面上,在立法、执法、司法和守法的过程中重视标准,积极吸收标准化的成果。尤其是在立法方面,应按照科学立法的要求,将标准化的成果吸收到法律中来。不仅要在固有的法律领域(如环境保护、食品安全、安全生产、产品质量、能源、医药卫生等)吸收标准化的成果,而且还要在新的法律领域,重视标准化成果的利用。例如,在电子商务、企业社会责任、美丽乡村建设等领域,标准化已经走在立法前面,制定了相关的国家标准。②未来这些领域的立法应吸收标准化的成果,将标准引进法律,发挥标准对法律的支撑作用,更好地实现法律规范行为、调整社会关系的目的。

最后,在法学研究的层面上加强对标准化与法治的理论研究。尽管为数众

---

① 《标准化法》第 1 条规定:"为了加强标准化工作,提升产品和服务质量,促进科学技术进步,保障人身健康和生命财产安全,维护国家安全、生态环境安全,提高提高经济社会发展水平,制定本法。"

② 在电子商务方面,有推荐性国家标准《大宗商品电子交易规范》(GB/T 18769—2003)、《电子商务模式规范》(SB/T 10518—2009)、《网络交易服务规范》(SB/T 10519—2009)、《第三方电子商务服务平台服务及其等级划分规范 B2B\B2C 电子商务服务平台》(GB/T 24661.2—2009)、《网络服务规范》(SB/T 10519—2009)、《第三方电子商务交易平台服务规范》等;在美丽乡村建设方面,有推荐性国家标准《美丽乡村建设指南》(GB/T 32000—2015);在企业社会责任方面,有国家标准《社会责任指南》(GB/T 36000—2015)、《社会责任报告编写指南》(GB/T 36001—2015)和《社会责任绩效分类指引》(GB/T 36002—2015)。

多的法律规定了标准,标准进入法律已经成为一个普遍的法律现象,但是标准化原理对于法治的意义、标准与立法、标准与执法、标准与司法、标准与守法及各部门法领域中标准与法律的关系等问题,却少有学者问津,其冷清状态与当前嘈杂热闹的法学研究形成了极大的反差。因此,有必要加强对标准化与法治问题的理论研究,探索标准与法律联系的规律,揭示标准化原理对法治的意义,改变标准化与法治理论研究的薄弱状态,为发挥标准与标准化对法治的支撑作用提供理论支持。

8.

标准与规范性文件：区别与联系 ■

【摘要】标准与规范性文件在形式、内容、规范力及功能作用和法律规制等方面均有区别，它们属于性质不同的规范系统，标准不能被归入规范性文件的范畴。然而，标准可以被规范性文件所援引，回答法律上"如何为"的问题，为规范性文件的实施提供技术方案；并在规范性文件实施中，为相对人行为的事实认定提供依据，从而为相对人行为的法律评价奠定基础。

一、引言

在我国，标准尤其是政府主导制定的标准，因其制定主体的特定性及在社会管理中依法所具有的强制性效力，常常被人们归入法律的范畴，或者被视为规范性文件。[①] 标准不是法律，不具有法律属性，标准与法律属于不同的规范系统，笔者在《评标准法律属性论——兼谈区分标准与法律的意义》一文中已阐明了这一观点。[②] 那么，标准是否属于规范性文件？这一问题仍有待于探讨。这是由于，规范性文件不属于《立法法》规定的法的类型，有关标准与法律的区分并不能替代标准与规范性文件的区分，也不能推导出标准不属于规范性文件的结论。本文的任务就在于通过比较标准与规范性文件的不同，对标准与规范性文件进行区分，回应学界关于标准属于规范性文件的误解。在此基础上，本文

[①] 学界主张标准属于规范性文件的观点，可参见宋华琳：《论行政规则对司法的规范效应——以技术标准为中心的初步观察》，载《中国法学》2006 年第 6 期；张圆：《论技术标准的法律效力——以〈立法法〉的法规范体系为参照》，载《中国科技论坛》2018 年第 12 期。

[②] 柳经纬：《评标准法律属性论——兼谈区分标准与法律的意义》，载《现代法学》2018 年第 5 期。

还将讨论规范性文件援引标准的问题,阐明标准在规范性文件实施中所具有的作用。

二、标准与规范性文件的区别

"规范性文件"一词有广狭之分,①学界所关注的是狭义的规范性文件,又称"行政规范性文件""其他规范性文件""行政规范""行政规则"。《国务院办公厅关于加强行政规范性文件制定和监督管理工作的通知》(国办发〔2018〕37 号)对规范性文件所作的定义是,除国务院的行政法规、决定、命令以及部门规章和地方政府规章外,由行政机关,即经法律、法规授权的具有管理公共事务职能的组织(统称行政机关),依照法定权限、程序制定并公开发布,涉及公民、法人和其他组织权利义务,具有普遍约束力,在一定期限内反复适用的公文。国家各部委以及各地方人民政府制定的规范性文件管理规定关于规范性文件的定义基本相同。②

"标准"一词也有广狭二义,③狭义的标准是指标准化意义上的标准,也称"技术标准"。人们误将标准混同于规范性文件,其所谓标准,也是指狭义的标准。狭义的标准,就其信息载体而言,有标准样品和标准文件之分,④通常所说的标准是指标准文件(除非特别说明,本文所称标准仅指标准文件)。根据国家标准《标准化工作指南 第 1 部分:标准化和相关活动的通用术语》(GB/T 20000.1—2014)第 5.3 条规定,标准是指"通过标准化活动,按照规定的程序经协商一致制定,为各种活动或其成果提供规则、指南或特性,供共同使用和反复使用的文件"。在我国,标准因其制定主体不同可分为两大类别:一是政府主导

---

① 广义的规范性文件既包括狭义的规范性文件,还包括作为其上位法的法律、行政法规和规章(参见张杰:《规范性文件管理制度研究》,法律出版社 2017 年版,第 2 页)。最广义的概念还应包括标准。国家标准《标准化工作指南 第 1 部分:标准化和相关活动的通用术语》(GB/T 20000.1—2014)第 5.1 条所定义的规范性文件,包括标准和法规,凡是为各种活动及其结果提供规则、指南或特性的文件,均属于规范性文件。

② 参见《上海市行政规范性文件管理规定》(2019 年上海市人民政府令第 17 号)第 2 条、《广东省行政规范性文件管理规定》(2020 广东省人民政府令第 277 号)第 2 条、《武汉市行政规范性文件管理办法》(2018 年武汉市人民政府令第 290 号)第 2 条、《生态环境部行政规范性文件制定和管理办法》(环办法规〔2020〕7 号)第 3 条、《自然资源规范性文件管理规定》(2018 年自然资源部令第 2 号)第 2 条。

③ 广义的标准,泛指衡量事物的准则。参见《现代汉语词典》,商务印书馆 1996 年修订第 3 版,第 82 页。

④ 李春田主编:《标准化概论》,中国人民大学出版社 2014 年第 6 版,第 32 页。

制定的标准,包括国家标准、行业标准和地方标准;二是市场主体自主制定的标准,包括团体标准和企业标准。[①] 政府主导制定的标准又可分为强制性标准和推荐性标准。强制性标准具有强制实施效力(《标准化法》第 2 条第 3 款);推荐性标准也因被法律所援引而具有强制实施效力。

政府主导制定的标准的制定主体为行政机关,而且具有强制性效力、被反复使用,与规范性文件的制定主体、效力和反复使用之要素特点几乎一致,因此很容易被当然地、未加论证地归入规范性文件的范畴。主张标准是规范性文件的学者的观点大体属于这种情形。

然而,如果认真分析标准与规范性文件,就不难发现,尽管标准和规范性文件都具有规范性,但是二者在形式、内容、规范力及功能作用和法律规制等层面上,都存在着明显的区别,它们各自属于性质不同的规范系统,因此标准不能被归入规范性文件的范畴。

(一)形式上的区别

首先,信息载体不同。规范性文件属于公文,其信息载体只能是文字(包括图、表、数学公式、符号,下同),因此只有"文件"一种形式。标准则不同,其信息载体可以是文字,也可以是实物,以文字为信息载体的标准是标准文件,以实物为信息载体的标准是标准样品,[②]标准样品又称样品标准(《标准化法》第 2 条第 1 款)。2021 年国家市场监督管理总局制定的新《国家标准样品管理办法》对样品标准的项目提出、立项、研制、技术评审、编号、批准发布作了规定。除遵守《国家标准样品管理办法》外,标准样品的研制还应符合国家标准《标准样品工作导则》(GB/T 15000)系列国家标准的要求。[③]

其次,名称不同。规范性文件在法律效力层级上位于法律、法规、规章之下,为了区别,对其名称有相应的限制。例如,《广东省行政规范性文件管理规

---

① 甘藏春、田世宏主编:《中华人民共和国标准化法释义》,中国法制出版社 2017 年版,第 29 页。

② 国家标准样品如《蓝宝石颜色分级标准样品》(GSB 01—3538—2019)、《红宝石颜色分级标准样品》(GSB 01—3537—2019)。根据全国标准信息服务公共平台提供的信息,现行有效的国家标准样品共计 1063 个。参见全国标准信息服务公共平台网站,http://std.samr.gov.cn/gsm/query,2021 年 7 月 14 日访问。

③ 国家标准《标准样品工作导则》(GB/T 15000)包括 8 个部分(现行):第 1 部分"在技术标准中陈述标准样品的一般规定"、第 2 部分"常用术语及定义"、第 3 部分"标准样品定值的一般原则和统计方法"、第 4 部分"证书、标签和附带文件的内容"、第 6 部分"标准样品包装通则"、第 7 部分"标准样品生产者能力的通用要求"、第 8 部分"有证标准样品的使用"、第 9 部分"分析化学中的校准和有证标准样品的使用"。

定》(广东省人民政府令第 277 号)第 11 条规定,规范性文件"应当根据规范性文件的具体内容确定名称,可以使用'决定''命令''规定''办法''通知''公告''规则''细则''规范''意见'或者'通告'等,但不得使用'法''条例'。""政府规范性文件的标题应当冠以本行政区域名称,部门规范性文件的标题应当冠以制定机关名称。"标准也有自己独立的命名规则。在我国,国家标准的全称是"中华人民共和国国家标准",行业标准的全称是"中华人民共和国×××行业标准",地方标准的全称是"×××省(市、自治区)地方标准",团体标准的全称是"×××协会(学会)团体标准",企业标准的全称是"×××公司企业标准"。而且,标准还有如同身份证号一样具有唯一性的编号,编号由标准代号、顺序号、年代号组成。[①]

最后,表述方式不同。标准文件与规范性文件均以文字为信息载体,但二者在表述方式上也有明显的区别。规范性文件的表述方式主要是条文,即文字叙述的方式,偶尔采用表,极少采用图、数学公式和符号。然而,在标准文件中,除了条文外,图、表、数学公式和符号也很常见。而且,国家标准《标准化工作导则 第 1 部分:标准化文件的结构和编写原则》(GB/T 1.1—2020)第 9.7 条和第 9.8 条规定,当用图、表更便于对相关内容的理解时,"宜使用"图、表;第 9.9 条规定,当需要使用符号表示量之间的关系时,"宜使用"数学公式。此外,标准文件还常使用"示例""注"等方式,帮助人们理解和适用标准。

(二)内容上的区别

《国务院办公厅关于加强行政规范性文件制定和监督管理工作的通知》(国办发〔2018〕37 号)指出,规范性文件是"涉及公民、法人和其他组织权利义务"的公文,规范性文件是对行政相对人的权利义务进行的安排。[②] 如何理解规范性文件的内容"涉及"权利义务,四川省人民政府法制办公室发布的《关于认定行政规范性文件的指导意见》(川府法备函〔2017〕25 号)提出了两种情形:一是规范性文件直接对公民、法人或者其他组织做出禁止性、允许性、强制性、受益性规定;二是规范性文件规定的虽然是制定机关的工作任务、工作程序、工作方式等内容,但执行的过程或结果会影响公民、法人或者其他组织的权利、义务。

与规范性文件不同的是,标准的内容并不涉及任何权利义务,标准也不是

---

① 例如,国家标准《建筑采光设计标准》(GB 50033—2013)的编号是"GB 50033—2013","GB"是标准代号(强制性国家标准的代号,推荐性国家标准的代号是"GB/T"),"50033"是顺序号,表示标准在国家标准体系的顺序,"2013"是年代号,表示该标准发布的时间,也表示标准的版本。

② 邢鸿飞、王春业、韩轶等:《行政法专论》,法律出版社 2016 年版,第 155 页。

对标准使用者的权利义务进行的安排。标准按照其内容可分为术语标准、符号标准、分类标准、试验标准、规范标准、规程标准、指南标准。[①] 无论是术语、符号、分类，还是试验、规范、规程、指南，标准的内容均不涉及权利义务。它既不存在对公民、法人或者其他组织作出禁止性、允许性、强制性、受益性的规定，也不存在其实施的过程或结果影响到公民、法人或者其他组织的权利义务。以国家标准《电动轮椅车》（GB/T 12996—2012）为例，该标准规定了电动轮椅车的术语和型号命名原则、技术要求及相应的测试方法和检测规则等内容。技术要求指向的是电动轮椅车的产品性能和质量，是电动轮椅车应当满足的技术指标。例如，该标准第 5.6.1 条（"控制开关"）规定："应至少有一种方法开启和关闭轮椅车。每一种方法均应在操作件上或其相邻处用符号直观地标明。当切断轮椅车电源后，控制器的动作应不会造成驱动轮转动。"第 5.6.8 条（"绝缘"）规定："轮椅车车架、电机外壳、电池外壳及控制器外壳均不应与电池组或电器系统的其他任何带电部件连接，它们之间的直流电源应不大于 5mA。"显然，这些技术要求不具有法律上权利义务的意义，其实施结果只表明电动轮椅车的性能和质量是否满足该标准规定的技术要求，而不会对生产企业或者其他人的权利义务产生影响。

标准不涉及权利义务，不对标准使用者的权利义务进行安排，也是标准化工作对标准的基本要求。国家标准《标准化工作导则 第 1 部分：标准化文件的结构和起草原则》（GB/T 1.1—2020）第 5.5.3 条明确要求，标准"不应规定诸如索赔、担保、费用结算等合同要求，也不应规定诸如行政管理措施、法律责任、罚则等法律、法规要求"。国家标准《标准化工作指南 第 3 部分：引用文件》（GB/T 20000.3—2014）也明确表示，标准文件中"不宜"引用法律、行政法规、规章和其他政策的文件，"不宜"引用仅在合同中引用的索赔、担保、费用类条款，也"不宜"出现要求符合法规和政策性文件的条款。作为标准化工作的基础标准，国

---

① 白殿一、王益谊等：《标准化基础》，清华大学出版社 2019 年版，第 17～19 页。根据国家标准《标准化工作指南 第 1 部分：标准化和相关活动的通用术语》（GB/T 20000.1—2014）所作的定义，术语标准是对特定领域或学科中使用的概念的指称及其定义做出界定的标准（第 7.2 条）；符号标准是对特定领域或学科中使用的符号表现形式及其含义或名称作出界定的标准（第 7.3 条）；分类标准按照来源、构成、性能或用途等相似特性对产品、过程或服务进行有规律的排列或划分的标准（第 7.4 条）；试验标准是在适合指定目的的精确度范围内和给定环境下，全面描述试验活动以及得出结论的方式的标准（第 7.5 条）；规范标准是规定产品、过程或服务需要满足的要求以及用于判定其要求是否得到满足的证实方法的标准（第 7.6 条）；规程标准是为产品、过程或服务全生命周期的相关阶段推荐良好惯例或程序的标准（第 7.7 条）；指南标准是以适当的背景知识给出某个主题的一般性、原则性、方向性的信息、指导或建议，而不推荐具体做法的标准（第 7.8 条）。

家标准《标准化工作导则》(GB/T 1)和《标准化工作指南》(GB/T 20000)已成为我国各类标准编制工作的基本遵循。[①]

标准的内容不涉及权利义务,是标准与规范性文件最主要的区别,也是标准区别于法律的最重要的特征。

(三)规范力的区别

规范性文件是国家行政权运行的表现形式之一,体现的是国家意志,并以国家强制力保障实施,因而具有与法律一样的普遍约束力。规范性文件所具有的普遍约束力既体现在对行政机关具有约束力,也体现在对不特定的行政相对人具有的约束力,还体现在对行政行为所具有的适用效力。[②] 规范性文件的普遍约束力是其所固有的本质属性,也是规范性文件区别于行政机关制定的非规范性文件的标志。如果行政机关制定的文件不具有普遍约束力,那么它就不属于规范性文件。例如,上海市人民政府法制办公室 2017 年印发的《关于认定行政规范性文件的指导意见》指出,"就特定人和特定事项发布的通告、公告、通知等文件"、"行政许可决定、行政处罚决定和其他行政决定"以及"其他不具备普遍适用性特征的文件",因不具备普遍适用性特征而不属于规范性文件。

标准属于技术规范,旨在为活动或其成果(产品、服务)提供衡量科学的"规则、指南或特性",谈不上对任何人的约束力。标准的构成单元("要素")中具有规范意义的是"规范性要素",包括"范围""术语和定义""符号和缩略语""分类和编码/系统构成""总体原则和/或总体要求""核心技术要素"和"其他技术要素"。[③]"规范性要素"的意义在于"让标准使用者遵照执行",生产经营者"一旦声明某一产品、过程或服务符合某一项标准,就须符合其规范性要素中的条款"。[④] 这就是说,标准只是要求人们,如果你声明所提供的产品或服务符合某

[①] 例如,《国家发展改革委行业标准制定管理办法》(发改工业〔2005〕1357 号)第 16 条规定:"行业标准编写应符合 GB/T 1《标准化工作导则》和相关行业标准编写要求。"《工业和通信业安全生产领域行业标准制定管理办法实施细则》(工信安字〔2012〕113 号)第 21 条规定:"标准草案应在充分调研和分析研究的基础上,按照 GB/T 1《标准化工作导则》、GB/T 20000《标准化工作指南》、GB/T 20001《标准编写规则》的规定及相关要求编写。"《北京市地方标准管理办法》(京质监发〔2018〕87 号)第 31 条规定,标准编写应当符合国家标准 GB/T 1.1《标准化工作导则 第 1 部分:标准的结构和编写》。《河南省地方标准管理办法》第 6 条第 2 款规定:"地方标准的编写参照国家标准 GB/T 1《标准化工作导则》的要求。"

[②] 周佑勇主编:《行政法专论》,中国人民大学出版社 2010 年版,第 119 页。

[③] 国家标准《标准化工作导则 第 1 部分:标准化文件的结构和起草原则》(GB/T 1.1—2020)第 6.2.2.2 条。

[④] 王忠敏主编:《标准化基础知识实用教程》,中国标准出版社 2010 年版,第 70～71 页。

项标准,那么你提供的产品或服务就应符合该项标准中"规范性要素"的要求。这是标准化的要求,而不是法律的要求。因此,标准所具有的规范力与规范性文件所具有的法律上的普遍适用效力性质完全不同。

经验告诉我们,标准也有法律意义上的强制性效力。例如,企业生产的产品必须符合相应的产品质量标准,任何企业均不得超标准排放污染物,否则就要受到处罚,承担法律责任。但是,标准的强制性效力并非其所固有的,而是来自法律,是法律赋予标准以强制实施的效力。① 在我国,法律赋予标准以强制实施的效力有两种情形:一是强制性标准依法具有强制实施的效力。《标准化法》第 2 条第 3 款规定"强制性标准必须执行",第 25 条规定:"不符合强制性标准的产品、服务,不得生产、销售、进口或者提供。"除了《标准化法》的规定外,《食品安全法》《土壤污染防治法》等也规定了标准的强制实施效力。② 正是依据法律关于强制性标准的规定,强制性标准才获得强制实施的效力。二是法律援引标准,规定了人们应当遵守所援引标准的义务,标准因此获得强制实施的效力。例如,《消防法》第 24 条规定:"消防产品必须符合国家标准;没有国家标准的,必须符合行业标准。禁止生产、销售或者使用不合格的消防产品以及国家明令淘汰的消防产品。"《建筑法》第 3 条规定:"建筑活动应当确保建筑工程质量和安全,符合国家的建筑工程安全标准。"上述法律所规定的标准并不限于强制性标准,也包括推荐性标准。依据上述法律的规定,推荐性标准也可以获得强制实施的效力。以法律规定的方式实施标准,是标准实施的方式之一。③ 当标准依法获得强制实施的效力时,也就具有了普遍约束力。

因此,虽然标准与规范性文件均属于规范,但二者的规范力不同,标准的强制实施的效力并非其固有的属性,而是来自法律的规定。

(四)功能作用的区别

规范性文件是"行政机关依法履行职能的重要方式",④具有组织和管理国

① 柳经纬:《标准的规范性与规范效力》,载《法学》2014 年第 8 期。

② 《食品安全法》第 25 条规定:"食品安全标准是强制执行的标准。……"《土壤污染防治法》第 12 条第 3 款规定:"土壤污染风险管控标准是强制性标准。"《农产品质量安全法》第 11 条规定:"……农产品质量安全标准是强制性的技术规范。"《核安全法》第 8 条规定:"……核安全标准是强制执行的标准。……"

③ 标准的实施方式有法律引用、当事人约定、合格评定(认证认可)以及宣传、教育、推广。通过法律的引用,标准借助法律的强制力而得到实施,是一种强力实施标准的方式。参见柳经纬:《论标准替代法律的可能与限度》,载《比较法研究》2020 年第 6 期。

④ 《国务院办公厅关于加强行政规范性文件制定和监督管理工作的通知》(国办发〔2018〕37 号)。

家行政事务的功能,其作用在于弥补法律的缺陷、创制新的规则、指导社会生活。[①]《广东省行政规范性文件管理规定》(广东省人民政府令第 277 号)第 8 条第 1 款规定了可以制定规范性文件的三种情形:一是法律、法规、规章和上级文件对某一方面的行政工作尚未作出明确规定;二是法律、法规、规章和上级文件对某一方面的行政工作虽有规定但规定不具体、需要进一步细化;三是法律、法规、规章和上级文件授权制定规范性文件。

与规范性文件不同,标准不是行政机关履行职能的方式,不具有组织和管理国家行政事务的功能,更不具有弥补法律的缺陷等作用。根据国家标准《标准化工作指南 第 1 部分:标准化和相关活动的通用术语》(GB/T 20000.1—2014)第 5.3 条的规定,标准的功能是"为各种活动或其成果提供规则、指南或特性",确立人类活动的技术规则,具体而言,包括为人类交流提供概念体系(术语标准、符号标准、分类标准)、为人类活动的结果提供特性(规范标准)、为人类活动的过程提供规则(规程标准)、为人类的试验活动提供方法(试验标准)、为人类活动及其结果提供方向性指导(指南标准)。[②] 标准与规范性文件各有自己的功能,不应将标准归入规范性文件的范畴。以国家标准《食品安全国家标准 植物油》(GB2716—2018)为例,该标准规定了食用植物油的术语、原料、感官、理化指标、污染物和真菌毒物限量等技术要求。例如关于食用植物油的酸价(KOH)指标,该标准第 3.3 条规定,米糠油的 KOH 应≤25mg/g,棕榈(仁)油、橄榄油、玉米油、棉籽油、椰子油的 KOH 原油应≤10mg/g、食用植物油(包括调和油)应≤3mg/g、煎炸过程中的食用植物油应≤5mg/g,其他植物食用油的 KOH 应≤4mg/g。这种规定显然不具有组织和管理国家行政事务的功能,标准也不属于行政行为,不能理解为规范性文件。

(五)法律规制的区别

首先,法律规制体系不同。规范性文件的法律规制体系在国家层面上,主要是 2018 年国务院办公厅先后发布的《国务院办公厅关于加强行政规范性文件制定和监督管理工作的通知》(国办发〔2018〕37 号)和《国务院办公厅关于全面推行行政规范性文件合法性审核机制的指导意见》(国办发〔2018〕115 号);在部委和地方层面上,则是各部委和地方人民政府根据国务院文件制定的规范性文件管理办法,如原国土资源部 2016 年制定的《国土资源规范性文件管理规

---

① 参见应松年主编:《当代中国行政法(第三卷)》,人民出版社 2018 年版,第 914～916 页。

② 白殿一、王益谊等:《标准化基础》,清华大学出版社 2019 年版,第 7 页、第 34～36 页。

定》、上海市人民政府 2019 年制定的《上海市行政规范性文件管理规定》。标准
也有一套独立的法律规制体系，即标准化法律体系，它包括《标准化法》、其他法
律有关标准化的规定（如《食品安全法》关于食品安全标准的规定）、标准化配套
法规规章（如《标准化法实施条例》《地方标准管理办法》）、国家部委关于行业标
准的管理规章（如《能源标准化管理办法》《应急管理标准化工作管理办法》）及
地方标准化法规规章（如《江西省标准化条例》《重庆市地方标准管理办
法》）等。①

　　其次，规制的内容不同。无论是形式还是内容，抑或是制定主体和程序，标
准与规范性文件的法律规制均各自成规则，尤以内容的规制为突出。法律对规
范性文件内容的规制重点是合法性审查。《国务院办公厅关于加强行政规范性
文件制定和监督管理工作的通知》（国办发〔2018〕37 号）规定了规范性文件不得
规定的内容，②《国务院办公厅关于全面推行行政规范性文件合法性审核机制的
指导意见》（国办发〔2018〕115 号）进而规定了合法性审查的内容，具体包括：制
定主体是否合法；是否超越制定机关法定职权；内容是否符合宪法、法律、法规、
规章和国家政策规定；是否违法设立行政许可、行政处罚、行政强制、行政征收、
行政收费等事项；是否存在没有法律、法规依据作出减损公民、法人和其他组织
合法权益或者增加其义务的情形；是否存在没有法律、法规依据作出增加本单
位权力或者减少本单位法定职责的情形；是否违反规范性文件制定程序。规范
性文件的合法性审查，不只是制定规范性文件时行政机关进行的审查，也包括
规范性文件司法适用中人民法院进行的司法审查（《行政诉讼法》第 53 条）。③

---

① 　关于我国标准化法律体系，参见柳经纬、刘云、周宇：《新标准化法时代标准化法律
体系的完善》，载《中国标准化》2021 年第 3 期（上）。

② 　《国务院办公厅关于加强行政规范性文件制定和监督管理工作的通知》（国办发
〔2018〕37 号）规定："坚持法定职责必须为、法无授权不可为，严格按照法定权限履行职责，严
禁以部门内设机构名义制发行政规范性文件。要严格落实权责清单制度，行政规范性文件
不得规定的内容包括：不得增加法律、法规规定之外的行政权力事项或者减少法定职责；不
得设定行政许可、行政处罚、行政强制等事项，增加办理行政许可事项的条件，规定出具循环
证明、重复证明、无谓证明的内容；不得违法减损公民、法人和其他组织的合法权益或者增加
其义务，侵犯公民人身权、财产权、人格权、劳动权、休息权等基本权利；不得超越职权规定应
由市场调节、企业和社会自律、公民自我管理的事项；不得违法制定含有排除或者限制公平
竞争内容的措施，违法干预或者影响市场主体正常生产经营活动，违法设置市场准入和退出
条件。"

③ 　《行政诉讼法》第 53 条规定："公民、法人或者其他组织认为行政行为所依据的国务
院部门和地方人民政府及其部门制定的规范性文件不合法，在对行政行为提起诉讼时，可以
一并请求对该规范性文件进行审查。……"

法律对标准内容的规制重点是技术审查。标准是技术要求,国家标准《标准化工作指南 第1部分:标准化及其相关活动的术语》第5.3条"注一"强调标准"宜以"科学、技术和经验的综合成果为基础,一项优质的标准应具有技术先进性和科学合理性。标准的技术审查主要由标准化技术委员会负责,《全国专业标准化技术委员会管理办法》第6条规定,技术委员会在本专业领域内承担工作职责,其一是"开展国家标准的起草、征求意见、技术审查、复审"等工作。拟定中的《国家标准管理办法》(征求意见稿)第27条规定,技术委员会对国家标准送审稿开展技术审查,重点审查技术要求的科学性、合理性、适用性、规范性;未成立技术委员会的,应当成立审查专家组开展技术审查,技术审查的结论是标准的技术内容是否科学合理、技术先进,是否与现行相关标准相协调。[①] 标准的技术审查是标准制定的至为重要的一环,只有通过技术审查的标准草案才能得以批准发布。

三、规范性文件援引标准

尽管标准与规范性文件存在着质的区别,它们属于不同的规范,但是它们时而也会发生交集。这就是规范性文件援引标准。

(一)规范性文件援引标准的基本情形

例一:2019年1月19日,江苏省人民政府办公厅转发的江苏省公安厅、江苏省工业和信息化厅、江苏省市场监督管理局《关于加强电动车道路交通安全管理的意见》(苏政办发〔2019〕8号)规定:"从现在起,由工业和信息化部门、市场监督管理部门共同引导我省生产企业停止生产旧国标车型电动自行车,按照新国标生产。认真落实《电动自行车安全技术规范》,自2019年4月15日起,我省范围内凡未取得CCC认证证书的电动自行车产品不得出厂、销售……"该文所称"新国标""《电动自行车安全技术规范》",是指国家市场监督管理总局、国家标准化管理委员会2018年5月15日批准发布、2019年4月15日实施的国家标准《电动自行车安全技术规范》(GB 17761—2018),该标准取代了1999年版的国家标准《电动自行车通用技术条件》(GB 17761—1999),即该文所称

---

① 例如,2018年12月,全国建筑幕墙门窗标准化技术委员会对国家标准《电动门窗通用技术要求(送审稿)》进行技术审查,结论是"该标准技术内容科学合理、符合我国国情、技术先进、可操作性强,与现行相关标准相协调。……该标准填补了该领域空白,达到国际水平。"参见戴建国:《国家标准〈电动门窗通用技术要求〉通过审查》,载《中国建筑金属结构》2019年第2期。

"旧国标"。

例二：2016 年 5 月 19 日，湖南省财政厅等单位印发《湖南省政府采购两型产品认定办法》(湘财购〔2016〕6 号)，第 6 条规定："申请认定的两型产品，应符合以下条件：(一)符合国家法律法规、符合国际公约约定、符合国家及湖南省产业技术标准及相关产业政策；(二)符合《两型产品(公共类)认定规范》，符合国家、行业、地方相关质量标准，符合环保、安全、卫生等有关规定……"[1]本条援引的《两型产品(公共类)认定规范》，现行有效的版本是原湖南省质量技术监督局2013 年制定的湖南省地方标准《两型产品(公共类)认定规范》(DB43/T 805—2013)。

例三：2020 年 4 月 21 日，广东省市场监督管理局发布《关于广东省非医用口罩产品质量监督抽查实施细则》(2020 年第 63 号)。[2]《实施细则》规定了非医用口罩产品质量监督抽查适用的标准，包括 2 项国家标准和 7 项团体标准。国家标准分别为《呼吸防护用品 自吸过滤式防颗粒物呼吸器》(GB 2626—2006)和《日常防护型口罩技术规范》(GB/T 32610—2016)；团体标准分别为：《产品质量监督抽查抽样检验技术服务规范》(T/GDAQI 020—2020)、《一次性使用儿童口罩》(T/GDMDMA 0005—2020)、《日常防护口罩》(T/GDBX 025—2020)、《普通防护口罩》(T/CTCA 7—2019)、《PM2.5 防护口罩》(T/CTCA 1—2019)、《民用卫生口罩》(T/CNTAC 55—2020)及《民用卫生口罩》(T/CNITA 09104—2020)。

上述三份规范性文件大体上反映了规范性文件援引标准的基本情形。

从援引的标准是否具体确定来看，可以分为两种类型：一是引用的标准具体明确，如江苏省《关于加强电动车道路交通安全管理的意见》引用国家标准《电动自行车安全技术规范》，《湖南省政府采购两型产品认定办法》引用湖南省地方标准《两型产品(公共类)认定规范》，《关于广东省非医用口罩产品质量监督抽查实施细则》引用国家标准《呼吸防护用品 自吸过滤式防颗粒物呼吸器》(GB 2626—2006)和《日常防护型口罩技术规范》(GB/T 32610—2016)等。援引标准具体明确，有利于规范性文件实施中标准的适用，避免不必要的争议。二是引用的标准笼统而不具体，如《湖南省政府采购两型产品认定办法》第 6 条

---

① 根据《湖南省政府采购两型产品认定办法》第 1 条、第 2 条规定，"两型产品"是指符合国家产业政策，满足政府采购需求，在资源节约(资源节约型)、环境友好(环境友好型)方面优势突出的产品。

② 2020 年新冠肺炎疫情暴发后，发布非医用口罩产品质量监督管理规范性文件的还有北京、四川、山西、山东、山西等，国家市场监督管理总局产品质量安全监督管理司也于2020 年 5 月 22 日发布了《非医用口罩产品质量监督抽查实施细则》。

规定,申请认定的两型产品应符合"湖南省产业技术标准"与"国家、行业、地方相关质量标准"。在这种情况下,规范性文件实施中应根据文件给定的信息确定具体适用的标准。例如,申请认定两型产品的是塑料门窗,根据《两型产品(公共类)认定规范》(DB43/T 805—2013)附录 B(规范性附录)"控制性要求",其性能应"优于 HJ/T 237—2006 第 5 部分要求"。"HJ/T 237—2006"是指原国家环境保护总局 2006 年发布的环境保护行业标准《环境标志产品技术要求塑料门窗》(HJ/T 237—2006),其第 5 部分"技术内容"规定了塑料门窗的型材、产品物性和保温性能等技术指标。

从援引的标准类型来看,规范性文件援引的标准既有国家标准(GB 17761—2018、GB 2626—2006),也有行业标准(HJ/T 237—2006)和地方标准(DB43/T 805—2013),还有团体标准(T/GDAQI 020—2020、T/GDMDMA 0005—2020、T/GDBX 025—2020、T/CTCA 7—2019、T/CTCA 1—2019、T/CNTAC 55—2020、T/CNITA 09104—2020);既有强制性标准(GB 17761—2018、GB 2626—2006),也有推荐性标准(GB/T 32610—2016、HJ/T 237—2006、DB43/T 805—2013)。在我国标准体系里,除了企业标准外,其他类型的标准均可被规范性文件所援引。

从援引标准的方式来看,规范性文件援引的标准既有标明年份(版本)的,如《关于广东省非医用口罩产品质量监督抽查实施细则》援引的"GB 17761—2018""T/GDAQI 020—2020",标准编号中的"2018""2020"表明标准制定的时间,也是该标准的版本时间;也有未标明年份(版本)的,如《湖南省政府采购两型产品认定办法》(湘财购〔2016〕6 号)援引的《两型产品(公共类)认定规范》。参照标准化关于引用标准文件的规则,在规范性文件实施中,如标明所援引标准的时间(版本),应当适用该年份版本的标准;如未标明年份版本的,则应适用其最新版本的标准,即规范性文件实施时现行有效的标准。①

(二)标准对实施规范性文件的作用

首先,标准回答了权利义务所不能回答的"如何为"的问题,为规范性文件

———

① 依标准化原理,标准引用其他标准文件的方式有"注日期引用"和"不注日期引用"两种,前者指在引用时指明了所引标准文件的年号或版本号,后者指在引用时不提及所引标准文件的年号或版本号。"注日期引用"意味着仅仅引用了所引标准文件的指定版本,该版本以后的新版本不适用于引用它的标准。"不注日期引用"应视为引用标准文件的最新版本,其最新版本适用于引用它的标准。参见王忠敏主编:《标准化基础知识实用教程》,中国标准出版社 2010 年版,第 92~93 页。

实施提供了技术支撑。[①]

规范性文件内容涉及行政相对人的权利义务,是对行政相对人的权利义务所作的安排。在法律上,权利意味着"可为",义务意味着"不可为"及"当为"或"不当为",权利义务安排回答了什么行为是"可为"的、什么行为是"不可为"的及什么行为是"当为"或"不当为"的问题,从而为人们的行为提供了指引,构成了人们行为的规范。然而,作为行为之规范,"可为""不可为""当为""不当为"之外,还有一个更为深层的"如何为"的问题。这个问题仅从权利义务本身是得不出答案的,尤其是权利义务涉及技术要求问题时更是如此。标准作为技术规范,则可以回答"如何为"的问题,[②]为解决行为"如何为"的问题提供技术解决方案。

例如,广东省市场监督管理局发布的《关于广东省非医用口罩产品质量监督抽查实施细则》(2020年第63号)旨在对非医用口罩的质量进行监督抽查,该文规定所制定的实施细则"适用于广东省市场监督管理局组织的非医用口罩产品质量监督抽查的抽样、检验等工作"。这一规定表明,广东省市场监督管理局作为行政机关,有权按照该细则组织对企业生产经营的非医用口罩进行抽样检验;在广东省行政区域内从事非医用口罩生产经营的企业,作为行政相对人,则有义务接受广东省市场监督管理局组织的对其生产经营的非医用口罩进行抽样检验。这是一种权利义务的安排,在法律上回答了非医用口罩抽样检验的"可为"、"不可为"和"当为"、"不当为"的问题。但是,非医用口罩的抽样、检验工作应如何进行,如何对市场上销售的非医用口罩进行抽样,如何判断抽样的非医用口罩是否存在质量问题,即非医用口罩抽样检验工作"如何为"的问题,单纯就上述权利义务的安排来看,是无法给出答案的。然而,实施细则所援引的标准则可以回答非医用口罩抽样、检验工作"如何为"的问题,为非医用口罩的抽样检验提供切实可行的、科学的技术方案。关于抽样检验,实施细则援引了广东省质量检验协会制定的团体标准《产品质量监督抽查抽样检验技术服务规范》(T/GDAQI 020—2020),规定"确定抽样名单、选择被抽样对象时,应符合 T/GDAQI 020—2020《产品质量监督抽查抽样检验技术服务规范》5.3.3.3和第6章抽样的相关要求";"本细则未明确的监督抽查抽样检验相关技术规范,均按照……《产品质量监督抽查抽样检验技术服务规范》(T/GDAQI 020—2020)规定执行"。关于非医用口罩的性能与质量,实施细则援引了国家标准

---

① 国家标准《标准化工作指南 第3部分:引用文件》(GB/T 20000.3—2014)"引言"。

② 柳经纬、许林波:《法律中的标准——以法律文本为分析对象》,载《比较法研究》2018年第1期。

《呼吸防护用品 自吸过滤式防颗粒物呼吸器》(GB 2626—2006)和《日常防护型口罩技术规范》(GB/T 32610—2016)及 6 项口罩团体标准。上述团体标准《产品质量监督抽查抽样检验技术服务规范》(T/GDAQI 020—2020)规定了技术机构开展监督抽查抽样检验技术服务的工作程序和工作要求,国家标准《日常防护型口罩技术规范》(GB/T 32610—2016)等则规定了口罩及其相关的技术要求及其检测方法,所援引的标准为市场监督管理部门对非医用口罩进行抽样检验工作提供了技术支撑,为确保非医用口罩抽样检验结论的科学性提供了技术保障,解决了非医用口罩抽样检验工作"如何为"的问题。

其次,标准为规范性文件实施中相对人提供的产品、服务及活动的事实认定提供依据,从而为相对人行为的法律评价奠定基础。

在规范性文件实施中,行政机关应当对相对人的行为做出合法与否的评价,对于被认定为违法的行为,行政机关还应根据法律的规定追究行为人相应的行政法律责任。这是行政机关的职责所在。当规范性文件援引标准时,行政机关对相对人行为进行法律评价时,首先应对相对人生产经营的产品、提供的服务和生产经营活动是否符合所援引的标准做出事实认定,即"合标"与否的评价。"合标"与否的评价属于单纯的事实认定,单纯的事实认定无关法律的问题。例如,产品的性能是否符合标准的技术指标要求,只能说明该产品的品质状况,而不具有法律评价上的合法与否的意义。而且,"合标"与否的评价也不等于法律评价。这是因为,"合标"与否的评价依据是标准,而合法与否的评价依据是法律。但是,规范性文件实施中,"合标"与否的评价却是行政机关对相对人的行为进行法律评价的必要基础。如果相对人生产经营的产品、提供的服务和生产经营活动符合规范性文件所援引的标准的要求,那么行政机关就不能对相对人的行为做出违法性的评价;只有在相对人生产经营的产品、提供的服务和生产经营活动不符合规范性文件所援引的标准的要求,行政机关才能依据法律的规定对相对人的行为做出违法性的评价。

广东省市场监督管理局发布《广东省非医用口罩产品质量监督抽查实施细则》后开展的非医用口罩产品质量监督抽查活动,很好地说明了这一点。根据广东省市场监督管理局发布的《关于 2020 年度广东省非医用口罩产品质量监督抽查情况的通告》(2020 年第 133 号)[①]和《关于 2020 年度广东省第二批非医

---

① 广东省市场监督管理局《关于 2020 年度广东省非医用口罩产品质量监督抽查情况的通告》(2020 年第 133 号),2020 年 7 月 28 日发布。参见广东省市场监督管理局(知识产权局)网站,http://amr.gd.gov.cn/zwgk/tzgg/content/post_3053602.html,2021 年 7 月 18 日访问。

用口罩产品质量监督抽查情况的通告》(2020 年第 171 号),①广东省市场监督管理局先后 2 次开展了非医用口罩产品质量的监督抽查活动,抽样任务由广东省各市局辖区内质检机构承担,检验任务由广东产品质量监督检验研究院和广州检验检测认证集团有限公司承担。第一次共对 579 家企业生产的 653 款非医用口罩产品质量开展了监督抽查,检验发现 160 家企业生产的 174 款产品不合格。第二次共对 106 家企业生产的 111 款非医用口罩产品质量开展了监督抽查,检验发现 59 家企业生产的 58 款产品不合格。不合格的项目主要有:过滤效率、防护效果、细菌过滤效率、口罩带及口罩带与口罩体的连接处断裂强力、头带、通气阻力、微生物。抽检的产品不合格,属于"合标"与否的评价,并非法律评价,它只是说明被抽检产品的性能和质量不符合相关产品标准,而没有说明生产经营该产品的企业行为违法。关于认定生产经营该产品的企业行为违法,以及对该违法行为的处理,则应当依据法律的规定。因此,上述《通告》进而指出,对于不合格产品的生产者及销售者,将依据《产品质量法》《产品质量监督抽查管理暂行办法》(国家市场监督管理总局令第 18 号)等规定予以处理,包括"责令停止生产、销售""限期改正并主动公布相关信息""对监督抽查不合格的产品及其生产者、销售者记入质量监管信用档案,实施信用分类监管"等。

在广东省南雄市市场监督管理局对广东宝雅生物科技发展有限公司作出的行政处罚书(南雄市市场监督管理局雄市监处字〔2020〕80 号)中,表述得更为明确。② 广东宝雅生物科技发展有限公司生产的一次性口罩经广东产品质量监督检验研究院检测,关键性项目"过滤效率、防护效果"不符合国家标准《日常防护型口罩技术规范》(GB/T32610—2016)的要求,检测结论为不合格,属于不合格品。南雄市市场监督管理局依据《产品质量法》第 26 条第 2 款、原国家质量监督检验检疫总局《关于实施〈中华人民共和国产品质量法〉若干问题的意见》

---

① 广东省市场监督管理局《关于 2020 年度广东省第二批非医用口罩产品质量监督抽查情况的通告》(2020 年第 171 号),2020 年 9 月 7 日发布。参见广东省市场监督管理局(知识产权局)网站,http://amr.gd.gov.cn/zwgk/tzgg/content/post_3080135.html,2021 年 7 月 18 日访问。

② 韶关市南雄市市场监督管理局《广东宝雅生物科技发展有限公司行政处罚决定书》(雄市监处字〔2020〕80 号),2021 年 3 月 1 日作出。参见韶关市南雄市市场监督管理局网站,http://www.gdnx.gov.cn/sgnxjdglj/gkmlpt/content/1/1942/post_1942236.html♯1828,2021 年 7 月 18 日访问。

(国质检法〔2011〕83 号)第 8 条第 8 项之规定,①认为广东宝雅生物科技发展有限公司生产不符合注明的产品标准的一次性口罩的行为构成"以不合格品冒充合格品的行为"。在这份行政处罚书中,产品不符合标准的"违标"评价与"以不合格品冒充合格品的行为"的违法性评价,违法性评价以"违标"评价为基础,阐述得十分清楚。

　　标准在规范性文件实施中对相对人行为的评价所具有的作用,也说明了标准与规范性文件的不同,标准不属于规范性文件,不具有充当法律评价依据的作用。

---

① 《产品质量法》第 26 条第 2 款规定:"产品质量应当符合下列要求:(一)不存在危及人身、财产安全的不合理的危险,有保障人体健康和人身、财产安全的国家标准、行业标准的,应当符合该标准;……(三)符合在产品或者其包装上注明采用的产品标准,符合以产品说明、实物样品等方式表明的质量状况。"《关于实施〈中华人民共和国产品质量法〉若干问题的意见》(国质检法〔2011〕83 号)八:"根据《中华人民共和国产品质量法》的规定,以下行为应当认定为生产、销售假冒伪劣产品的行为:……(八)以不合格产品冒充合格产品的行为。不合格产品是指产品质量不符合《中华人民共和国产品质量法》第二十六条规定的产品。以不合格产品冒充合格产品是指以质量不合格的产品作为或者充当合格产品。"

9.

标准的私法效力[*] ■

【摘要】标准的私法效力,是指标准进入私法领域,对私法调整民事关系、规范民事行为产生的作用与影响。标准的私法效力涉及的领域包括物权法(相邻关系)、合同法和侵权法;能够产生私法效力的标准不限于强制性标准,推荐性标准、团体标准、企业标准等均可进入私法领域,发生私法效力;标准进入私法领域、发生私法效力源于私法对标准的接受,其路径包括当事人的约定和法律的规定。标准不属于公法规范,公私法合作的理论无法为标准的私法效力提供合理的理论解释。

一、引言

近年来,随着法学研究视野的拓展,标准的法律效力尤其是私法效力问题逐渐受到关注,并取得一批相当不错的研究成果。^① 然而,仔细观察,也不难发现标准私法效力的研究存在明显的不足。一是研究的领域侧重于侵权法尤其是环境侵权领域,其他私法领域的研究成果不多,无法从中获得标准对私法的影响与作用的整体认知;二是多数研究观测的重点是强制性标准,对其他类型的标准(推荐性国家标准、行业标准、地方标准、团体标准、企业标准)关注不够,

---

* 本文原题为"论标准的私法效力",载《中国高校社会科学》2019 年第 6 期。

① 主要有:解亘:《论管制规范在侵权行为法上的意义》,载《中国法学》2009 年第 2 期;宋亚辉:《环境管制标准在侵权法上的效力解释》,载《法学研究》2013 年第 3 期;张敏纯:《论行政管制标准在环境侵权民事责任中的类型化效力》,载《政治与法律》2014 年第 10 期;陈伟:《环境标准侵权法效力辨析》,载《法律科学》2016 年第 1 期;谭启平:《符合强制性标准与侵权责任承担的关系》,载《中国法学》2017 年第 4 期;谭启平、应建均:《强制性标准对合同效力的影响及规范路径》,载《求是学刊》2017 年第 4 期;宋亚辉:《食品安全标准的私法效力及其矫正》,载《清华法学》2017 年第 2 期。

存在"只见树木不见森林"的缺陷;三是不少学者采用公私法合作的理论分析标准的私法效力,将标准(强制性标准)归入公法规范的范畴,混淆了标准与法律两种属性不同的规范,缺乏科学性;四是多数研究关注法律有余而关注标准不足,未能结合我国标准化的实践,从而影响到研究结论的说服力。总体而言,关于标准私法效力的研究还有待提升。

二、标准私法效力所涉法律领域

所谓标准的私法效力,是指标准进入私法领域,对私法调整民事关系、规范民事行为产生的作用与影响。私法是调整平等主体之间社会关系的法律规范(《民法总则》第 2 条),私法通过对民事主体之权利义务的配置进而规范民事主体的行为,实现其对社会关系的有效调整。因此,标准的私法效力也就具体表现为其对私法关于民事权利义务之配置、对私法关于民事行为之规范所产生的作用与影响。例如,在买卖关系中,卖方负有按照合同约定交付标的物并移转所有权的义务,买方则享有相应的请求卖方交付标的物的权利。这是私法对买卖关系做出的权利义务配置,通过这种权利义务的配置达到规范买卖行为、调整买卖关系的目的。在买卖关系中,如果合同的标的物存在由标准化组织制定的质量标准,那么该质量标准就可能通过一定的路径与方式进入到买卖合同中,对买卖双方的权利义务产生影响。最为常见的方式是当事人的选择,即当事人约定采用某项标准作为确定合同标的物质量的依据。当合同约定了标的物的质量标准时,卖方的义务就被具体化为向买方交付符合该质量标准的标的物的义务,买方的权利也就具体化为请求卖方交付符合该质量标准要求的标的物的权利,卖方应当交付符合合同约定的质量标准要求的标的物,否则就构成违约行为。标准在这里对私法调整买卖关系发生了作用和影响。这就是标准在私法上的效力。

标准私法效力所涉的私法领域主要是物权法、合同法和侵权法。

(一)在物权法领域,标准的效力表现为对相邻人权利义务的影响

传统民法关于不动产相邻关系的调整依据的主要是习惯和经验。随着标准化事业的发展,标准为相邻关系的调整提供了更为具体的、可操作的、科学的依据。我国《物权法》第 89 条规定的相邻通风采光日照关系和第 90 条规定的相邻环境关系,均强调依据标准来界定相邻人的权利义务。

《物权法》第 89 条规定:"建造建筑物,不得违反国家有关工程建设标准,妨碍相邻建筑物的通风、采光和日照。"我国关于建筑物通风、采光、日照的工程建

设国家标准有《建筑采光设计标准》(GB 50033—2013)、《建筑日照计算参数标准》(GB/T 50947—2014)、《城市居住区规划设计规范》(GB 50180—2018)等。其中,《城市居住区规划设计规范》(GB 50180—2018)第 4.0.9 条规定,住宅建设的间距应符合住宅建筑日照标准:①建筑气候区划①为Ⅰ、Ⅱ、Ⅲ、Ⅶ气候区,城区常住人口数大于等于 50 万的,以大寒日为标准日,日照时间应大于等于 2小时;②建筑气候区划为Ⅰ、Ⅱ、Ⅲ、Ⅶ气候区,城区常住人口数小于 50 万;建筑气候区划为Ⅳ气候区,城区常住人口数大于等于 50 万,以大寒日为标准日,日照时间应大于等于 3 小时;③建筑气候区划为Ⅳ气候区、城区常住人口数小于50 万,建筑气候区划为Ⅴ、Ⅵ气候区,城区常住人口数无限定,以冬至日为标准日,日照时间应大于等于 1 小时。除此之外,老年人居住住宅日照标准不应低于冬至日日照时数 2 小时;旧区改造项目内新建住宅建筑日照标准不应低于大寒日日照时数 1 小时。上述关于建筑物间隔的标准为确定日照相邻关系各方的权利义务提供了具体的依据。如果新建的建筑物与相邻原有建筑物的间隔符合上述标准的要求,则不构成对他人建筑日照的影响,法律上也不构成对日照相邻关系中义务的违反。反之,则构成对他人建筑日照的影响,也构成对日照相邻关系中义务的违反。

《物权法》第 90 条规定:"不动产权利人不得违反国家规定弃置固体废物,排放大气污染物、水污染物、噪声、光、电磁波辐射等有害物质。"本条中的"国家规定"包括有关固定废物弃置、污染物排放的法律和国家标准。有关法律如《固体废物污染环境防治法》《环境噪声污染防治法》《放射性污染防治法》《医疗废物管理条例》等;有关的国家标准为数众多,如《恶臭污染物排放标准》(GB 14554—93)、《危险废物贮存污染控制标准》(GB 18597—2001)、《社会生活环境噪声排放标准》(GB 22337—2008)、《电磁环境控制限值》(GB 8702—2014)、《火电厂大气污染物排放标准》(GB 13223—2011)等。法律重在明确《物权法》第90 条规定的"弃置固体废物""排放大气污染物、水污染物、噪声、光、电磁波辐射等有害物质"的相邻人的法定义务,标准则重在确定此种相邻关系中"弃置固体废物""排放大气污染物、水污染物、噪声、光、电磁波辐射等有害物质"应遵守的技术要求。例如,危险废物的贮存涉及相邻关系,《固体废物污染环境防治法》规定国务院环境保护部门负责会同有关部门编制危险废物集中处置设施场所建设规划,县级以上地方政府负责组织建设(第 54 条);产生危险废物的单位则

---

① 建筑气候区划是反映我国建筑与气候关系的区域划分。根据气温、湿度、降水、积雪、太阳辐射、风、冻土、日照等气候要素对建筑的影响大小,国家标准《建筑气候区划标准》(GB50178—93)将全国划分为 7 个一级区,20 个二级区。一级区以大写罗马字Ⅰ、Ⅱ、Ⅲ……代表其区号。

必须按照规定处置危险废物,不得擅自倾倒、堆放危险废物(第 55 条)。关于危险废物包装、贮存设施的选址、设计、建设、安全防护、检测及关闭等,则须依据国家标准《危险废物贮存污染控制标准》(GB 18597—2001)。关于危险废物贮存设施的选址,该标准第 6.1 条规定"场界应位于居民区 800m 以外,地标水域 150m 以外""应建在易燃、易爆等危险品仓库、高压输电线路防护区域以外""应位于居民中心区常年最大风频的下风向"等。这一规定使得危险废物贮存设施建设涉及的相邻关系的处理具备了可操作性,也具有科学性。

(二)在合同法领域,标准的效力表现为在合同标的的质量上对当事人权利义务的影响

合同标的质量是合同的重要条款。随着标准化事业的发展,标准化的领域日益扩大,标准涵盖了工业、农业和服务领域,为交易双方确定合同标的的质量提供了便捷的依据。虽然在理论上和法律上,当事人完全可以撇开标准而自行约定合同标的的质量,但是这将增加交易的成本。因此,除非合同的标的不存在相应的质量标准(如艺术品交易、土地交易),当事人通常会援引标准作为确定合同标的质量的依据。而且,在保障人身健康和生命财产安全、国家安全、生态环境安全等领域,国家制定强制性标准,要求生产经营者必须执行。有的法律甚至直接规定,必须依据强制性标准订立合同。如《公路法》第 24 条第 1 款规定:"公路建设单位应当根据公路建设工程的特点和技术要求,选择具有相应资格的勘查设计单位、施工单位和工程监理单位,并依照有关法律、法规、规章的规定和公路工程技术标准的要求,分别签订合同,明确双方的权利义务。"这也导致合同当事人不得不援引标准来确定合同标的的质量。因此,无论是基于交易成本的考量,还是基于强制性国家标准的强制效力,合同对标准实际上形成了一定的依赖关系。这种依赖关系不仅表现为当事人通过约定采用标准作为确定合同标的质量的依据,而且还表现为,当合同对标的的质量约定不明确时,法律将援引标准作为合同标的质量的依据,以填补合同的"漏洞"。关于后一种情形,《合同法》第 62 条第 1 项规定:"质量要求不明确的,按照国家标准、行业标准履行;没有国家标准、行业标准的,按照通常标准或者符合合同目的的特定标准履行。"

当合同对标准形成依赖关系时,标准对合同权利义务的确定就产生了直接的影响。如果合同约定标的的质量执行某项标准,那么该项标准就成为确定合同义务的依据,当事人应当按照该项标准的要求履行合同的义务。如果合同没有约定标的的质量执行某项标准构成"质量要求不明确"时,如果合同的标的存在相关标准,那么就可以依据《合同法》第 62 条第 1 项规定,援引相关标准作为

确定当事人履行合同的依据。

在合同法领域,标准的效力还表现为强制性国家标准对合同标的质量条款的效力的影响。强制性国家标准是我国标准体系中的一种标准类型。依据《标准化法》规定,强制性国家标准具有"必须执行"的强制效力(第 2 条第 3 款),不符合强制性标准的产品服务"不得生产、销售、进口或者提供"(第 25 条)。如果合同当事人约定的标的质量标准不符合强制性国家标准,则违反了《标准化法》的上述强制性规定。依据《合同法》第 52 条第 5 项关于"违反法律、行政法规的强制性规定"的合同无效的规定,当事人约定不符合强制性国家标准技术要求的合同标的质量条款,应当认定无效。[①]

(三)在侵权法领域,标准的效力表现为对行为"违法性"认定的影响

侵权责任的构成要件通常包括不法行为、损害事实、因果关系和过错。不法行为之违法性的判断依据,一是侵害他人之权利,二是侵害他人受法律保护之利益。在存在标准尤其是强制性标准的情况下,标准为认定不法行为的违法性提供了更为直接的事实依据。例如,《产品质量法》第 41 条规定:"因产品存在缺陷造成人身、缺陷产品以外的其他财产损害的,生产者应当承担赔偿责任。……"第 46 条规定:"本法所称缺陷,是指产品存在危及人身、他人财产安全的不合理的危险;产品有保障人体健康和人身、财产安全的国家标准、行业标准的,是指不符合该标准。"依据上述两条规定,当产品存在国家标准、行业标准时,生产者生产的产品"不符合该标准",即可认定为存在产品缺陷,由此造成他人人身财产损害的,生产者应当承担赔偿责任。国家标准、行业标准为认定产品侵权行为的违法性提供了事实的依据。又如,《食品安全法》第 148 条规定:"消费者因不符合食品安全标准的食品受到损害的,可以向经营者要求赔偿损失,也可以向生产者要求赔偿损失。……生产不符合食品安全标准的食品或者经营明知是不符合食品安全标准的食品,消费者除要求赔偿损失外,还可以向生产者或者经营者要求支付价款十倍或者损失三倍的赔偿金;……"在这里,食品安全标准成了食品生产经营行为"违法性"的判定依据。此外,在环境侵权、医疗侵权等领域,标准都发挥着作为确认加害行为"违法性"事实依据的作用。

通常情况下,以标准为认定不法行为"违法性"的事实依据,可以从违反标准这一事实推导出行为违法的结论,但却不可从符合标准的事实推导出行为合

---

① 也有学者指出,违反强制性标准的合同无效的依据不应是《合同法》第 52 条第 5 项,而应是《合同法》第 52 条第 4 项(违反社会公共利益)和《民法总则》第 153 条(违反公序良俗)。参见谭启平、应建均:《强制性标准对合同效力的影响及规范路径》,载《求是学刊》2017年第 4 期。

法或行为不违法的结论。反映在司法实践中,就是行为人如违反标准即应对其行为后果承担侵权责任;如符合标准,行为人不得以符合标准作为其免除侵权责任的抗辩事由。[1] 例如,在环境侵权领域,2015 年最高人民法院发布的《关于审理环境侵权责任纠纷案件适用法律若干问题的解释》第 1 条规定:"因污染环境造成损害,不论污染者有无过错,污染者应当承担侵权责任。污染者以排污符合国家或者地方污染物排放标准为由主张不承担责任的,人民法院不予支持。"究其原因在于,排放污染物致人损害,侵害的是受法律保护的权利,因而具有违法性,[2]其违法性不应因行为人符合污染物排放标准而受影响。

然而,在法律特别规定的情况下,采用标准作为认定行为"违法性"的事实依据,既可以从违反标准这一事实推导出行为违法的结论,又可以从符合标准的事实推导出行为合法或行为不违法的结论。此时,标准足以构成认定行为违法的必要依据,符合标准可以构成其免除责任的抗辩事由。例如,《放射性污染防治法》第 59 条规定:"因放射性污染造成他人损害的,应当依法承担民事责任。"该法第 62 条第 1 项规定:"放射性污染,是指由于人类活动造成物料、人体、场所、环境介质表面或者内部出现超过国家标准的放射性物质或者射线。"上述规定表明,放射性污染的事实认定依据是国家标准,如符合国家标准则不构成放射性污染,不构成放射性污染则不承担民事责任。《环境噪声污染防治法》第 2 条第 2 款关于环境噪声污染的规定和第 61 条关于噪声污染民事责任的规定,也存在相同的情形。在产品侵权责任领域,欧美的经验表明,符合强制性标准可以构成免责的抗辩事由。[3]

上述表明,在标准对侵权法发生作用的问题上,存在两种模式:一是标准足以成为判定行为违法性的必要依据,即违反标准可以推导出违法,符合标准则可推导出合法或不违法;二是标准不足以成为认定行为违法性的必要依据,即违反标准可以推导出违法,但符合标准则不能必然推导出合法或不违法。

标准在环境污染侵权领域的效力与《物权法》第 90 条关于环境相邻关系的规定,形成了一定的呼应关系。不动产权利人违反《物权法》第 90 条规定,弃置固体废物或排放大气污染物等有害物质,构成对相邻不动产权利人权利的侵害,应依法承担侵权责任。

---

① 谭启平:《符合强制性标准与侵权责任承担的关系》,载《中国法学》2017 年第 4 期。

② 张新宝:《侵权责任构成要件研究》,法律出版社 2007 年版,第 58 页。

③ 王翔:《关于产品责任抗辩事由的比较研究》,载《政治与法律》2002 年第 4 期;李传嘉、贺光辉:《中外产品责任抗辩事由比较研究》,载《武汉科技大学学报(社会科学版)》2007 年第 3 期。

三、具有私法效力的标准

我国《标准化法》制定于 1988 年,2017 年进行修订。依据《标准化法》(1988 年)规定,我国采用的是四级标准体系,标准因其制定主体的不同和适用范围的不同而被划分为四个层级:国家标准、行业标准、地方标准、企业标准。其中,国家标准、行业标准、地方标准又可分为强制性标准和推荐性标准。《标准化法》(2017 年)延续了既有的标准体系,在标准的类型上增加了团体标准,并重新界定了强制性标准和推荐性标准。根据《标准化法》(2017 年)第 2 条规定,我国标准体系由国家标准、行业标准、地方标准和团体标准、企业标准构成;国家标准划分为强制性标准和推荐性标准,行业标准和地方标准均为推荐性标准。

在标准的私法效力问题上,现有研究关注的重点是强制性标准,对其他类型的标准的私法效力则少有论及。除直接讨论强制性标准的私法效力外,有关论著讨论的"管制规范""行政管制标准""环境标准""食品安全标准"等,指向的也主要是强制性标准。造成这种情形的主要原因是强制性标准具有"必须执行"的特殊效力,其他类型的标准则不具有"必须执行"的效力。因此,强制性标准的法律效力问题显然是一个容易引起学术界关注的话题。

然而,在标准的私法效力问题上,不只是强制性标准,其他类型的标准也具有私法效力。例如,在合同法领域,前述《合同法》第 62 条第 1 项条文中的"国家标准""行业标准",依据当时的《标准化法》(1988 年),既包括强制性标准,也包括推荐性标准;其中的"通常标准""特定标准"也可以指向地方标准、企业标准乃至国际标准等"国家标准""行业标准"以外的标准。[①] 又如,在侵权法领域,最高人民法院 2013 年发布的《关于审理食品药品纠纷案件适用法律若干问题的规定》第 6 条规定:"食品的生产者与销售者应当对于食品符合质量标准承担举证责任。认定食品是否合格,应当以国家标准为依据;没有国家标准的,应当以地方标准为依据;没有国家标准、地方标准的,应当以企业标准为依据。食品的生产者采用的标准高于国家标准、地方标准的,应当以企业标准为依据。没有前述标准的,应当以食品安全法的相关规定为依据。"依据该条规定,有关食品质量的推荐性国家标准和推荐性地方标准及企业标准,均可成为评判食品质量是否合格的依据。如果食品的生产者与销售者不能证明其生产销售的食品符合标准的要求,而且又不能证明"损害不是因产品不符合质量标准造成的",应对消费者因所购食品的损害承担赔偿责任。前引《产品质量法》第 46 条规定

---

① 柳经纬:《合同中的标准问题》,载《法商研究》2018 年第 1 期。

的作为产品缺陷认定依据的"保障人体健康和人身、财产安全的国家标准、行业标准",也不宜限定在国家标准、行业标准中的强制性标准,而应包括国家标准、行业标准中的推荐性标准。

之所以所有类型的标准都可纳入具有私法效力的范围,与标准化在国家现代化建设中所处的地位和所起的重要作用有关,与我国标准化法强调标准的法律约束力有关。

我国改革开放之后,随着全党的工作重心转移到社会主义现代化建设上来,标准化作为组织现代化生产的重要手段得到恢复和发展。早在 1978 年 5 月,中共中央颁发的《关于加快工业发展的若干问题的决定(草案)》(即"工业三十条")就提出工业交通行业要努力搞好标准化、系列化、通用化。1979 年 7 月,国务院颁布了《标准化管理条例》,明确规定"在社会主义建设中推行标准化,是国家的一项重要技术经济政策"(第 1 条)。该条例将我国标准分为国家标准、部标准(专业标准)和企业标准三级(第 10 条),并规定"标准一经批准发布,就是技术法规,各级生产、建设、科研、设计管理部门和企业、事业单位,都必须严格贯彻执行,任何单位不得擅自更改或降低标准。"(第 18 条)虽然 1988 年制定的《标准化法》不再规定标准是技术法规,但是基于标准化在现代化建设中的重要地位与作用,仍强调标准对生产经营者的约束力。除了《标准化法》(1988 年)规定"强制性标准必须执行"(第 14 条)外,1990 年原国家技术监督局发布的《企业标准化管理办法》全面强调了各类标准对企业的约束力。该办法第 17 条规定:"国家标准、行业标准和地方标准中的强制性标准,企业必须严格执行;……推荐性标准,企业一经采用,应严格执行;企业已备案的企业产品标准,也应严格执行。"强调标准对企业的约束力,旨在要求企业必须依据标准组织生产,消灭"无标生产"。

关于依据标准组织生产,1979 年《标准化管理条例》即规定"凡正式生产的工业产品、重要的农产品、各类工程建设、环境保护、安全和卫生条件,以及其他应当统一的技术要求,都必须制订标准,并贯彻执行。"(第 2 条)要求企业"凡没有制订国家标准、部标准(专业标准)的产品,都要制订企业标准",作为生产的依据(第 15 条第 1 款)。《标准化法》(1988 年)第 2 条和 1990 年国务院颁发的《标准化法实施条例》第 2 条进一步确定了应当制定标准作为生产经营依据的领域。1996 年 12 月,国务院颁布了《质量振兴纲要》(1996—2010 年),重申"严格按标准组织生产,没有标准不得进行生产"。

要求企业严格按标准组织生产的另一面是消灭"无标生产"。1995 年 6 月,原国家技术监督局发布《全国消灭无标生产试点县实施方案》,提出试点县要在普查摸底的基础上,对存在的问题进行认真整改,要求"企业应当严格按标准组织生产和检验,做到产品无标准不生产,不合格产品不出厂。"1998 年 11 月,原国家技术监督局发布《关于加强消灭无标生产工作若干意见的通知》,提出要在总结试点工作经验的基础上,"全力推进全国的消灭无标生产工作"。

与要求企业按标准组织生产、消灭"无标生产"工作相对应的是实行企业生产许可证制度。1984 年,国务院发布《工业产品生产许可证试行条例》,规定"凡实施工业产品生产许可证的产品,企业必须取得生产许可证才具有生产该产品的资格。""没有取得生产许可证的企业不得生产该产品"(第 2 条),企业取得生产许可证条件之一是"产品必须达到现行国家标准或专业标准"(第 4 条)。2005 年,国务院颁布了新的《工业产品生产许可证管理条例》,该条例规定了企业生产许可证的适用范围(第 2 条),再次明确了取得生产许可证的条件之一是"产品符合有关国家标准、行业标准以及保障人体健康和人身、财产安全的要求"(第 9 条),并且该条例第 5 条规定了"任何企业未取得生产许可证不得生产列入目录的产品。任何单位和个人不得销售或者在经营活动中使用未取得生产许可证的列入目录的产品。"

严格按标准组织生产、消灭"无标生产"和实行生产许可证制度都是国家对生产活动进行标准化管理的重要抓手,其直接的法律意义在于使企业负有依据标准组织生产的义务。这是一种公法(行政法)上的义务,如果企业违反这一义务而"无标生产",或未按规定取得生产许可证擅自组织生产,行政主管部门即可依法对企业追究行政责任,乃至刑事责任。例如,《标准化法实施条例》第 32 条规定,企业有"未按规定制定标准作为组织生产依据"等行为的,标准化行政主管部门或有关行政主管部门依法责令限期改进,并可通报批评或给予行政处分。又如,前述《工业产品生产许可证管理条例》第 45 条则规定,企业未依照规定申请取得生产许可证而擅自生产列入目录产品的,由工业产品生产许可证主管部门责令停止生产、没收违法生产的产品、处以罚款;有违法所得的,没收违法所得;构成犯罪的,依法追究刑事责任。

在使企业承担依据标准组织生产的公法义务的同时,标准也就具有了评价产品质量的私法效力。企业生产的产品如不符合所执行的标准,应对所造成的损害承担责任。依据前引《标准化法实施条例》第 38 条的规定,企业有"未按规定制定标准作为组织生产依据"等行为而受到行政处罚的"不免除由此产生的对他人的损害赔偿责任",受害人有权要求生产经营者赔偿损失。《标准化法》(2017 年)第 36 条规定得更为明确:"生产、销售、进口产品或者提供服务不符合强制性标准,或者企业生产的产品、提供的服务不符合其公开标准的技术要求的,依法承担民事责任。"

在标准的私法效力问题上,需要进一步指出的是,不仅我国的标准具有私法效力,国外的标准也可以进入私法,具有私法效力。例如,《放射性污染防治法》第 22 条规定:"进口核设施,应当符合国家放射性污染防治标准;没有相应的国家放射性污染防治标准的,采用国务院环境保护行政主管部门指定的国外有关标准。"另外,根据《进出口商品检验法》第 7 条的规定,列入目录的进出口商品,如无国家制定的强制性标准,"可以参照国家商检部门指定的国外有关标准进行检验"。上述规定也使得国外的标准得以进入合同领域,作为评判进出口商品质量的依据,从而获得私法的效力。

四、标准产生私法效力的路径

关于标准究竟是通过何种路径产生私法效力、对私法产生作用和影响的问题,学界的研究还不深入,尚未形成共识。一些学者在研究标准的私法效力时,采用公私法合作的理论分析标准的私法效力。例如,有学者认为,"管制规范在侵权法上的意义这一问题,犹如管制规范之于合同效力的意义这一问题,实际上在某种程度上两者都可以看作公法与私法关系在特定领域的投影。既然如此,从公法与私法的关系视角进行分析,应该能获得更为坚实的理论基础。"[1]有学者研究食品安全标准的私法效力指出:"食品安全标准的私法效力,本质上是食品安全领域的公私法合作方案在私法一侧的投影,准确判断食品安全标准的私法效力,必须回归问题的本源,从食品安全立法的公私法合作框架中寻找答案。"[2]该研究进一步指出,在食品安全标准的私法效力问题上,公私法合作的技术路径是"转致条款"(引致条款或转介条款),"转致条款"发挥了在公法和私法之间"牵线搭桥"的作用,借此将标准引入私法体系。[3]

采用公私法合作的理论解释标准的私法效力,其理论前提是将标准尤其是强制性标准视同于公法规范。前述研究者或者直截了当地认定标准(食品安全标准)是一种"公法规则",[4]或者认为标准(国家标准、技术标准)属于"管制规

---

① 谢亘:《论管制规范在侵权行为法上的意义》,载《中国法学》2009 年第 2 期。该文所谓"管制规范",包括法律、行政法规、规章、国家标准、技术标准。

② 宋亚辉:《食品安全标准的私法效力及其矫正》,载《清华法学》2017 年第 2 期。

③ "转致条款"包括《食品安全法》第 148 条第 2 款、《产品质量法》第 46 条和《合同法》第 52 条第 5 项。参见宋亚辉:《食品安全标准的私法效力及其矫正》,载《清华法学》2017 年第 2 期。

④ 宋亚辉:《食品安全标准的私法效力及其矫正》,载《清华法学》2017 年第 2 期。宋亚辉博士在《法学研究》2013 年第 3 期发表的《环境管制标准在侵权法上的效力解释》一文中,也主张"环境管制标准"是"公法上的规则"。

范",是行政法规范的"下位概念"。① 这样一来,标准的私法效力问题变成了公法规范的私法效力问题,进而变成法律的私法效力问题。然而,法律的私法效力问题应属于法的"内部"问题,而标准并不是立法活动的产物,标准是标准化活动的产物,标准的法律效力问题不应该属于法的"内部"问题,而是法的"外部"问题。由此可见,采用公私法合作的理论解释标准的私法效力问题,是将法的"外部"问题"内部化",显然不具有合理性。

问题的症结在于公私法合作论者混淆了标准与法律的性质。虽然标准与法律均属于规范的范畴,但无论是制定主体、制定程序还是实施监督,标准与法律都存在根本的区别。② 在规范的层面上,标准本质上并不具有法律规范所具有的权利义务内容,只具有科学技术上的合理性。标准虽然在法律上也具有规范的效力,但其规范效力不是来自标准本身,而是来自法的规定。③ 即便是强制性标准,也无法归入法律的范畴。例如,在一些强制性标准中,并非所有内容都是强制性的,也有推荐性内容。如国家标准《车用乙醇汽油(E10)》(GB 18351—2017),在标准的体系和类型上属于强制性标准,但该项标准"前言"部分特别注明"本标准的第 5 章是强制性的,其余是推荐性的"。如依据公私法合作论者的见解,必然得出该项标准部分是法律、部分不是法律的结论。这一结论显然无法成立。将标准视同法律,存在明显的理论缺陷。④

当标准被视为法律(公法规范)的时候,我们就很难获得标准私法效力发生的科学认知。例如,合同约定采用某项质量标准时,该项标准就具有评价当事人履行合同的私法效力。这种情况下,无论合同约定的标准是强制性标准还是推荐性标准或是其他类型的标准(如团体标准、国际标准),标准获得私法效力的路径是当事人的约定,而非公法与私法的合作,公私法合作的理论显然无法解释合同约定标准时标准获得私法效力的现象。因此,讨论标准的私法效力问题必须确立这样的前提,即严格区分标准与法律,标准是标准,法律是法律,标

---

① 谢旦:《论管制规范在侵权行为法上的意义》,载《中国法学》2009 年第 2 期。

② 白桦、洪生伟等人对标准与法律的制定、实施和监督检查("生命周期过程")进行了对比分析,揭示了二者的区别。参见白桦、洪生伟:《立法和制定标准的比较分析和研究——法律与标准生命周期过程比较分析之一》,载《标准科学》2009 年第 2 期;齐陵、齐格奇、洪生伟:《执法和实施标准的比较分析和研究——法律与标准生命周期过程比较分析之二》,载《标准科学》2009 年第 7 期;白桦、洪生伟:《法律和标准实施监督检查的比较分析和研究——法律与标准生命周期过程比较分析之三》,载《标准科学》2010 年第 3 期。

③ 柳经纬:《标准的规范性与规范效力——基于标准著作权保护问题的视角》,载《法学》2014 年第 8 期。

④ 柳经纬:《评标准法律属性论——兼谈区分标准与法律的意义》,载《现代法学》2018 年第 5 期。

准是外在于法律的一种规范系统。我们必须在严格区分标准与法律两种不同规范系统的前提下,探寻标准产生私法效力的途径。

标准作为外在于法律的规范系统,其具有私法效力,反映了标准与私法之间存在的"供"和"需"的关系。私法属于"需"的一方,标准则属于"供"的一方。标准能够进入私法,产生私法效力,不取决于作为"供"方的标准,而取决于作为"需"方的私法。这是因为如果不是"需"方的主动采纳,作为"供"方的标准不可能强行进入私法。一个突出的现象是:在我国现行法中,为数众多的法律规定了标准,赋予标准以法的约束力,[①]却没有任何一部标准可以规定其对法律具有约束力,即便是强制性标准载明"本标准的技术内容是强制性的",[②]其强制性效力也是来自标准化法的规定,而非标准本身。因此,探寻标准的私法效力及其效力发生的路径,必须从作为"需"方的私法及其内在机制入手。

依私法自治原则,私法以尊重当事人的意志为首要的理念。标准得以进入私法,对调整当事人之关系发生作用,首先取决于当事人基于自由意志所作的选择。因此,当事人的自主选择构成了标准进入私法领域、发生私法效力首要的路径。通过这种路径进入合同领域的标准构成了合同中的"标准条款"(即合同的质量条款),其私法效力表现为:"标准条款"为确定合同当事人的权利义务提供了依据,当事人应当按照"标准条款"的要求履行合同,否则即构成违约行为。在实际操作层面上,"标准条款"的形成通常有三种情形:一是合同文本载明所采用标准的基本信息;[③]二是生产经营者在其产品或服务的标签或说明书上标明执行的标准或标准编号;三是合同文本虽然只是笼统地约定合同标的须符合某一类标准或模糊地表述为"相关标准",而没有提供具体标准的信息;但可以依合同的标的(如货物的品名)及相关信息的指引确定具体采用的标准。[④]

标准进入私法领域、发生私法效力的第二条路径是法律的规定。与当事人的自主选择适用于合同法领域不同,标准依据法律的规定而进入私法,既存在于合同法领域,也存在于侵权法领域和物权法领域。

---

① 柳经纬、许林波:《法律中的标准问题——以法律文本为分析对象》,载《比较法研究》2018年第2期。

② 例如,国家标准《国旗》(GB 12982—2004)"前言"特别声明:"本标准的全部技术内容为强制性的。"

③ 一项标准的基本信息包括标准的名称、类型、发布机构、发布时间、实施时间和标准编号。例如,食品安全国家标准《食醋》(GB 2719—2018),标准的名称是"食醋"、标准类型是"强制性国家标准"、发布机构是"国家卫生健康委员会"和"国家市场监督管理总局"、发布时间是"2018年6月21日"、实施时间是"2019年12月21日"、标准编号是"GB 2719—2018"。

④ 柳经纬:《合同中的标准问题》,载《法商研究》2018年第1期。

在合同法领域,如果仅就标准而言,《合同法》第 62 条第 1 项规定的"质量要求不明确",包括:①当事人没有就标的的质量约定标准;②合同虽然对标的的质量约定了标准,但约定的标准因低于强制性标准而导致"标准条款"被认定无效。在这两种情况下,均可按照《合同法》第 62 条第 1 项的规定采用标准作为合同履行的依据。按照该项规定,首先应采用的是国家标准、行业标准;没有国家标准、行业标准的,可采用"通常标准或者符合合同目的的特定标准"。"通常标准"和"特定标准"并非标准体系中的标准类型,但地方标准、企业标准、团体标准甚至国际标准均可作为"通常标准"和"特定标准"而被采用,成为合同履行的依据。

需要补充说明的是,合同约定的标准因低于强制性标准导致"标准条款"无效,其法律依据是《合同法》第 52 条第 5 项,即"违反法律、行政法规的强制性规定"的合同无效。该项中的"法律、行政法规的强制性规定"指向的是《标准化法》的强制性规定,而不是强制性标准,因为强制性标准不可能具有决定合同无效的法律效力。《标准化法》的强制性规定主要是第 25 条,该条规定:"不符合强制性标准的产品、服务,不得生产、销售、进口或者提供。"如果合同的"标准条款"约定的标准低于强制性标准,属于"不符合强制性标准"的情形,所违反的是《标准化法》的强制性规定,依据《合同法》第 52 条第 5 项应认定无效。依公法与私法划分的原理,《标准化法》属于公法,《合同法》则属于私法。如果说在标准的私法效力问题上存在"公私法合作"的情形,那么仅在于"标准条款"效力的认定上。然而,这种情形实质上是标准化法与私法的合作,而非标准与私法的合作。

在侵权法领域,侵权行为的发生不存在行为人与受害人先行约定且这种约定得到法律确认的情形,侵权行为"违法性"的事实认定也不可能决定于行为人或受害人的意志,因此不存在标准通过约定进入这一领域的可能与条件。侵权行为"违法性"的事实认定依据的是法律的规定。标准之所以能够进入侵权法领域,成为侵权行为"违法性"事实认定的依据,也是基于法律的规定。前述《产品质量法》关于产品缺陷及其产品责任的规定(第 41 条、第 46 条),《食品安全法》关于违反食品安全标准民事责任的规定(第 148 条),《放射性污染防治法》关于放射性污染及其放射性污染民事责任的规定(第 59 条、第 62 条),《环境噪声污染防治法》关于环境噪声污染及其民事责任的规定(第 2 条、第 61 条),均属于法律规定的情形。

需要指出的是,作为标准进入侵权法领域的路径,此所谓法律的规定,并不限于法律明文规定。法律虽无明文规定,但通过法律的解释能够确定标准作为侵权行为"违法性"认定的事实依据的,也属于法律规定的情形。例如,《大气污染防治法》第 62 条第 1 款规定:"造成大气污染危害的单位,有责任排除危害,并对直接遭受损失的单位或者个人赔偿损失。"该款并未直接规定标准,《大气污染防治法》也未对大气污染或大气污染危害作出定义。然而,作为一种侵权行为,大气污染危害必定是基于人类的污染物排放行为,如非因人类的污染物排放,因自然现象引起的大气污染(如火山喷发的火山灰、有毒气体),不属于侵权法调整的范围。要认定人类的污染物排放行为构成大气污染危害,依据只能是标准。《大气污染防治法》第 13 条规定:"向大气排放污染物的,其污染物排放浓度不得超过国家和地方规定的排放标准。"这就为第 62 条第 1 款规定的"造成大气污染危害"提供了事实的依据。标准也就由此进入大气污染侵权责任的领域,具有了私法的意义。《水污染防治法》关于水污染侵权责任的规定,也属于此类情形。该法第 96 条规定:"因水污染受到损害的当事人,有权要求排污方排除危害和赔偿损失。"排污方排污造成水污染的重要依据是水污染排放标准。该法第 10 条规定:"排放水污染物,不得超过国家或者地方规定的水污染物排放标准和重点水污染物排放总量控制指标。"如超标排放造成水污染对他人造成损害,排污方应承担民事责任。

在物权法领域,《物权法》第 89 条规定的"工程建设标准",第 90 条规定的"国家规定",均将标准作为确定相邻各方权利义务的依据,属于法律明文规定的情形。

五、结语

随着标准化事业的发展与法治的进步,原属不同规范系统的标准与法律之间的融合已成为一种十分突出的法律现象,[①]众多的法律规定了标准,使得标准在法律实现调整社会关系、规范社会行为的目标中发挥着越来越重要的作用。这种法律现象需要从法学上做出理论解释。研究标准的私法效力乃至一般意义上的法律效力,其意义就在于此。标准的私法效力问题之所以能够进入法学的视野,原因也在于此。

---

① 柳经纬:《标准与法律的融合》,载《政法论坛》2016 年第 6 期。

10.

标准的类型划分及其私法效力*■

【摘要】不同类型的标准进入私法领域的路径与效力存在差异。强制性标准及被法律引用而获得强制性的推荐性标准依据法律的规定进入私法领域,对法律调整民事关系、规范民事行为发挥作用。推荐性标准(除被法律引用外)、企业标准、团体标准只能通过当事人的约定进入私法领域发挥作用。这种差别导致了强制性标准与推荐性标准、企业标准、团体标准适用的私法领域不同,前者既可进入合同法领域,成为违约行为事实认定的依据,又可进入侵权法领域,成为侵权行为事实认定的依据;后者则只能进入合同法领域,成为违约行为事实认定的依据,而不能进入侵权法领域,成为侵权行为事实认定的依据。

一、引言

　　标准的私法效力,是指标准进入法律领域,对私法调整民事关系、规范民事行为所产生的作用与影响。在《论标准的私法效力》①一文中,笔者对标准私法效力的内涵、标准发生私法效力的具体法律领域、标准进入私法领域的路径等问题,作了初步的分析,阐释了标准的私法效力的一般性问题。本文拟在此基础上进一步探讨不同类型标准的私法效力。本文选题主要是基于以下考虑:在我国标准化体制里,不同类型的标准在标准化对象(领域)、属性(实施效力)及在相互关系中所处的地位存在差异,其进入私法领域的路径、所具有的法律效力也有区别;分析不同类型标准进入私法的路径及其效力,有助于深化标准的私法效力问题的研究,有助于认识标准进入私法领域发挥作用的规律,并可为司法实践提供有益的参考。

＊　本文原题为"标准的类型划分及其私法效力",原载《现代法学》2020 年第 2 期。
①　柳经纬:《论标准的私法效力》,载《中国高校社会科学》2019 年第 6 期。

二、标准类型的划分

我国标准类型的划分经历了一个变化的过程,形成了现今颇具特色的标准体系。1979 年国务院颁布的《标准化管理条例》延续了 1962 年《工农业产品和工程建设技术标准管理办法》(新中国成立后第一部标准化法律)将标准分为国家标准、部标准(专业标准)和企业标准(第 13 条),形成了三级标准体系;在标准的属性(实施效力)上,明确规定标准是"技术法规",具有强制性,违反标准应追究责任(第 18 条)。1988 年颁布的《标准化法》在标准的类型上增加了地方标准,并将"部标准(专业标准)"正名为"行业标准"(第 6 条),形成了四级标准体系;在标准的属性(实施效力)上,不再规定标准是"技术法规",而是将国家标准、行业标准和地方标准分为强制性标准和推荐性标准(第 7 条),强制性标准"必须执行",推荐性标准"鼓励企业自愿采用"(第 14 条)。企业标准是企业为自己的生产需要制定的标准,既非强制性标准也非推荐性标准。2017 年《标准化法》修订,在四级标准体系中增加了团体标准(第 2 条第 2 款),淡化了标准之间的层级关系;[①]在标准的属性(实施效力)上,重新划定了强制性标准和推荐性标准的范围,行业标准和地方标准不再分为强制性标准和推荐性标准,均为推荐性标准(第 2 条第 2 款)。团体标准"由本团体成员约定采用或者按照本团体的规定供社会自愿采用"(第 18 条),其属性与企业标准相同。

根据《标准化法》的规定,我国现今的标准体系由强制性国家标准、推荐性国家标准、行业标准(推荐性标准)、地方标准(推荐性标准)和团体标准、企业标准构成。这是一种以制定主体和属性(实施效力)依据划分标准类型来构建的标准体系。这种标准分类原则上属于层级属性的分类。[②] 在这一标准体系中,各类标准在标准化对象(领域)、属性(实施效力)及相互关系上存在较大的区别。

在标准化对象(领域)上,强制性国家标准、推荐性国家标准、行业标准、地方标准之间存在区别。《标准化法》规定,强制性国家标准的对象是"保障人身健康和生命财产安全、国家安全、生态环境安全以及满足经济社会管理基本需要的技

---

① 《标准化法》(1988 年)第 6 条规定,国家标准、行业标准、地方标准层级关系界限分明:只有在没有国家标准时才可制定行业标准,国家标准公布之后,行业标准即行废止;也只有在没有国家标准和行业标准时才可制定地方标准,国家标准或者行业标准公布之后,地方标准也即行废止。没有国家标准和行业标准的,应当制定企业标准,作为组织生产的依据。《标准化法》修订时删去了这一规定。

② 标准类型的划分除依据层级属性外,还可依据专业属性、用途属性、标准属性、成分属性、构建属性等进行分类。参见麦绿波:《标准体系的分类及应用》,载《中国标准化》2013 年第 9 期。

术要求"(第 10 条第 1 款);推荐性国家标准的对象是"满足基础通用、与强制性国家标准配套、对各有关行业起引领作用等需要的技术要求"(第 11 条第 1 款);行业标准的对象是"没有推荐性国家标准、需要在全国某个行业范围内统一的技术要求"(第 12 条第 1 款);地方标准的对象是"满足地方自然条件、风俗习惯等特殊技术要求"(第 13 条第 1 款)。至于团体标准和企业标准,根据社会团体和企业的业务范围而定,并无法定的领域。① 但上述标准化领域的划分并不是绝对的。根据《标准化法》第 21 条规定,在同一标准化对象上,允许强制性标准、推荐性标准和团体标准、企业标准并存,但需满足一定的条件(见下述标准的相互关系)。

在属性(实施效力)上,不同类型的标准存在着明显的差别。首先,强制性标准与推荐性标准的属性(实施效力)不同。根据《标准化法》第 2 条第 3 款规定,强制性标准是"必须执行"的标准,具有强制实施的效力;推荐性标准(推荐性国家标准、行业标准、地方标准)是"国家鼓励采用"的标准,是否采用则取决于企业的自愿,因而属于自愿性标准。团体标准和企业标准当然也无强制性。其次,推荐性标准与团体标准、企业标准属性(实施效力)存在区别。推荐性标准与强制性标准一样,也是"政府主导制定"的标准。② 所谓推荐性标准,是指国家推荐使用的标准。团体标准和企业标准并不属于国家推荐使用的标准。这种区别决定了推荐性标准在标准体系中具有特殊的意义。它可以为法律所引用而具有强制性。③ 例如,《未成年人保护法》第 35 条规定:"生产、销售用于未成年人的食品、药品、玩具、用具和游乐设施等,应当符合国家标准或者行业标准,不得有害于未成年人的安全和健康……"本条中的"国家标准"包括推荐性国家标准,"行业标准"按照修订前《标准化法》的规定,也包括推荐性标准;按照修订后《标准化法》的规定,则属于推荐性标准。团体标准、企业标准并无被法律引用之情形,也无依法律规定获得强制实施效力之可能。

在标准的相互关系上,虽然标准之间的层级关系淡化了,但不同类型的标准之间仍存在一定的制约关系。根据《标准化法》第 21 条第 1 款规定,强制性标准构成了对其他类型标准的制约,其他类型标准的技术要求"不得低于强制性国家标准的相关技术要求"。推荐性标准与团体标准、企业标准之间也存在一定的制约关系,虽然《标准化法》第 21 条第 2 款规定,国家"鼓励"制定高于推荐性标准相关技术要求的团体标准、企业标准,但这也意味着团体标准、企业标

---

① 《团体标准管理规定》第 8 条规定:"社会团体应当依据其章程规定的业务范围进行活动,规范开展团体标准化工作……"

② 参见甘藏春、田世宏主编:《中华人民共和国标准化法释义》,中国法制出版社 2017 年版,第 29 页。

③ 参见甘藏春、田世宏主编:《中华人民共和国标准化法释义》,中国法制出版社 2017 年版,第 30 页。

准的技术要求至少"不应"(或"不宜")低于推荐性标准。[①]

根据标准在标准化对象(领域)、属性(实施效力)及相互关系中所处的地位,大体可以将我国的标准分为三种类型:一是强制性标准,在标准化对象(领域)、属性(实施效力)及与其他类型标准的关系中,强制性标准均表现出不同于其他类型标准的特殊性;二是推荐性标准,其在标准化对象(领域)、属性(实施效力)及与其他类型的标准的关系上既与强制性标准不同,也与团体标准和企业标准有别;三是企业标准和团体标准,属于同一类型,它们既无法定的标准化领域,也谈不上强制性和推荐性,在与强制性标准和推荐性标准的关系中,属于受制约的一方。这三种类型的标准由于其属性(实施效力)及在标准体系中所处的地位不同,导致其进入私法的路径和效力也有区别。

三、强制性标准的私法效力

强制性标准的特点在于其强制性,即法律保障其实施的效力。强制性标准的"强制性不是标准所固有的,而是法律赋予的"。[②]《标准化法》第 2 条第 3 项关于"强制性标准必须执行"的规定,是强制性标准获得强制性的法律依据,也是其强制实施效力的来源。因此,所谓强制性标准,实际上是指法律赋予其强制实施效力的标准。[③] 在我国,法律赋予标准以强制实施的效力,并非指向特定的标准,也不是指向已经发布的标准,而是指向依据《标准化法》第 10 条第 1 款规定制定的标准,这类标准旨在"保障人身健康和生命财产安全、国家安全、生态环境安全"及"满足经济社会管理基本需要"。在安全领域,赋予标准以强制实施效力,也是许多国家标准化的基本做法。[④]

依据《标准化法》第 2 条第 2 款规定,强制性标准只有强制性国家标准一种

---

① 《中华人民共和国标准化法释义》对本款的解释是:"推荐性标准是政府推荐的基本要求,企业和社会团体要在市场竞争中占据优势,提升自身和行业的市场竞争力,不能仅满足于推荐性标准的基本要求,而应积极制定高于推荐性标准的企业标准和团体标准。"参见甘藏春、田世宏主编:《中华人民共和国标准化法释义》,中国法制出版社 2017 年版,第 62 页。

② 李春田主编:《标准化概论》,中国人民大学出版社 2014 年第 6 版,第 30 页。

③ 在强制性标准的强制性效力问题上,似乎存在一个"鸡生蛋"还是"蛋生鸡"的问题。然而,制定强制性标准依据的是《标准化法》,因此强制性标准的强制性还是来源于法律,而不是来自强制性标准本身。

④ 参见[英]桑德斯(T.R.B.Sanders)主编:《标准化的目的与原理》,科学技术文献出版社 1974 年版,第 5 页。

类型，①其代号由"国标"（即国家标准）汉语拼音的第一个字母构成，即"GB"，②如《食品安全国家标准蜂蜜》(GB 14963—2011)、《不锈钢压力锅》(GB 15066—2004)、《土壤环境质量标准》(GB 15618—1995)等。

在我国，对强制性标准的强制性做出明确规定，并不限于《标准化法》，在《食品安全法》第 25 条、《农产品质量安全法》第 11 条、《核安全法》第 8 条、《土壤污染防治法》第 12 条第 3 款等中也有类似的规定。③ 而且，强制性标准也不限于国家标准，《食品安全法》第 29 条规定的地方食品安全标准和《土壤污染防治法》第 13 条第 2 款规定的地方土壤污染风险管控标准，也属于强制性标准。

强制性标准的强制性表现在两个方面：一是强制性标准具有强制实施效力，不论当事人是否约定，强制性标准对生产经营活动都有约束力。只有在当事人约定的标准的技术要求高于强制性标准时，才可以排除强制性标准的适用。二是对其他类型标准构成制约关系，其他类型标准的技术要求不得低于强制性标准（《标准化法》第 21 条第 1 款）。强制性标准的强制性效力决定了其进入私法领域路径和私法效力的特殊性。

标准作为外在于法律的规范系统，不能当然进入法律领域，标准进入法律领域需要一定的路径。标准之所以能够进入法律领域，不取决于标准而取决于法律，取决于法律对标准的接受。在私法领域，法对标准的接受方式即标准进入私法的路径包括法律的规定和当事人的约定。④

强制性标准进入私法领域的路径在于法律的规定。《标准化法》第 2 条第 2 款（"强制性标准必须执行"）对强制性标准进入私法领域作了原则性的规定。上述《食品安全法》第 25 条、《农产品质量安全法》第 11 条、《核安全法》第 8 条、《土壤污染防治法》第 12 条第 3 款等关于强制性标准的规定，是《标准化法》所作的原则性规定的具体表现，进一步明确了在具体法律领域强制性标准进入私法领域的法律路径。除此之外，在我国许多法律中，还有关于具体法律问题上强制性标准适用的具体规定，这些规定所提供的信息为具体法律问题上强制性标

---

① 根据修订前《标准化法》第 7 条规定，国家标准、行业标准、地方标准均可分为强制性标准和推荐性标准。在现行法律中，也存在强制性的行业标准和地方标准。

② 中国标准化研究院：《标准是这样炼成的——当代中国标准化的口述历史》，中国质检出版社、中国标准出版社 2014 年版，第 11 页。

③ 《食品安全法》第 25 条规定："食品安全标准是强制执行的标准。……"《农产品质量安全法》第 11 条规定："……农产品质量安全标准是强制性的技术规范。……"《核安全法》第 8 条规定："……核安全标准是强制执行的标准。……"《土壤污染防治法》第 12 条第 3 款规定："土壤污染风险管控标准是强制性标准。"

④ 柳经纬：《论标准的私法效力》，载《中国高校社会科学》2019 年第 6 期。

准进入私法领域提供了指引。例如,《防震减灾法》第 38 条规定,"设计单位应当按照抗震设防要求和工程建设强制性标准进行抗震设计","施工单位应当按照施工图设计文件和工程建设强制性标准进行施工"。《进出口商品检验法》第 7 条规定:"列入目录的进出口商品,按照国家技术规范的强制性要求进行检验……"《食品安全法》除了第 25 条对食品安全标准的强制性作出原则性规定外,第 33 条、第40 条、第 41 条、第 50 条、第 52 条等还对食品安全标准的具体适用作了规定。

强制性标准通过法律的规定进入私法领域,并不排除当事人采用约定的方式援引强制性标准。当事人通过约定援引强制性标准,较之于法律规定,则更具有确定性。在实践中,当事人约定强制性标准的方式包括:合同条款载明具体的强制性标准或者标准的信息[①];产品或服务的标签或说明书上载明执行的强制性标准或标准信息。[②] 当产品或服务存在强制性标准时,即便合同文本只是笼统的约定应当符合有关标准,也可以依据合同标的信息确定具体适用的强制性标准。[③]此外,《标准化法》第 27 条规定了企业(执行)标准自我声明公开制度,要求"企业应当公开其执行的强制性标准、推荐性标准、团体标准或者企业标准的编号和名称",企业声明公开所执行的强制性标准也是约定的一种方式。

私法调整民事关系、规范民事行为是通过对民事主体之权利义务的配置来实现的。私法通过对民事主体的权利和义务的规定,告诉人们什么是可为的,什么是不可为的;什么是当为的,什么是不当为的,从而引导和规范人们的民事行为,进而达到调整民事关系的目的。因此,标准进入私法领域对私法调整民事关系、规范民事行为所具有的作用或影响,也就具体表现为其对民事主体的权利和义务所产生的作用与影响。例如,《物权法》第 89 条规定:"建造建筑物,不得违反国家有关工程建设标准,妨碍相邻建筑物的通风、采光和日照。"因此,符合有关通风、采光、日照的国家标准,就构成了建筑物相邻人所负的义务。又如,在合同关系中,合同约定了标的物的产品质量标准时,交付的标的物符合该

---

① 一项标准的信息包括标准的名称、类型、发布机构、发布时间、实施时间和标准编号。如中华人民共和国国家标准《不锈钢压力锅》(GB 15066—2004),标准名称是"不锈钢压力锅",标准类型是强制性国家标准(GB),发布机构是"中华人民共和国国家质量监督检验检疫总局、中国国家标准化管理委员会",发布时间是 2004 年 11 月 30 日,实施时间是 2005年 5 月 1 日,标准编号(由标准代号、标准发布的顺序号和年号构成)是"GB 15066—2004"。合同约定标准时,并不需要载明标准的全部信息,只要载明标准编号即可,因为标准编号如同居民身份证号,具有唯一性,依据标准编号可以确定具体的标准。

② 例如,某牌盒装全脂灭菌乳,包装盒载明执行的产品标准号为"GB 25190"。该项标准是指原卫生部 2010 年发布的《食品安全国家标准灭菌乳》(GB 25190—2010)。

③ 关于合同约定标准的情形,可参见柳经纬:《合同中的标准问题》,载《法商研究》2018 年第 2 期。

项标准也就构成了债务人的义务。

强制性标准的私法效力除上述一般效力外,基于其强制性的特点,还具有以下特殊效力:

第一,强制性标准依据法律的规定可直接适用于民事关系,当事人可以直接援引强制性标准作为证据支持其主张,人民法院也可以直接援引强制性标准对案件事实做出认定。例如,在浙江省杭州市中级人民法院 2017 年审结的"徐新萍诉杭州庆春乐购购物有限公司买卖合同纠纷案"①中,徐新萍在乐购公司购买多力牌"橄榄葵花食用调和油",产品标准号为"SB/T 10292"②,配料表显示"配料:葵花籽油、特级初榨橄榄油",但未标识配料含量,法院依据《食品安全国家标准 预包装食品标签通则》(GB 7718—2011)第 4.1.4.1 条之规定③,认为案涉食用油的外包装没有对成分的添加量或含量进行明确标识,违反了强制性国家标准的要求,侵犯了消费者的知情权,法院因而做出退货还款的判决。

第二,合同对标的质量要求约定不明确时,强制性标准有优先于其他标准得以适用的效力。《合同法》第 62 条第 1 项规定:"对质量要求不明确的,按照国家标准、行业标准履行;没有国家标准、行业标准的,按照通常标准或者符合合同目的的特定标准履行。"本项规定的"国家标准"包括强制性国家标准和推荐性国家标准。如果所涉产品质量存在强制性国家标准,应优先适用强制性国家标准。④ 例如,在广东省清远市中级人民法院 2016 年审结的"李十贵、房妹六等与潘康排装饰装修合同纠纷案"⑤中,当事人双方没有签订书面合同,也没有就装修工程的质量约定验收标准,原审法院根据《合同法》第 62 条第 1 项规定,援引强制性国家标准《建筑工程施工质量验收统一标准》(GB 50300—2013),对

---

① 徐新萍诉杭州庆春乐购购物有限公司买卖合同纠纷案,浙江省杭州市中级人民法院(2017)浙 01 民终 6810 号民事判决书。

② "SB/T 10292",指原商业部 1998 年制定的商业行业标准《调和食用油》(SB/T 10292—1998)。

③ 《食品安全国家标准 预包装食品标签通则》(GB 7718—2011)第 4.1.4.1 条规定:"如果在食品标签或食品说明书上特别强调添加了或含有一种或多种有价值、有特性的配料或成分,应标示所强调配料或成分的添加量或在成品中的含量。"

④ 2019 年 12 月公开征求意见的《中华人民共和国民法典(草案)》作了不同于《合同法》的规定,明确了强制性标准的优先适用效力。《中华人民共和国民法典(草案)》第 511 条第 1 项规定:"质量要求不明确的,按照强制性国家标准履行;没有强制性国家标准的,按照推荐性国家标准履行;没有推荐性国家标准的,按照行业标准履行;没有国家标准、行业标准的,按照通常标准或者符合合同目的的特定标准履行。"

⑤ 李十贵、房妹六等与潘康排装饰装修合同纠纷案,广东省清远市中级人民法院(2016))粤 18 民终 239 号民事判决书。

鉴定机构依据该标准做出的鉴定意见予以采信,确认涉案房屋的墙面瓷砖铺贴工程不合格。二审法院维持了原审法院的事实认定。当合同约定的标准(包括强制性标准)被废止或被新的强制性标准取代时,也可依据《合同法》第 62 条第 1 项规定,优先适用新的强制性标准。

第三,合同标的不符合强制性标准将导致合同因标的违法或目的违法而无效。《合同法》第 52 条第 5 项规定,"违反法律、行政法规的强制性规定"的合同无效。《标准化法》关于"强制性标准必须执行"(第 2 条第 3 款)、"不符合强制性标准的产品、服务,不得生产、销售、进口或者提供"(第 25 条)的规定,属于强制性规定。如果合同的标的不符合强制性标准的要求,应认定为违反了《标准化法》的强制性规定,依据《合同法》第 52 条第 5 项规定,可以认定合同无效。例如,在陕西省高级人民法院 2015 年审结的"陕西嘉亨实业发展有限公司与北京沃野千里科贸有限公司合作合同纠纷案"①中,两审法院均认为,北京沃野公司与陕西嘉亨公司签订的《合作经营合同书》,将双方合作经营的儿童主题乐园、儿童玩具连锁店和其他与儿童相关的产品服务场所设置在购物广场负一层,不符合强制性国家标准《高层民用建筑设计防火规范》(GB 50045—95)第 4.1.6 条②的要求,违反了《标准化法》关于"强制性标准必须执行"的规定,确认双方当事人签订的合作合同无效。

第四,合同约定的标的质量标准低于强制性标准的要求时,合同的质量条款无效(合同部分无效),应适用强制性标准。如果合同约定不符合强制性标准,不属于合同标的或目的违法,而只是合同标的的质量条款不符合强制性标准,那么应认定该条款无效,其法律依据仍然是《合同法》第 52 条第 5 项。在这种情形下,合同只是部分无效,而非全部无效。这种情况包括合同约定的质量要求低于强制性标准,也包括合同约定的质量标准低于强制性标准。合同标的质量条款被认定无效后,应适用强制性标准,作为认定合同标的质量的依据。例如,在北京市第三中级人民法院 2018 年审结的"申元生与北京永辉超市有限公司顺义分公司买卖合同纠纷案"③中,申元生在永辉顺义公司处购买鑫杏林牌

---

① 陕西嘉亨实业发展有限公司与北京沃野千里科贸有限公司合作合同纠纷案,陕西省高级人民法院(2015)陕民二终字第 00021 号民事判决书。

② 国家标准《高层民用建筑设计防火规范》(GB 50045—95)第 4.1.6 条规定:"托儿所、幼儿园、游乐厅等儿童活动场所不应设置在高层建筑内,当必须设在高层建筑内时,应设置在建筑物的首层或二、三层,并应设置单独出入口。"

③ 申元生与北京永辉超市有限公司顺义分公司买卖合同纠纷案,北京市第三中级人民法院(2018)京 03 民终 6273 号民事判决书。本案判决书关于标准的表述不够规范,"2014 年企业标准"不应是准确的企业标准名称,企业标准应有编号,编号由企业标准代号"Q/""企业代号""顺序号""年号"组成。

"猪肉松"(天津市鑫杏林食品有限公司生产),执行标准为"2014 企业标准"(调制肉粉松)。法院认为"2014 企业标准"关于肉粉松水含量的要求明显低于强制性国家标准《熟肉制品卫生标准》(GB 2726—2005)的要求,因此认定涉诉产品不符合食品安全要求的产品,申元生有权要求退货并要求赔偿。在本案中,法院虽未直接认定当事人约定的企业标准条款无效,而是认为企业标准关于水含量的要求明显低于强制性国家标准,但这一做法实际上否定了当事人约定的质量标准条款的效力,进而直接依据强制性国家标准,对永辉顺义公司销售的鑫杏林牌"猪肉松"做出不符合食品安全要求的认定。

四、推荐性标准的私法效力

推荐性标准与强制性标准在制定主体上相同,二者都是政府主导制定的标准,不同之处在于它们的属性(实施效力),推荐性标准不具有强制实施的效力。所谓"推荐性",是指国家(这里的国家不是指具体制定标准的政府机构)推荐企业采用其标准,对于企业来说,是否采用则取决于"自愿"。修订前的《标准化法》第 14 条的表述是"推荐性标准,国家鼓励企业自愿采用"。修订后的《标准化法》第 2 条第 3 款的表述变更为"国家鼓励采用推荐性标准",虽然少了"自愿"一词,但意思是相同的。[1]

根据《标准化法》的规定,在我国标准体系里,推荐性标准包括推荐性国家标准、行业标准和地方标准。推荐性国家标准的制定主体是国务院标准化行政主管部门(第 11 条第 2 款),其代号是"GB/T",如《轻轨交通设计标准》(GB/T 51263—2017)、《文具用品安全标志》(GB/T 37651—2019)。行业标准的制定主体是国务院有关行政主管部门,行业标准须报国务院标准化行政主管部门备案(第 12 条第 2 款)。我国行业标准的"行业"众多,根据 1999 年原国家质量技术监督局发布的《关于规范使用国家标准和行业标准代号的通知》(质技监局标发〔1999〕193 号),行业标准领域多达 57 个,[2]农业、林业、商业、教育、卫生、医药、公安、金融、电力、化工、铁路、核工业、环境保护、邮政等领域都有相应的行业标准,每个行业标准都有自己的标准代号,推荐性行业标准的代号在行业标准的代号后加"/T",如农业推荐性行业标准的代号是"NY/T"〔如《绿色食品豆

---

[1] 参见甘藏春、田世宏主编:《中华人民共和国标准化法释义》,中国法制出版社 2017 年版,第 30 页。

[2] 根据国家市场监督管理总局国家标准技术审评中心主办的"全国标准信息公共服务平台"提供的信息,目前我国行业标准的"行业"达到 67 个。参见全国标准信息公共服务平台网站,http://std.samr.gov.cn,2019 年 8 月 9 日访问。

制品》(NY/T 1052—2014)],环境保护推荐性行业标准的代号是"HJ/T"[如《危险废物集中焚烧处置工程建设技术规范》(HJ/T 176—2005)]。地方标准的制定主体是省、自治区、直辖市人民政府标准化行政主管部门以及设区的市级人民政府标准化行政主管部门,地方标准须报国务院标准化行政主管部门备案(第13条第2款)。根据《地方标准管理办法》(征求意见稿)①第19条规定,省、自治区、直辖市地方标准代号,由汉语拼音字母"DB"加上省、自治区、直辖市行政区划代码②前两位数字组成;设区的市地方标准代号由汉语拼音字母"DB"加上该市行政区划代码前四位数字组成。例如,浙江省推荐性地方标准代号是"DB33/T"[如浙江省地方标准《林木种子质量等级》(DB33/T 176—2016)],杭州市推荐性地方标准的代号是"DB3301/T"。

由于推荐性标准不具有强制实施的效力,其进入私法领域的主要路径是企业"自愿"采用,即当事人的约定。其方式与前述强制性标准通过约定的路径进入私法领域相同,包括合同条款载明具体的推荐性标准或标准的信息,以及产品或服务的标签或说明书上载明执行的推荐性标准或标准信息。在合同笼统地约定应当符合有关标准的情况下,如果没有可适用的强制性标准而有可适用的推荐性标准,也可以依据合同标的的信息确定具体适用的推荐性标准。

由于推荐性标准进入私法领域的主要路径在于当事人的约定,因此原则上推荐性标准不适用于无合同(意思表示)基础的私法领域。这一点与强制性标准不同。后者依法具有强制性效力,无论民事关系是基于合同(意思表示)还是基于其他事实而发生,均可适用强制性标准。推荐性标准在无合同(意思表示)基础的民事关系中,由于缺乏必要的路径,因此不得作为确定当事人权利义务的依据。例如,在山东省烟台市中级人民法院审结的"张尚忠与张明受排除妨害纠纷案"③中,张尚忠以张明受建的大棚高度违背了《山东Ⅰ、Ⅱ、Ⅲ、Ⅳ、Ⅴ日光温室(冬暖大棚)建造技术规范》(DB37/T 391—2004)、对其生产经营采光构成妨碍为由,请求判令被告排除妨碍。二审法院认为,《山东Ⅰ、Ⅱ、Ⅲ、Ⅳ、Ⅴ日光温室(冬暖大棚)建造技术规范》(DB37/T 391—2004)不是强制性标准,而是推荐性标准,因而驳回了张尚忠的诉讼请求。

在合同领域,如果当事人没有约定采用推荐性标准,推荐性标准原则上也

---

① 《国家市场监督管理总局关于〈地方标准管理办法(征求意见稿)〉公开征求意见的通知》,载司法部官网,2019年8月8日发布,http://www.moj.gov.cn/government_public/content/2019-08/08/657_3229586.html,2019年8月27日访问。

② 行政区划的代码见国家标准《中华人民共和国行政区划代码》(GB/T 2260—2007)。

③ 张尚忠与张明受排除妨害纠纷案,山东省烟台市中级人民法院(2015)烟民四终字第143号民事判决书。

不可作为确定合同双方权利义务的依据。例如,在湖南省长沙市中级人民法院 2010 年再审的"某房地产开发有限公司与某门窗有限公司建设工程施工合同纠纷案"①中,房地产公司与门窗有限公司签订《铝合金窗工程承包合同》,门窗有限公司交付工程后,房地产公司将已经装修的房屋出卖。购房者发现房屋窗户存在密封不严等问题,经鉴定,铝合金窗所使用的铝材不符合国家标准《铝合金窗》(GB/T 8479—2003)。房地产公司因此提起诉讼,要求门窗有限公司承担赔偿责任。一审、二审均以鉴定结论不能作为本案质量损害的赔偿依据为由驳回房地产公司的诉讼请求。在本案再审中,长沙市中级人民法院维持了原一、二审的判决。长沙中院并认为,《铝合金窗》(GB/T 8479—2003)是推荐性国家标准,推荐性标准"只有在双方接受并采用,或经过商定同意纳入合同中,才成为各方必须共同遵守的技术依据,具有法律上的约束性"。在江苏省南京市中级人民法院 2017 年再审的"南京大吉铁塔制造有限公司与武汉慧民热镀成套设备有限公司承揽合同纠纷案"②中,法院也认为"GB/T 为推荐性国家标准,并不具有强制力,只有当事人约定使用,才对当事人产生拘束力。"

推荐性标准进入私法的路径除了当事人约定("自愿"采用)外,还有法律的规定。根据我国法律的规定,大致有以下两种情形:一是依据《合同法》第 62 条第 1 项,如果合同对标的的质量要求不明确,而且无强制性标准可适用时,可以援引推荐性标准作为确定合同标的质量的依据,适用的顺序依次为推荐性国家标准、行业标准、地方标准。这种情形下,援引推荐性标准,旨在填补合同的漏洞,是对当事人意思自治的补充,因此其适用领域仍是有合同(意思表示)基础的民事关系。二是推荐性标准被法律所引用,被引用的推荐性标准因而具有强制实施效力。此时,推荐性标准即转化为强制性标准。1990 年,原国家技术监督局以部门规章形式发布的《中华人民共和国标准化法条文解释》(国家技术监督局令第 12 号)③对"推荐性标准"的解释是:"推荐性标准一旦纳入指令性文件,将具有相应的行政约束力。"《标准化法》修订后,《中华人民共和国标准化法释义》仍坚持认为"推荐性标准被相关法律法规规章引用,则该推荐性标准具有

---

① 某房地产开发有限公司与某门窗有限公司建设工程施工合同纠纷案,湖南省长沙市中级人民法院(2010)长中民再终字第 0121 号民事判决书。

② 南京大吉铁塔制造有限公司与武汉慧民热镀成套设备有限公司承揽合同纠纷案,江苏省南京市中级人民法院(2017)苏 01 民再 39 号民事判决书。

③ 根据原国家质量监督检验检疫总局 2018 年 3 月 6 日发布的《关于废止和修改部分规章的决定》(国家质量监督检验检疫总局令第 196 号),该文现已失效。

相应的强制约束力,应当按法律法规规章的相关规定予以实施"。① 此外,一些行业主管部门制定的行业标准管理规章也对此作了明确的规定。例如,《国土资源标准化管理办法》(国土资发〔2009〕136 号)第 32 条规定:"行政法规要求强制执行的推荐性标准,自动变更为强制性标准。"《商务领域标准化管理办法(试行)》(商务部令 2012 年第 5 号)第 36 条规定:"法律、行政法规规定强制执行的推荐性标准,在该法律、行政法规效力范围内强制执行。"《气象标准化管理规定》(气发〔2013〕82 号)第 20 条规定:"推荐性气象标准被法律、法规或强制性气象标准引用的,也必须强制执行。"

在国家法律的层面上,法律引用标准的基本形式是原则性地规定某种行为应当符合国家标准、行业标准或地方标准,而不是直接引用某项国家标准、行业标准或地方标准,而且法律在规定这些标准时并没有严格区分强制性标准和推荐性标准。例如,《产品质量法》第 26 条规定:"生产者应当对其生产的产品质量负责。产品质量应当符合下列要求:(一)不存在危及人身、财产安全的不合理的危险,有保障人体健康和人身、财产安全的国家标准、行业标准的,应当符合该标准……"《消防法》第 24 条第 1 款规定:"消防产品必须符合国家标准;没有国家标准的,必须符合行业标准。"有的法律甚至只是笼统地规定"国家有关标准",如《港口法》第 15 条规定,港口建设项目应当"符合国家有关标准和技术规范"。当法律规定国家标准、行业标准、地方标准或者笼统地表述为"国家有关标准"时,其中的推荐性标准依法也具有与强制性标准一样的效力。此时的推荐性标准亦可进入不以合同(意思表示)为基础的私法领域,发挥规范民事关系的作用。

如果仅从现行法的解释与适用来看,上述推荐性标准通过法律规定这一路径进入私法领域的第二种情形是能够成立的。然而,这种情形的存在,则可能与新修订的《标准化法》第 2 条关于强制性标准的规定发生冲突。《标准化法》第 2 条第 2 款关于强制性标准的规定,并无例外情形,即强制性标准只限于强制性国家标准,行业标准和地方标准均为推荐性标准,而无强制性标准,本条没有给行业标准、地方标准留下强制性的空间。② 因此,如果上述第二种情形得以成立的话,那么就意味着必须突破《标准化法》第 2 条的限制,使得行业标准、地

---

① 甘藏春、田世宏主编:《中华人民共和国标准化法释义》,中国法制出版社 2017 年版,第 30 页。

② 2017 年 4 月 27 日,国家标准化管理委员会主任田世宏在第十二届全国人大常委会第二十七次会议上做"关于《中华人民共和国标准化法(草案)》的说明",明确提出,本次标准化法修订,要"整合强制性标准,防止强制性标准过多过滥",具体做法就是"取消强制性行业标准、地方标准"。甘藏春、田世宏主编:《中华人民共和国标准化法释义》,中国法制出版社 2017 年版,第 114 页。

方标准也可以因为法律的规定而转化为强制性标准。关于这一问题,有待立法的完善予以解决。

在司法技术层面上,人民法院依据法律的规定适用推荐性标准,应当明确交代适用推荐性标准的法律依据。在第一种情形,应交代的法律依据是《合同法》第 62 条第 1 项。例如,在绍兴市柯桥区人民法院 2015 年审理的"常州市武进佳宏纺织品有限公司诉绍兴伽瑞印染有限公司买卖合同纠纷案"①中,法院认为,原、被告签订的全棉印花购买合同,对质量要求不明确,"应按照国家标准或符合合同目的的特定标准履行",涉案全棉印花作为面料使用,"撕破强力"项目应符合相应国家标准,该标准可以是强制性标准或推荐性标准。根据这一理由,法院鉴定机构做出的全棉印花"撕破强力"项目不能满足国家标准《棉印染布》(GB/T 411—2008)规定的要求的鉴定意见,予以确认。在该案判决中,法院在判决书的适用法律部分列出《合同法》第 62 条第 1 项,表明了本案采用推荐性国家标准《棉印染布》(GB/T 411—2008)的法律依据。在第二种情形,应交代的法律依据是法律有关引用标准的特别规定。例如,在湖北省襄阳市中级人民法院 2017 年审结的"湖北仙安建材实业有限公司与夏良国等产品销售责任纠纷上诉案"②中,夏良国为余涵装修房屋,在使用电锯锯"金林杉木王"板材时,被板材中弹出的"金属异物"击伤左眼,构成八级伤残。余涵提供给夏良国加工的"金林杉木王"板材为仙安建材公司经营的产品。法院根据《产品质量法》第 46 条关于产品缺陷的规定,援引推荐性国家标准《细木工板》(GB/T 5849—2006)关于"板材内不允许有存在安全隐患的金属异物(订书钉、铁钉等)"的要求③,认定涉案"金林杉木王"板材存在质量缺陷,并判决仙安建材公司应对夏良国的损害承担赔偿责任。

五、企业标准、团体标准的私法效力

企业标准、团体标准均为市场主体自主制定的标准。④ 前者指企业根据自

---

① 常州市武进佳宏纺织品有限公司诉绍兴伽瑞印染有限公司买卖合同纠纷案,绍兴市柯桥区人民法院(2015)绍柯商外初字第 198 号民事判决书。

② 湖北仙安建材实业有限公司与夏良国等产品销售责任纠纷上诉案,湖北省孝感市中级人民法院(2017)鄂 09 民终 687 号民事判决书。

③ 见国家标准《细木工板》(GB/T 5849—2006),第 5.3 条规定的要求内容之一是"不允许""内含铝质书钉"。

④ 参见甘藏春、田世宏主编:《中华人民共和国标准化法释义》,中国法制出版社 2017 年版,第 29 页。

身生产经营需要自行制定或与其他企业联合制定的标准(《标准化法》第 19
条),后者指社会团体(学会、协会、商会、联合会、产业技术联盟等)协调相关市
场主体共同制定、本团体成员约定采用或者按照本团体的规定供社会自愿采用
的标准(《标准化法》第 18 条)。企业标准一直是我国标准体系中的重要一员,
早在 1962 年国务院颁布的我国第一部标准化法规——《工农业产品和工程建
设技术标准管理办法》中,企业标准就占有一席之地。① 团体标准则是近年来标
准化体制改革的新生事物,是我国标准体系的新成员。2015 年 3 月,国务院印
发《深化标准化工作改革方案》(国发〔2015〕13 号),提出"培育发展团体标准",
"鼓励具备相应能力的学会、协会、商会、联合会等社会组织和产业技术联盟协
调相关市场主体共同制定满足市场和创新需要的标准,供市场自愿选用,增加
标准的有效供给"。2016 年 2 月,原国家质量监督检验检疫总局、国家标准化管
理委员会联合下发《关于培育和发展团体标准的指导意见》(国质检标联〔2016〕
109 号);2017 年新修订的《标准化法》规定了团体标准;2019 年 1 月,国家标准
化管理委员会、民政部联合制定发布了《团体标准管理规定》,为团体标准的规
范化发展提供了有力的政策和法律支持。企业标准的代号是"Q",如国家电网
公司制定的《电动汽车非车载充电机通用要求》(Q/GDW 233—2009)、广州市
高仕捷清洁用品有限公司制定的《清洁粉》(Q/GSJQJ 1—2018)。团体标准的
代号是"T",如中国电源学会《超级不间断电源》(T/CPSS 1007—2019)、中国蜂
产品协会制定的《蜂蜜》(T/CBPA 0001—2015)、中国食品工业协会制定的《甜
醋》(T/CNFIA 113—2019)。

　　企业标准和团体标准既非强制性标准也非推荐性标准,其进入私法领域的
路径与强制性标准和推荐性标准比较,既有"同"又有"异"。就"同"而言,它们
可以通过当事人的约定而进入私法领域,也可以在合同"质量要求不明确"时,
依据《合同法》第 62 条第 1 项规定进入私法领域。就"异"而言,它们既不能像
强制性标准那样依其法律赋予的强制性而进入私法领域,也不能像推荐性标准
那样基于法律的引用获得强制性而进入私法领域。它们依据《合同法》第 62 条
第 1 项规定,作为"通常标准或者符合合同目的的特定标准"而被采用作为合同
履行的依据,但仅限于没有国家标准、行业标准的场合。由此可见,企业标准和
团体标准进入私法领域的路径主要是当事人的约定,它们依据《合同法》第 62
条第 1 项规定被采用,也只是为了弥补合同约定的不足。这种情形与企业标
准、团体标准自身的特殊性有关。企业标准是企业为自己生产经营的需要而制

---

　　① 《工农业产品和工程建设技术标准管理办法》第 17 条规定:"凡是未发布国家标准
和部标准的产品和工程,都应当制订技术标准,称为企业标准……"

定的标准,是企业生产经营活动的依据。根据《标准化法》第 27 条规定,企业标准实行自我声明公开制度。[①] 企业自我声明公开标准,在私法上构成了对其生产的产品或提供的服务的品质向交易关系相对人所作的担保。企业标准对企业具有约束力,企业向交易关系相对人提供的产品或服务应达到企业标准的技术要求[②];其法律效力及于交易关系的相对人,相对人购买企业的产品或利用其服务时,法律上应认为同时接受该企业的产品或服务标准作为合同履行的依据。企业标准对其他企业(即便是生产同一产品或者提供同一服务)则无约束力,其效力也不及于无交易关系的人。虽然企业标准可以被其他企业所采用,但基于市场主体的平等性,这种采用只能通过双方的协议,而不能有任何形式的强制。团体标准也是如此。团体标准主要是为了满足团体成员的需要而制定,团体成员是否应采用团体标准,需依据团体章程的约定而非依据法律规定。非团体成员如需采用团体标准用于生产经营活动,需通过与该团体标准的制定者即权利人之间的协议,也不得有任何形式的强制。

企业标准、团体标准通过当事人约定的路径进入私法领域须满足一个条件,即其技术要求"不得低于"强制性标准(《标准化法》第 21 条第 1 款)。如果企业标准或团体标准的技术要求低于强制性标准,将导致约定采用企业标准或团体标准的合同条款因违反法律的强制性规定而被认定无效(相关案例参见前述"申元生与北京永辉超市有限公司顺义分公司买卖合同纠纷案")。当约定采用企业标准或团体标准的条款被认定无效时,它们也就退出对民事关系的调整,而失去了规范民事行为的作用。

企业标准、团体标准进入私法领域的路径的特殊性表明,它们只适用于有合同(意思表示)基础的私法领域,而不适用于无合同(意思表示)基础的私法领域。就前者而言,在有合同(意思表示)基础的私法领域,企业标准、团体标准可以成为债务人履行合同义务的依据,可以成为对履约行为进行法律评价的依据,即如果债务人的履约行为符合企业标准或团体标准的要求,则不构成违约行为;如果债务人的履约行为不符合(违反)企业标准或团体标准,则构成违约行为。就后者而

[①] 企业标准自我声明公开的目的之一是维护消费者(用户)的知情权,声明公开的内容包括标准名称、标准编号、产品服务的功能指标和产品的性能指标,公开的方式包括企业在国家标准信息公共服务平台(即"全国标准信息公共服务平台",http://std.samr.gov.cn/)上公开其执行的标准信息、企业在产品包装或产品和服务的说明书上明示其执行的标准。参见甘藏春、田世宏主编:《中华人民共和国标准化法释义》,中国法制出版社 2017 年版,第 69～70 页。

[②] 参见甘藏春、田世宏主编:《中华人民共和国标准化法释义》,中国法制出版社 2017 年版,第 70～71 页。

言,企业标准、团体标准不适用于对侵权法中行为违法性的认定,即在侵权法领域,既不能以企业标准或团体标准为依据认定符合标准的行为就合法,也不能以企业标准或团体标准为依据认为不符合(违反)标准的行为就不合法。

在这一点上,企业标准、团体标准的私法效力与强制性标准(包括因法律的引用而具有强制性的推荐性标准)的私法效力就有明显的不同。后者不仅可以通过约定进入合同而成为履约行为的认定依据,而且也可以依法直接进入侵权法领域,成为侵权行为的认定依据,即所谓"违标即违法"①。这种区别与不同类型标准在法律领域里形成的被遵守的义务性质有关。无论是强制性标准、推荐性标准还是企业标准和团体标准,作为一种技术要求,它们在法律上的意义是对人们的行为具有规范效力,符合标准的技术要求构成了一项法律义务。企业标准、团体标准与强制性标准(包括被法律引用的推荐性标准)所形成的义务属性有区别。符合强制性标准的义务具有法定性,其指向的义务主体是法律所规范生产经营领域的参与者。例如,《标准化法》第 25 条规定:"不符合强制性标准的产品、服务,不得生产、销售、进口或者提供。"这是一项法定义务,凡从事"生产、销售、进口或者提供"产品和服务的生产经营者都负有遵守强制性标准的义务。又如,《食品安全法》第 33 条规定:"食品生产经营应当符合食品安全标准……"这也是一项法定义务。在当事人约定强制性标准的场合,债务人的履约行为符合强制性标准构成一项约定义务,但并不否定其法定义务的属性。换言之,在这种情况下,债务人的履约行为符合强制性标准既是约定义务也是法定义务。但是,符合企业标准和团体标准则只能是一项约定义务而非法定义务。企业标准、团体标准只有依据约定(意思表示)才能进入合同,成为合同的条款,符合企业标准或团体标准是合同一方当事人向相对方当事人做出的承诺,遵守约定的企业标准或团体标准是做出承诺一方当事人承担的合同义务。

上述企业标准、团体标准与强制性标准效力的不同,在企业标准、团体标准与强制性标准并存而当事人约定的是企业标准或团体标准时表现得最为典型。当事人约定采用企业标准或团体标准时,债务人的履约行为如不符合约定的企业标准或团体标准但符合强制性标准,违反的是约定义务而非法定义务,其行

---

① 必须指出的是,在侵权法领域,不符合强制性标准的行为可以(应当)给予违法性的评价,但符合强制性标准的行为并不能当然获得合法性的评价,即"合标"并非一定合法。2015 年,最高人民法院发布的《关于审理环境侵权责任纠纷案件适用法律若干问题的解释》第 1 条第 1 款规定:"污染者以排污符合国家或者地方污染物排放标准为由主张不承担责任的,人民法院不予支持。"也有学者就一般侵权责任的承担问题指出,符合标准(强制性标准)不能成为免除侵权责任的抗辩事由。参见谭启平:《符合强制性标准与侵权责任承担的关系》,载《中国法学》2017 年第 4 期。

为可构成违约行为但不构成侵权行为;只有在债务人的履约行为也不符合强制性标准时,才违反了法定义务,方可认定构成侵权行为。

区分企业标准、团体标准与强制性标准的私法效力具有实际意义。企业标准、团体标准通常只能作为合同纠纷中违约行为(事实)认定的依据,而不能作为侵权纠纷中行为违法(事实)认定的依据,强制性标准则既可以作为合同纠纷中违约行为(事实)认定的依据,又可作为侵权纠纷中行为违法(事实)认定的依据①。这一点或许还可以为我们处理涉及标准的责任竞合纠纷提供一种思路。

依据《合同法》第 122 条②之规定,构成责任竞合的条件是当事人一方的违约行为"侵害对方人身、财产权益"。标准与责任竞合的联系在于:强制性标准是"对保障人身健康和生命财产安全、国家安全、生态环境安全以及满足经济社会管理基本需要的技术要求"(《标准化法》第 10 条第 1 款),如果产品不符合强制性标准,势必构成对消费者或用户的人身财产安全的侵害;因此在合同关系中,如果债务人的履约行为不符合强制性标准,不仅违反合同义务,而且也违反了强制性标准必须执行的法定义务,可能"侵害对方人身、财产",从而发生责任竞合。这里有两种情形:一是合同约定的标准是强制性标准,如果债务人的履约行为不符合约定的强制性标准,则既违反了合同义务又违反了法定义务,构成责任竞合。二是合同约定的是高于强制性标准的企业标准或团体标准时,如果债务人的履约行为既不符合约定的企业标准或团体标准又不符合强制性标准,也会发生责任竞合。③ 如果债务人的履约行为只是不符合约定的企业标准

---

① 在合同纠纷或侵权纠纷中,不符合(违反)标准(即违标行为)属于单纯的事实认定问题,而非违约行为或违法行为的认定(法律评价)问题,违标行为的认定依据是标准,而认定违约行为的依据是合同,认定违法行为的依据则是法律。当遵守标准成为约定义务或法定义务时,违标行为就构成了违约行为和违法行为的事实基础,违约行为、违法行为则是法律对违标行为进行法律评价的结果。

② 《民法总则》第 186 条。

③ 例如,在浙江省绍兴市中级人民法院 2016 年审结的"诸暨市同顺化纤有限公司与盐城新强机械有限公司产品责任纠纷案"中,同顺化纤公司向盐城新强公司购买的真空清洗炉外壳带电导致员工死亡,经鉴定,涉案真空清洗炉不符合企业标准(Q/320903YXQ002—2013),也不符合强制性国家标准《机械电气安全 机械电气设备 第 1 部分:通用技术条件》(GB 5226.1—2008),法院认为涉案产品(真空清洗炉)"存在电加热器绝缘失效,无保护接地导线连接的质量缺陷",并依《侵权责任法》第 41 条关于产品侵权责任的规定,判决盐城新强公司承担侵权责任。在本案中,两审法院虽然未提及责任竞合,但原被告之间存在买卖合同关系,被告交付的标的物既不符合约定的企业标准又不符合强制性国家标准,造成原告员工触电死亡,符合责任竞合的构成条件,原告直接提起侵权之诉,是在责任竞合的情况下对诉的选择。诸暨市同顺化纤有限公司与盐城新强机械有限公司产品责任纠纷案,浙江省绍兴市中级人民法院(2016)浙 06 民终 4091 号民事判决书。

或团体标准但符合强制性标准,那么他只是违反了约定义务而没有违反法定义务,可以构成违约行为但不构成侵权行为,不发生责任竞合。例如,在食品安全纠纷中,最高人民法院民一庭组织编写的《最高人民法院关于食品药品纠纷司法解释理解与适用》一书中指出:"如果经鉴定证明食品实际上不符合食品安全标准,消费者请求适用《食品安全法》关于惩罚性赔偿的规定进行处理的,人民法院应当支持;如果经鉴定证明食品达到了食品安全标准,但尚未达到其采用的高标准(原文指'推荐性标准',但根据《食品安全法》的规定,'严于'食品安全标准的是企业标准。——引者注),也可以认定其构成违约,承担违约责任。"[1]

六、结语

　　不同类型标准进入私法领域的路径与其是否具有法律赋予的强制实施效力有关。强制性标准及被法律引用而获得强制实施效力的推荐性标准,均可直接依据法律的规定而进入私法领域。推荐性标准(除了被法律引用外)、企业标准、团体标准只能通过当事人的约定进入私法领域。这种差别导致了强制性标准及被法律引用而获得强制实施效力的推荐性标准与推荐性标准(除了被法律引用外)、企业标准、团体标准适用的私法领域不同,前者既可适用于合同法领域,又可适用于侵权法领域;后者则只能适用于合同法领域,而不能适用于侵权法领域。在因不符合标准引起的违约责任与侵权责任竞合的场合,须表现为债务人的履约行为不仅违反了当事人约定的标准,而且也违反了强制性标准(包括被法律引用的推荐性标准)。如果只是违反约定的标准而没有违反强制性标准,不发生责任竞合,债权人只能主张违约责任,而不能主张侵权责任。

---

　　[1]　最高人民法院民一庭:《最高人民法院关于食品药品纠纷司法解释理解与适用》,人民法院出版社 2015 年版,第 98 页。

11.

合同中的标准问题[*] ■

【摘要】在法律上,标准与合同的关系可以描述为:标准通过约定进入合同,成为"标准条款";当出现"标准条款"无效等"质量要求不明确"的情形时,依据《合同法》第 62 条第 1 项之规定援引标准以填补合同的漏洞。这一模式较为准确地反映了合同与标准的关系,应予肯定;但《合同法》第 62 条第 1 项之内容与标准化体制不协调,应当在合同编的立法中予以调整。

一、引言

本文所称标准,并非一般意义上的标准(衡量事物的准则),而是特指标准化意义上的标准。^① 通常,所谓国家标准、行业标准、地方标准、团体标准、企业标准、国际标准及质量标准、服务标准、管理标准等,都是指标准化意义上的标准。

标准对于合同的意义在于它是确定合同标的质量最为重要的依据。如果合同的标的仅仅是一个商品(产品或服务)的品名,没有具体的质量要求或质量验收要求,那么就无法确定当事人在合同标的上的权利与义务。这样的合同即便成立也难以实际履行。从理论上说,依意思自治原则,当事人完全可以不依赖标准而对标的的质量做出具体约定。但是,在现代社会,这种情形变得越来

---

* 本文原题为"合同中的标准问题",原载《法商研究》2018 年第 1 期。

① 《标准化法》第 2 条第 1 款规定:"本法所称标准(含标准样品),是指农业、工业、服务业以及社会事业等领域需要统一的技术要求。"另外,根据原国家质量监督检验检疫总局和国家标准化管理委员会 2014 年发布的中华人民共和国国家标准《标准化工作指南 第 1 部分:标准化和相关活动的通用术语》(GB/T 20001.1—2014),标准是指"通过标准化活动,按照规定的程序经协商一致制定,为各种活动或其结果提供规则、指南或特性,供共同使用的和重复使用的文件"。

越不现实。现实的情况常常是当事人需依靠标准来确定合同标的的质量,合同与标准之间形成了某种依赖关系。这是因为,一方面,随着科学技术的发展,产品和服务的科学和技术成分越来越复杂,非一般人所能知晓并能在合同中做出具体的描述,当事人离开标准而自行约定合同标的质量的要求,客观上几无可能,而且也极不经济;另一方面,随着标准化事业的发展,标准化活动已经扩大到社会生活的各个领域,标准几乎无处不在,并直接影响到交易活动,为确定合同标的的质量提供了技术支撑,提供了便利。

在法律上,合同对标准的依赖关系表现在两个层面:一是标准通过当事人的约定而进入合同,成为合同的条款,这种条款可称之为"标准条款";二是当合同对标的的质量要求不明确(合同漏洞)时,通过援引标准作为判定合同标的质量的依据,以填补合同标的质量的漏洞。

我国《合同法》在上述两个层面对合同与标准的关系做出了不同的反应。在第一个层面上,《合同法》第 12 条将"质量"列为合同的一般条款,但未在一般合同条款上对标准做出规定,只是在个别合同的条款上作了规定,例如《合同法》第 131 条(买卖合同的内容)①、第 252 条(承揽合同的内容)、②第 324 条(技术合同的内容),③将检验标准或验收标准列为合同条款。在第二个层面上,《合同法》第 62 条第 1 项对质量要求不明确情况下如何采用标准作了规定:"质量要求不明确的,按照国家标准、行业标准履行;没有国家标准、行业标准的,按照通常标准或者符合合同目的的特定标准履行。"

与立法的回应不同的是,合同与标准的关系并未引起学界必要的关注。不仅对标准如何进入合同而成为其条款以及标准条款的效力等问题缺乏必要的研究,而且对《合同法》第 62 条第 1 项引致的在法的适用层面上如何援引标准的问题也缺乏应有的探讨,合同与标准的关系问题仍属于理论上的空白。

然而,这个问题并非不重要。首先,合同与标准之间形成的依赖关系,作为一种法律现象,应当得到理论上的解释。其次,立法上如何正确地处理合同与标准的关系,包括《合同法》第 62 条第 1 项的规定是否有待完善,需要理论界给

---

① 《合同法》第 131 条规定:"买卖合同的内容除依照本法第十二条的规定以外,还可以包括包装方式、检验标准和方法、结算方式、合同使用的文字及其效力等条款。"

② 《合同法》第 252 条规定:"承揽合同的内容包括承揽的标的、数量、质量、报酬、承揽方式、材料的提供、履行期限、验收标准和方法等条款。"

③ 《合同法》第 324 条规定:"技术合同的内容由当事人约定,一般包括以下条款:(一)项目名称;(二)标的的内容、范围和要求;……(七)验收标准和方法;……与履行合同有关的技术背景资料……技术标准、技术规范、原始设计和工艺文件,以及其他技术文档,按照当事人的约定可以作为合同的组成部分。……"

出答案。再次，司法上如何判定标准条款的效力，《合同法》第 62 条第 1 项的司法适用问题，也需要进行理论的探讨。因此，无论是在理论层面上还是在立法和司法层面上，探讨合同与标准的关系问题，都具有重要的现实价值和意义。

需要指出的是，合同与标准的关系问题不是一个单纯的合同法问题，而是一个涉及标准化法的合同法问题。正确把握合同与标准的关系，须从标准化法入手，结合国家的标准化体制，单纯从合同法的角度来探讨合同与标准的关系，并不能得出正确的认识。

本文试图根据新修订的《标准化法》①，结合国家的标准化体制，对合同与标准的关系进行研究，重点分析标准条款的形成及效力与《合同法》第 62 条第 1 项的适用问题。在此基础上，本文还将对合同与标准关系的法律模式进行评价，并对《合同法》第 62 条第 1 项之完善提出建议。

二、标准条款的形成与效力

（一）标准条款的形成

合同是当事人之间的协议（《合同法》第 2 条），标准进入合同而成为合同的条款，需由当事人就此达成协议。因此，标准条款的形成方式是协议。从实际操作层面来看，当事人通过协议将标准引入合同，形成标准条款，有以下几种基本情形：

（1）合同文本载明所援引标准的基本信息。一项标准的信息包括标准的名称、类型、发布机构、发布时间、实施时间和标准编号。例如，中华人民共和国国家标准《石油及天然气工业用往复压缩机》（GB/T 20322—2006），标准名称为"石油及天然气工业用往复压缩机"，标准类型是推荐性国家标准，标准的发布机构是中华人民共和国原国家质量监督检验检疫总局和中国国家标准化管理委员会，发布时间是 2006 年 7 月 20 日，实施时间是 2007 年 1 月 1 日，标准编号是 GB/T 20322—2006。合同约定标准时，如能载明标准的完整信息，当然很好。然而，合同约定标准，通常并不需要载明标准的全部信息，只要载明标准编号即可。这是因为，在我国现行标准体系里，每一项标准都有自己特定的编号，如同自然人的身份证号一样具有唯一性。例如，上述国家标准《石油及天然气工业用往复压缩机》的编号是"GB/T 20322—2006"，其中"GB/T"是推荐性国

---

① 《标准化法》制定于 1988 年，2017 年 11 月 4 日第十二届全国人民代表大会常务委员会第 30 次会议进行修订。

家标准的代号,"20322"是标准发布的顺序号,"2006"是标准发布的年号(年份),"GB/T 20322—2006"已经包括了国家标准《石油及天然气工业用往复压缩机》的基本信息,合同只要载明合同标的的质量标准为"GB/T 20322—2006",即可确定合同约定的是该项标准。

如果合同没有载明标准的完整信息,也没有载明标准编号,只是载明标准的名称和类型,此时亦可确定所约定的具体标准。例如,合同约定采用国家标准《石油及天然气工业用集成撬装往复压缩机》,依此也可以确定合同约定的该项标准指向的是编号为"GB/T 25359—2010"的压缩机国家标准。此时应当注意的是,如果合同载明的标准已经复审并修订的,修订前的标准已被修订后的标准所替代,现行有效的标准是修订后的标准,因此其所指向的应当是合同订立之时最新修订的现行有效的标准。[①] 例如,强制性国家标准《鲜、冻禽产品》,2000 年制定,标准编号为"GB 16869—2000",2005 年复审修订后,编号变更为"GB 16869—2005"。如果合同只是约定采用国家标准《鲜、冻禽产品》,而未载明标准编号,应当认定合同所援引的是修订后的编号为"GB 16869—2005"的强制性国家标准《鲜、冻禽产品》。

(2)经营者在其产品或服务的标签或说明书上标明执行的标准或标准编号。这是一种被经营者普遍采用、消费者通过购买行为而接受的标准条款。例如,内蒙古蒙牛乳业(集团)股份有限公司生产的"特仑苏"牌盒装全脂灭菌乳,包装盒标明执行的产品标准号为"GB 25190"。该项标准是指原卫生部 2010 年发布的强制性食品安全国家标准《灭菌乳》(GB 25190—2010)。又如,珠海格力电器股份有限公司生产的"格力"牌分体式空调机的《使用安装说明书》之"规格型号及技术参数"载明其性能参数"按 GB/T 7725—2004 和 GB 21455—2013 标准要求测定"。"GB/T 7725—2004"是指原国家质量监督检验检疫总局和国家标准化管理委员会 2004 年发布的国家标准《房间空气调节器》(GB/T 7725—2004),"GB 21455—2013"是指原国家质量监督检验检疫总局和国家标准化管理委员会 2013 年发布的国家标准《转速可控型房间空气调节器能效限定值及能效等级》,前者为推荐性国家标准,后者为强制性国家标准。从法律上看,产品和服务的标签或说明书标明执行的标准可认定为经营者对其产品或服务的质量做出担保的意思表示,足以构成一项要约,当消费者购买其标明执行特定标准的产品或服务而成立合同时,此项标准即进入合同,成为合同中的标准

---

① 《标准化法》第 29 条第 2 款规定:"国务院标准化行政主管部门和国务院有关行政主管部门、设区的市级以上地方人民政府标准化行政主管部门应当建立标准实施信息反馈和评估机制,根据反馈和评估情况对其制定的标准进行复审。标准的复审周期一般不超过五年。经过复审,对不适应经济社会发展需要和技术进步的应当及时修订或者废止。"

条款。

与此类似的情形是,经营者在产品或服务的广告上标明执行的标准,构成《合同法》第 15 条第 2 款规定的"视为要约"的情形,[1]当消费者购买其产品或服务而成立合同时,该项标准进入合同,成为合同中的标准条款。

(3)合同文本只是笼统地约定合同标的须符合某一类标准或某几类标准,甚至更为模糊地表述为"相关标准",而没有提供具体标准的信息。此种情况下,如果合同的标的确有相应的标准,那么可以依合同的标的(如货物的品名)及相关信息的指引确定具体的标准。例如,我国大米的标准有国家标准《大米》(GB/T 1354—2009)、行业标准《无公害食品 大米》(NY 5115—2002)和《绿色食品 大米》(NY/T 419—2007)和地方标准 30 项(上海市 1 项、内蒙古自治区 1 项、吉林省 6 项、安徽省 1 项、山东省 2 项、广东省 1 项、广西壮族自治区 1 项、江苏省 4 项、河北省 1 项、河南省 1 项、海南省 1 项、湖南省 1 项、辽宁省 1 项、黑龙江省 8 项),地方标准多为"地理标志产品"标准,是特定地区生产大米的标准,如上海市地方标准《地理标志产品 松江大米》(DB31/T 908—2015)、吉林省地方标准《地理标志产品 西江大米(西江贡米)》(DB22/T 2169—2014)、黑龙江省地方标准《地理标志产品 响水大米》(DB23/T 1461—2012)。[2] 因此,如果大米买卖合同只是笼统地载明标准而未载明具体的标准,则可依据标的(大米)及相关信息(如"无公害"、"绿色食品"、原产地)确定合同约定的具体标准。以这种方式确定合同的标准条款,需要注意依据合同载明的标的及相关信息所指向的标准应具有确定性,如果所指向的标准不具有确定性,应属于合同约定不明确的情形。要满足确定性的要求,则需要合同载明的标的及相关信息不存在模糊、冲突的情形,否则也无法确定具体的标准。再以大米的标准为例,如果合同约定的标的是"无公害大米",约定的标准是"国家标准",这样的信息就无法满足确定性的要求,因为"无公害大米"只有行业标准而无国家标准。

这里需要进一步讨论的问题是:如果在合同存续期间,依据合同标的及其相关信息指向的标准存在着复审修订情形,那么适用于合同标的的标准究竟是合同订立之时的标准还是合同履行时的标准,即经复审修订后的标准? 对此,应根据所约定的标准属性,采取不同的处理方式。依据《标准化法》第 2 条规定,我国现行的标准体系包括国家标准、行业标准、地方标准、团体标准和企业

---

[1] 《合同法》第 15 条第 2 款规定:"商业广告的内容符合要约规定的,视为要约。"关于商业广告视为要约的问题,参见柳经纬:《构成要约的商业广告——关于〈合同法〉第 15 条第 2 款的解释》,载柳经纬:《感悟民法》,人民法院出版社 2006 年版,第 271~277 页。

[2] 参见中华人民共和国中央人民政府"国家标准信息查询",http://www.gov.cn/fuwu/bzxxcx/bzh.htm,2017 年 11 月 11 日访问。

标准;国家标准分为强制性标准和推荐性标准,行业标准和地方标准均为推荐性标准;①强制性标准必须执行,国家鼓励采用推荐性标准。因此,如果依据合同的标的及相关信息指向的标准属于强制性标准,应当认定合同约定的标准是履行之时经复审修订的标准;如果依据合同的标的指引所指向的标准属于推荐性标准,那么可以认定合同约定的标准是订立之时的标准。采取不同的处理方式,可兼顾到当事人的意思自治和法律的强制。

(二)标准条款的效力

依当事人意思自治原则,合同只要不存在效力瑕疵,就应当认定有效。根据《合同法》的规定,合同效力瑕疵包括效力待定、可变更可撤销与无效三种类型(第47条至第52条)。

就一般情况而言,标准条款效力的判定不会涉及因行为主体不适格而导致的效力待定问题,只会涉及可变更可撤销和无效问题。可变更可撤销的法定事由是意思表示瑕疵,虽然在标准条款的问题上,也存在着意思表示瑕疵问题,但只需依《合同法》的规定即可,与一般合同的可变更可撤销无异,无须特别讨论。在《合同法》第52条所列的五种合同无效的情形中,除了第五种情形外,标准条款亦无特殊性而需要专门讨论,需要特别讨论的只是标准条款是否存在着因"违反法律、行政法规的强制性规定"而无效的问题。这是因为,标准属于《标准化法》规制的对象,《标准化法》关于标准的规定多为强制性,《合同法》第52条第5项规定,"违反法律、行政法规的强制性规定"的合同无效,因此如果标准条款违反了《标准化法》的规定,可依《合同法》第52条第5项认定其无效。以下根据《标准化法》的规定,对实践中可能存在违反《标准化法》规定的几种标准条款的效力问题作具体的分析。

(1)约定的标准为非强制性标准。在我国标准体系中,只有强制性国家标准是强制性标准,其他标准都不属于强制性标准。强制性国家标准和非强制性标准之间构成有条件的并存关系。《标准化法》第21条第1款规定:"推荐性国家标准、行业标准、地方标准、团体标准、企业标准的技术要求不得低于强制性国家标准的相关技术要求。"因此,只要"不低于"强制性国家标准的技术要求,允许非强制性标准与强制性国家标准并存。如果非强制性标准的技术要求"高于"强制性国家标准,有利于推进技术的发展、提高产品质量,则在鼓励的范围,更允许其与强制性国家标准并存。因此,存在着非强制性标准与强制性国家标

---

① 依据修订前的《标准化法》及《标准化法实施条例》规定,国家标准、行业标准和地方标准均可分为强制性标准和推荐性标准。

准并存时,只要合同约定的非强制性标准的技术要求"不低于"强制性国家标准,标准条款的效力不受影响。但是,如果约定的非强制性标准的技术要求"低于"强制性国家标准,则违反了《标准化法》第 21 条第 1 款的规定,依据《合同法》第 52 条第 5 项规定,应认定该标准条款无效。

（2）约定的标准为国际标准或国外先进标准。积极采用国际标准,是我国标准化现代化的一项基本政策,修订前的《标准化法》第 4 条明确规定"国家鼓励积极采用国际标准";修订后的《标准化法》第 8 条规定"结合国情采用国际标准"。2001 年原国家质量监督检验检疫总局颁布了新的《采用国际标准管理办法》（原国家质量监督检验检疫总局第 10 号令）,对采用国际标准的对象和范围,采用国家标准的原则和方法,作了具体的规定。根据鼓励采用国际标准的规定,当事人在合同中尤其是在涉外合同中直接约定国际标准,原则上应当认定该标准条款有效,但须符合以下三项原则：①约定的国际标准应符合《采用国际标准管理办法》确定的原则和精神,即被采用的国际标准应当符合我国法律、法规,符合"技术先进、经济合理、安全可靠"的要求;②约定的国际标准不应与我国的强制性国家标准相抵触,在有强制性国家标准时,原则上不应直接约定国际标准,但约定的国际标准"高于"强制性国家标准时,应当允许;③约定的国际标准原则上是国际标准化组织（ISO）、国际电工委员会（IEC）和国际电信联盟（ITU）制定的标准及国际标准化组织（ISO）确认并公布的其他国际组织①制定的标准。另外,根据原国家技术监督局发布的《标准化法条文解释》对修订前的《标准化法》第 4 条所作的解释,"采用国际标准"还包括采用国外先进标准,即区域性标准、工业发达国家的标准及国际公认的权威的团体标准或企业标

---

① 《采用国际标准管理办法》附件所列其他国际组织为：国际计量局（BIPM）、国际人造纤维标准化局（BISFN）、食品法典委员会（CAC）、时空系统咨询委员会（CCSDS）、国际建筑研究实验与文献委员会（CIB）、国际照明委员会（CIE）、国际内燃机会议（CIMAC）、国际牙科联合会（FDI）、国际信息与文献联合会（FID）、国际原子能机构（IAEA）、国际航空运输协会（IATA）、国际民航组织（ICAO）、国际谷类加工食品科学技术协会（ICC）、国际排灌研究委员会（ICID）、国际辐射防护委员会（ICRP）、国际辐射单位和测试委员会（ICRU）、国际制酪业联合会（IDF）、万围网工程特别工作组（IEIF）、国际图书馆协会与学会联合会（IFIA）、国际有机农业运动联合会（IFOAM）、国际煤气工业联合会（IGU）、国际制冷学会（IIR）、国际劳工组织（ILO）、国际海底组织（IMO）、国际种子检验协会（ISTA）、国际理论与应用化学联合会（IUPAC）、国际毛纺组织（IWTO）、国际动物流行病学局（OIE）、国际法制计量组织（OIML）、国际葡萄与葡萄酒局（OIV）、材料与结构研究实验所国际联合会（RILEM）、贸易信息交流促进委员会（TraFIX）、国际铁路联盟（UIC）,以及经营、交易和运输程序和实施促进中心（UN/CEFACT）、联合国教科文组织（UNESCO）、国际海关组织（WHO）、世界知识产权组织（WIPO）、世界气象组织（WMO）。

准。在合同中直接约定国外先进标准,满足上述要求的,也应认定有效。根据上述采用国际标准的原则,当事人约定的国际标准或国外标准如与我国强制性国家标准相抵触时,也应认为违反《标准化法》第21条第1款规定,依据《合同法》第52条第5项规定,认定标准条款无效;至于约定的国际标准或国外标准违反我国法律、法规的规定,当然也应认定其标准条款无效。

(3)约定的标准为被废止的标准。按照标准复审制度的要求,标准实施后,制定标准的部门应当根据科学技术的发展和经济建设的需要适时进行复审,以确定现行标准继续有效或者予以修订、废止,复审的期间一般为5年。如果标准经复审被废止,就不再是标准化意义上的标准,那么约定已废止标准的标准条款的效力该如何认定? 这是一个较为复杂的问题,须根据不同情形而定。如果有替代的标准,尤其是强制性的替代标准,根据《标准化法》关于强制性标准必须执行的规定,应当认定标准条款无效,而适用替代标准。如果没有替代标准,那么根据当事人意思自治原则,合同约定的标准虽然被废止,但是仍可作为确定合同标的质量的依据。因为在后一种情形,如果也认定约定已被废止的标准的条款无效,将使得合同的标的质量失去判定的依据。

在上述三种情形中,第一种情形和第二种情形都涉及当事人约定的标准"低于"强制性国家标准,从而违反了《标准化法》第21条第1款规定,依据《合同法》第52条第5项的规定认定标准条款无效的问题。在法律上,《合同法》第52条第5项的"违反法律、法规的强制性规定",在这里具体表现为违反《标准化法》第21条第1款的规定。这里有两个问题需要作进一步的讨论。一是《标准化法》第21条第1款关于"不得低于"强制性国家标准的规定,就其本意来说是针对非强制性标准的制定者,而非针对合同的当事人,对标准制定者课以的义务是否也构成对合同当事人约定标的质量标准的约束? 二是依据最高人民法院2009年发布的《关于适用〈中华人民共和国合同法〉若干问题的解释(二)》(法释〔2009〕5号)第14条,《合同法》第52条第5项规定的"强制性规定"是指"效力性强制性规定",如果合同条款只是违反"强制性规定"并不能当然认定无效,而须违反"效力性强制性规定"方可认定无效。那么,在判定标准条款效力的问题上,《标准化法》第21条关于"不得低于"强制性国家标准的规定是否属于"效力性强制性规定"?

关于第一个问题,《标准化法》第21条第1款规定标准制定者的义务,目的在于在特定领域构筑一道由强制性国家标准构成的不可逾越的"红线",以保障人身健康和生命财产安全、国家安全、生态环境安全和经济社会管理的基本需要。《标准化法》第10条第1款规定:"对保障人身健康和生命财产安全、国家安全、生态环境安全以及满足经济社会管理基本需要的技术要求,应当制定强制性国家标准。"为了实现确保人身健康和生命财产安全、国家安全、生态环境安全和经济社会管理的基本需要的目的,"不得低于"强制性国家标准就不只是标准制定者应遵守的义务,也是合同当事人选择标的质量标准时应遵守的义务。

关于第二个问题,上述最高人民法院合同法司法解释所谓"效力性强制性规定",是相对于"管理性强制性规定"的一种法律规范,至于如何识别"效力性强制性规定",由最高人民法院领导主编、最高人民法院研究室组织编写的对司法实践具有一定指导意义的《最高人民法院关于合同法司法解释(二)理解与适用》一书的作者提出了正反两方面标准,并特别强调立法目的对于识别"效力性强制性规定"与"管理性强制性规定"的意义,认为"立法目的并不仅仅是管理需要,更涉及公共利益和市场秩序"的,应认定为效力性强制性规定。《标准化法》第 21 条第 1 款虽为关于制定标准的规定,但立法目的涉及人身健康和生命财产安全、国家安全、生态环境安全和经济社会管理的基本需要,属于公共利益的范畴,因而应认定为"效力性强制性规定"。

需要进一步指出的是,《标准化法》第 21 条第 1 款只是要求"推荐性国家标准、行业标准、地方标准、团体标准、企业标准的技术要求不得低于强制性国家标准的相关技术要求"。由于标准的技术内容复杂,可能出现只是标准的部分技术要求"低于"强制性国家标准,而不是全部技术要求"低于"强制性国家标准,此时应认定约定的标准部分无效,而不是认定标准条款全部无效。

三、《合同法》第 62 条第 1 项之适用

《合同法》第 62 条旨在填补合同的漏洞,当合同对某些条款约定不明确(合同漏洞)时,依据《合同法》第 62 条的规定,可以弥补合同约定的缺失,以确定当事人的权利和义务,确保合同切实得以履行;同时也为判定当事人是否存在违约行为提供法律依据。该条第 1 项的宗旨在于填补合同标的质量条款的漏洞,通过援引国家标准、行业标准或通常标准、特定标准,以解决因"质量要求不明确"造成的合同标的质量依据缺失的问题。

需要指出的是,《合同法》第 62 条第 1 项中的"国家标准""行业标准"与"通常标准""特定标准"含义不同,前者指标准化意义上的标准,是我国标准体系中的标准;后者的范围较广,既可以指国家标准、行业标准之外的标准化意义上的标准,如地方标准、企业标准、团体标准、国际标准等,也可以指非标准化意义上的"衡量事物的准则"。鉴于本文的主题,下文讨论《合同法》第 62 条第 1 项的适用时,"通常标准""特定标准"中的标准也限定在标准化意义的范围内,与国

家标准、行业标准相同。

(一)《合同法》第 62 条第 1 项适用的前提

依据《合同法》第 62 条第 1 项规定,适用该项规定的前提是当事人对合同标的的"质量要求不明确"。但是,从标准化的角度来看,并非只要合同对标的的"质量要求不明确",即可依据该项规定援引标准作为确定合同标的质量的依据。首先,如果合同的标的不属于标准化的对象,①即不存在着相应的标准,就不存在适用《合同法》第 62 条第 1 项之规定援引标准的可能。例如,在艺术品买卖问题上,艺术品极具个性化,并不属于标准化的对象,无法制定艺术品的统一标准。在此情形下,就不存在适用《合同法》第 62 条第 1 项之规定、援引标准的可能。其次,虽然合同的标的属于标准化的对象,但是如果尚未实行标准化,不存在着相应的标准,也无适用《合同法》第 62 条第 1 项之规定、援引标准之可能。因此,只有在合同的标的属于标准化的对象,而且有相应的标准可供援引时,如果合同对标的的"质量要求不明确",方可适用《合同法》第 62 条第 1 项的规定,援引标准作为确定合同标的质量的依据,以填补合同标的质量条款的漏洞。

在合同的标的属于标准化的对象且存在着相应的标准时,《合同法》第 62 条第 1 项之"质量要求不明确",应包括下述情形:①合同没有约定标的质量的标准(包括未约定标的的检验标准或验收标准);②合同约定了某项标准或某类标准,但实际上并不存在此项标准或此类标准;③合同约定了某项标准或某类标准,但该项标准或该类标准并不适用于合同的标的("张冠李戴");④合同约定了某项标准,但该标准条款属于前述应当认定无效的情形。

(二)依据《合同法》第 62 条第 1 项规定援引标准

1. 国家标准、行业标准

《合同法》第 62 条第 1 项前半段规定"质量要求不明确的,按照国家标准、

---

① 根据国家标准《标准化工作指南 第 1 部分:标准化和相关活动的通用术语》(GB/T 20000.1—2014),标准化对象是指"需要标准化的主题",概括地表述为"产品、过程或服务",包括诸如材料、元件、设备、系统、接口、协议、程序、功能、方法或活动及其特定方面(如产品的尺寸、耐用性等),都可以成为标准化的对象。按照标准化对象可以将标准分为技术标准和管理标准,前者包括基础标准、产品标准、设计标准、工艺标准、检验和试验标准、设备和工艺装备标准、基础设施和能源标准、医药卫生和职业健康标准、安全标准、环境标准及信息标识、包装、搬运、储存、安装、交付、维修、服务标准;后者包括管理体系标准、管理程序标准、定额标准、期量标准及工作标准。参见李春田主编:《标准化概论》,中国人民大学出版社 2014 年第 6 版,第 25～30 页。

行业标准履行"。依此,合同质量要求不明确时,首先应当援引国家标准、行业标准。

国家标准、行业标准是政府主导制定的标准,其间存在着层级关系。《标准化法》规定,有关保障人身健康和生命财产安全、国家安全、生态环境安全以及满足经济社会管理基本需要的技术要求,应当制定强制性国家标准(第 10 条);有关满足基础通用、与强制性国家标准配套、对各有关行业起引领作用等需要的技术要求,可以制定推荐性国家标准(第 11 条);对没有推荐性国家标准、需要在全国某个行业范围内统一的技术要求,可以制定行业标准(第 12 条)。由此可见,制定行业标准的前提是"没有推荐性国家标准",如果存在推荐性国家标准,就没有制定行业标准的必要。依此规定,《合同法》第 62 条第 1 项规定的国家标准与行业标准之间存在着先后的顺位,即有国家标准的,应采用国家标准;没有国家标准的,采用行业标准。

在国家标准中,强制性国家标准依法具有"必须执行"的效力,推荐性标准并无此效力。因此,依据《合同法》第 62 条第 1 项前半段规定援引国家标准、行业标准时,又应首先采用强制性国家标准,只有在无强制性国家标准时方可采用推荐性国家标准。

在实践中,人们对于采用强制性国家标准,一般不会产生疑义,但对采用推荐性国家标准和同为推荐性标准的行业标准,则可能产生疑义。因为,推荐性标准在法律上并不具有"必须执行"的效力,企业可以采用也可以不采用,《标准化法》只是从国家实行标准化战略的角度,规定"鼓励"企业采用推荐性标准。因此,人们可能认为:既然推荐性标准只是鼓励企业采用,只有在企业采用推荐性标准作为生产的依据时才对企业有约束力,才能作为确定其所生产产品质量的依据;如果企业没有明确采用推荐性标准作为生产的依据,那么要求其受推荐性标准的约束,要求其生产的产品符合推荐性标准,则并不合理。这种见解似乎并非无理。但是,质量是确定合同标的不可缺少的要素(另一个要素是数量),当合同对标的的质量约定不明确时,如果不采取相应的救济措施,合同就无从履行。依据《合同法》第 62 条第 1 项,无论是援引何种标准,都不可能是当事人生产所依据的标准。因此,以必须是企业生产的依据为由,在填补质量要求的合同漏洞中排除采用推荐性标准,并不妥当。从解释学的角度看,《合同法》第 62 条第 1 项规定的国家标准、行业标准并没有限定于强制性标准,并未将推荐性标准排除在外,[①]因此该项规定援引的国家标准、行业标准应包括推荐性标准。

---

① 崔建远:《合同解释与法律解释的交织》,载《吉林大学社会科学学报》2013 年第 1 期。

2."通常标准"与"特定标准"

《合同法》第 62 条第 1 项后半段规定"没有国家标准、行业标准的,按照通常标准或者符合合同目的的特定标准履行"。与国家标准、行业标准不同,"通常标准"与"特定标准"所指的各种类型标准不存在层级关系,因而也不存在先后援引的顺序,只要能满足法律上"通常"或"符合合同目的"的要求,都可以成为被援引的对象。

在《合同法》第 62 条第 1 项后半段的文字中,"通常""符合合同目的"都表明须根据个案情况,援引适合于衡量合同标的质量的标准,并无一定之规。但是,我们仍然可以就某些类型的标准作为"通常标准"或"符合合同目的的特定标准"被采用进行一般性的讨论。

(1)地方标准。按照《标准化法》第 13 条第 1 款规定,为满足地方自然条件、风俗习惯等特殊技术要求,可以制定地方标准。地方标准作为一定区域范围内企业生产经营活动的依据,当然可以成为依据《合同法》第 62 条第 1 项后半段之规定所采用的标准。尤其地方特色产品,因其产地限定,地方标准更能体现"通常"或"符合合同目的"的要求。例如,甘肃省地方标准《百合干》(DB62/T 411—2007)是甘肃特色产品"百合干"的推荐性标准,如合同的标的为甘肃产百合干,而没有约定质量标准,即可依据《合同法》第 62 条第 1 项后半段援引该地方标准,作为确定合同标的"百合干"的质量依据。前述"地理标志产品"的大米地方标准,也可以作为确定特定产地生产大米的标准被援引。

(2)团体标准。团体标准是我国标准化体制改革的产物。[①]《标准化法》规定,国家对团体标准的态度是支持和鼓励,即支持在重要行业、战略性新兴产业、关键共性技术等领域利用自主创新技术制定团体标准(第 20 条),鼓励社会团体制定高于推荐性标准相关技术要求的团体标准(第 21 条第 2 款)。团体标准的制定主体是专业学会、协会、商会、联合会以及产业技术联盟等社会团体,具有较强的公信力,符合"通常"的要求,可以作为"通常标准"而被采用。

(3)企业标准。企业标准是企业制定的作为其生产经营依据的标准,企业标准可以自行制定,也可以与其他企业联合制定。企业标准与团体标准均为市场主体制定的标准,国家对企业标准持与团体标准相同的支持和鼓励的态度

[①] 2015 年,国务院印发的《深化标准化工作改革方案》(国发〔2015〕13 号)提出要"培育发展团体标准",鼓励具备相应能力的学会、协会、商会、联合会等社会组织和产业技术联盟协调相关市场主体共同制定满足市场和创新需要的标准,增加标准的有效供给。2016 年,原国家质量监督检验检疫总局和国家标准化管理委员会联合发布《关于培育和发展团体标准的指导意见》(国质检标联〔2016〕第 109 号),对团体标准制定的范围和原则提出具体的意见。

（《标准化法》第 20 条、第 21 条）。企业标准只在企业内部或联合制定标准的企业之间使用，可以作为衡量企业的产品和服务质量的依据，但不能作为其他经营者生产的产品质量的依据，否则将导致不公平竞争。因此，原则上不宜援引企业标准作为"通常标准"或"特定标准"，用以判定其他经营者生产经营的产品的质量。

（4）国际标准或外国标准。我国《标准化法》对采用国际标准采取积极的政策，因此当合同对标的的质量要求不明确，而且无国内标准可供采用时，采用国际标准不失为一种选择。至于外国标准，如合同活动涉及特定国家，也不妨将该国的标准作为"符合合同目的的特定标准"的选项。例如，在浙江省高级人民法院审理的一起买卖合同纠纷案中，买受人在所购货物无国家标准也无约定标准的情况下，以货物出口澳大利亚为由，主张依据《合同法》第 62 条第 1 项关于"符合合同目的的特定标准"的规定，采用澳大利亚的标准。法院虽然没有支持买受人的最终请求，但认为买受人的上述主张"有一定的合理性"。①

（三）《合同法》第 62 条第 1 项适用的程序性问题

《合同法》第 62 条第 1 项适用的程序性问题，主要是在合同纠纷的诉讼中，依据该项规定援引标准，究竟是应由法官依职权主动援引还是应由当事人举证的问题。这一问题与标准是否具有法律属性、是否属于法源有关。如果标准具有法律属性，属于法源的范畴，那么应由法官依职权主动援引；如果标准不具有法律属性，不属于法源的范畴，那么原则上法官不能依职权主动援引，而应由当事人举证。

关于标准是否具有法律属性的问题，理论界并未达成共识。争议的重点在于政府主导制定的标准，尤其是其中的强制性标准。不少学者认为，我国的强制性标准属于技术法规②或相当于技术法规；③有的学者甚至认为，国家标准、行业标准和地方标准都是国家机关制定发布的具有立法、行政性质的文件。④1999 年，最高人民法院知识产权审判庭曾就标准出版纠纷案件中出现的标准是否享有著作权问题致函国家版权局。最高人民法院知识产权庭的函提出了倾向性的意见，国家版权局管理司在复函中表示"同意你庭的意见：强制性标准是

---

① 杭州华富进出口有限公司与飞洲集团有限公司买卖合同纠纷案，浙江省高级人民法院（2015）浙商终字第 118 号民事判决书。

② 李玫：《加快我国技术法规体系建设的几点思考》，载《西南政法大学学报》2002 年第 3 期。

③ 文松山：《技术法规与强制性标准》，载《中国标准化》1994 年第 10 期。

④ 周应江、谢冠斌：《技术标准的著作权问题辨析》，载《知识产权》2010 年第 3 期。

具有法规性质的技术性规范,推荐性标准不属于法规性质的技术性规范,属于著作权法保护的范围".[①] 在合同纠纷的司法实践中,还有法官直接将标准与法律并列,引为判决的依据。[②]

然而,标准无论是制(修)订还是实施,都与法律存在着很大的不同。[③] 标准虽然具有规范性,但与法律的规范性存在本质的区别,标准本身也不具有规范效力,标准的规范效力源自法律(标准化法)。[④] 在诉讼中,标准只具有作为案件事实认定依据的意义,而不具有判定当事人行为违法性的法律依据的意义。因此,标准属于证据,而不属于法律,依据《合同法》第62条第1项之规定,援引标准作为判定合同标的质量的依据,应由当事人举证,原则上不应由法官依职权主动引用。

但是,标准因其具有的技术性而非一般当事人所能掌握,在适用《合同法》第62条第1项援引标准时,所采用的标准甚至可能不为当事人所知悉,因此单纯强调当事人举证,不利于案件事实的查明。在此情况下,法官亦可依据《民事诉讼法》第64条第2款规定,主动"调查收集"标准,并委托专业技术机构(如鉴定机构)查明应当采用的标准。在司法实践中,对于合同标的质量的争议,法官也总是依据当事人的申请委托专业机构进行鉴定,专业机构依据有关标准鉴定并出具鉴定意见,法官专业机构出具的鉴定意见作为证据予以采纳。

与上述问题相关的是,法官应在判决中对依据《合同法》第62条第1项规定援引标准做出说明。说明应包括三项内容:一是要对"质量要求不明确"的具

---

① 《国家版权局版权管理司关于标准著作权纠纷给最高人民法院的答复》(权司〔1999〕50号),1999年8月4日发布。

② 辽宁省沈阳市皇姑区人民法院在一起因电梯噪声引起的商品房买卖合同纠纷案的判决书中,写明"根据《中华人民共和国合同法》第六十条、第四十四条、第一百零七条,《社会生活环境噪声排放标准》《GB 22337—2008》第4.2.1条之规定,判决如下:被告……于本判决生效之日起三十日内为原告……修复位于……房屋所在建筑内电梯,将电梯运行噪声降至符合《噪声排放标准》《GB 22337—2008》规范的标准;……"见原告薛某诉被告沈阳中耀房地产开发(沈阳)有限公司商品房销售合同纠纷案,辽宁省沈阳市皇姑区人民法院(2016)辽0105民初2855号民事判决书。

③ 标准与法律的区别与联系,可参考洪生伟等人的研究。白桦、洪生伟:《立法和制定标准的比较分析和研究——法律与标准生命周期过程比较分析之一》,载《标准科学》2009年第2期;齐陵、齐格奇、洪生伟:《执法和实施标准的比较分析和研究——法律与标准生命周期过程比较分析之二》,载《标准科学》2009年第7期;白桦、洪生伟:《法律和标准实施监督检查的比较分析和研究——法律与标准生命周期过程比较分析之三》,载《标准科学》2010年第3期。

④ 柳经纬:《标准的规范与规范效力——基于标准著作权保护问题的视角》,载《法学》2014年第8期。

体情形做出说明，这是适用《合同法》第 62 条第 1 项的前提。究竟是因为没有约定，还是约定的标准条款无效；如属约定的标准条款无效，则无效的理由是什么？这些都应在判决中交代清楚。二是必须说明采用标准依据的是《合同法》第 62 条第 1 项，而不是越过法律的规定直接援引标准。这是因为标准并不具有当然的适用效力，即便是强制性标准也是如此，之所以采用某项标准，依据的是《合同法》第 62 条第 1 项。三是必须交代清楚为什么采用该项标准，尤其是在当事人对适用的标准存在争议时，更有必要说清楚这个问题。之所以要求法官在判决中做出上述说明，目的在于加强判决的说理性，增强判决的可信度；同时也可防止法官在处理合同质量纠纷案件时采用标准的随意性。[①]

四、结语：合同与标准关系模式之评价

通过本文的分析，我们将合同与标准关系的模式描述为：标准通过当事人的约定而进入合同，成为合同的条款；在合同没有约定标准或者约定的"标准"条款无效时，通过援引标准以填补合同的漏洞。

本文的分析表明，这一模式较为准确地反映了合同与标准的关系，应予肯定，并应在民法典合同编中得到延续。[②] 首先，标准通过当事人的约定进入合同，体现了合同自由的原则，无论是上述哪一种标准进入合同的情形，都可以从法的层面上得到支持。即便是商业广告载明标准的情形，也可以根据《合同法》第 15 条第 2 款关于"视为要约"的规定，获得法的支持。这也就说明，现行法能够满足标准进入合同所需法律依据的需要。其次，《合同法》第 52 条第 5 项关于违法性合同无效的规定，为认定约定的标准"低于"强制性标准的标准条款无效提供了依据，也能够满足标准条款效力判定所需法律依据的需要。再次，当合同出现"质量要求不明确"的漏洞时，《合同法》第 62 条第 1 款规定，通过援引

[①] 笔者通过中国裁判文书网（http://wenshu.court.gov.cn）随机查阅了数十份相关案件的判决书，大多数判决对适用《合同法》第 62 条第 1 项援引标准不作说明或说明不充分，多数判决直接越过《合同法》第 62 条第 1 项，有的判决不交代"质量要求不明确"的具体情形，甚至连"质量要求不明确"也不提，而是直接指称被告交付的标的物不符合某项标准（通常是国家标准），对为什么援引该项标准不作任何说明。

[②] 我国民法典编纂工作采取"两步走"的思路，第一步制定总则，总则已于 2017 年 3 月 15 日获得通过；第二步制定物权编、合同编等分则编，2018 年上半年整体提请全国人大常委会审议，2020 年将民法典各分编一并提请全国人民代表大会会议审议通过，从而形成统一的民法典。参见李适时：《关于〈中华人民共和国民法总则（草案）〉的说明》，载中国人大网，2016 年 6 月 27 日 发布，http://www.npc.gov.cn/npc/lfzt/rlyw/2016-07/05/content_1993422.htm，2016 年 7 月 6 日访问。

标准,为确定合同标的的质量提供了依据,使得合同得以继续履行,符合法律鼓励和促进交易的精神。与此同时,随着标准化事业的发展,标准已经遍及社会生活的各个领域,这一规定较之其他国家或地区民法通常采用的"中等品质"的规定更具可操作性,也更加客观。①

本文的分析也表明,《合同法》第 62 条第 1 项与我国标准化体制之间存在着不协调之处。首先,依据《标准化法》的规定,在我国标准体系中,强制性国家标准与其他标准存在着效力的差别,"强制性标准必须执行",因此援引标准填补合同漏洞时首先应当援引强制性国家标准,只有在没有强制性国家标准时方可援引其他标准,《合同法》第 62 条第 1 项笼统地表述为"国家标准",与现行标准化体制不符,在填补合同标的质量标准漏洞时应优先采用强制性国家标准。其次,行业标准是行业部门在没有推荐性国家标准又需要在全国行业内统一技术要求而制定的标准,在于填补推荐性国家标准的空白,因此在填补合同标的质量标准漏洞时应优先采用推荐性国家标准,只有在没有推荐性国家标准时才采用行业标准。《合同法》第 62 条第 1 项笼统的表述采用"国家标准、行业标准",未能反映出推荐性国家标准与行业标准之间的正确关系。最后,地方标准尤其是地理标志产品标准,具有特定指向,在填补特定产地的产品质量标准漏洞时应具有优先适用性,《合同法》第 62 条第 1 项未考虑到地方标准在填补合同标的质量标准漏洞的特殊意义。因此,建议民法典合同编在延续《合同法》第 62 条第 1 项的规定时,对条文内容做出适当调整。具体条文建议如下:

> 合同对质量要求不明确时,有强制性国家标准的,应按照强制性国家标准履行;没有强制性标准而有推荐性国家标准、行业标准,依次按照推荐性国家标准、行业标准履行;地方性产品有地方标准的,按照地方标准履行;没有国家标准、行业标准、地方标准的,按照通常标准或者符合合同目的的特定标准履行。

---

① 当合同出现"质量要求不明确"的漏洞时,多数国家或地区的民法典只是笼统地规定应交付"中等品质"的货物。例如:《德国民法典》第 243 条第 1 款规定:"负担仅按种类来确定物的人,必须给付中等种类和品质的物。"《日本民法典》第 401 条第 1 款规定:"债权的标的物仅以种类指定时,如果依法律行为的性质或当事人的意思不能确定其品质,债务人须以中等品质之物给付。"《意大利民法典》第 1178 条规定:当以交付确定了种类的物为债的标的物时,债务人应当交付不得低于中等品质的物。我国台湾地区"民法典"第 200 条(种类之债)第 1 项规定:"给付物仅以种类指示者,依法律行为之性质或当事人之意思不能定其品质时,债务人应给以中等品质之物。"《土库曼斯坦民法典》第 392 条(履行的质量)规定:"合同未详细确定履行质量的,债务人应提供不低于中等质量的工作或交付中等质量的物。"

12.

"合标"行为及其私法评价[*]

【摘要】作为法律评价对象的"合标"行为,应根据标准的体系及标准之间的关系,构建"合标"行为的认定规则。在私法体系里,合同法和侵权法对"合标"行为的评价存在差异:在合同法中,"合标"即合法;但在侵权法上,"合标"并不必然合法。这种差异是由于合同法与侵权法的不同功能和宗旨所致。在侵权法领域,对"合标"行为的评价也存在差异:基于侵权法的权利保护宗旨,"合标"不一定合法,但依据法律的规定,在不可量物侵入等场合,"合标"行为也可以获得合法性的评价。这一差异的原因不在法的功能和宗旨层面上,而在法律技术层面上。"合标"即合法作为侵权法评价的特殊规则,应以有特别法规定为必要。

一、引言

当标准被引入私法领域时,标准作为一种外在于法律的规范系统,即可介入私法对民事关系的调整、对民事行为的规范产生影响与作用。^① 标准对私法规范民事行为产生影响与作用的同时,也就意味着,私法需要对符合(遵守)标准与否的行为做出合法与否的评价。依据法之一般逻辑,既然标准可以被法律所引用以规范民事行为,那么在法律上就应当对符合(遵守)标准的行为(简称

---

* 本文原题为"'合标'行为及其私法评价",载《政治与法律》2021 年第 9 期。
① 参见柳经纬:《论标准的私法效力》,载《中国高校社会科学》2019 年第 6 期。

"合标"行为)给予合法性评价,对不符合(违反)标准的行为(简称"违标"行为)①给予违法性评价,形成"合标"即合法、"违标"即违法的私法评价模式。然而,实际情况并非完全如此。在法律实践中,对不符合标准的行为做出违法性的评价,可以形成"违标"即违法的私法评价定式。例如,卖方交付的标的物不符合约定的质量标准,构成违约行为,卖方应承担违约责任;企业排放污染物不符合排污标准,构成环境侵权行为,排污者应承担环境侵权责任。但是,对于符合标准的行为,则难以形成"合标"即合法的私法评价定式,"合标"行为并不能当然获得合法性的评价。最高人民法院 2015 年发布、2020 年修订的《关于审理环境侵权责任纠纷案件适用法律若干问题的解释》第 1 条明确指出:"污染者以排污符合国家或者地方污染物排放标准为由主张不承担责任的,人民法院不予支持。"也有学者就一般侵权责任的承担问题指出,符合标准(强制性标准)不能成为免除侵权责任的抗辩事由。② 行为违法是民事责任构成要件,行为合法(不违法)则无需承担民事责任,这是法的一般观念,也是法律评价必须遵循的基本理念。在侵权责任构成问题上,行为合法对抗的是行为违法这一要件。③ 符合标准不能成为民事责任的抗辩事由,也就意味着"合标"并不一定合法,符合标准的行为在私法上并不能必然得到合法性的评价。

然而,"合标"行为不能必然得到合法性的评价,并没有完全解答"合标"行为的私法评价问题。因为即便百分之九十九的情形表明"合标"行为无需承担民事责任,但只要有百分之一的情形表明"合标"行为不能构成不承担民事责任的抗辩事由,就足以得出"合标"行为不能必然得到合法性评价的结论,但这个结论却不能说明那百分之九十九的"合标"行为的合法性评价问题。因此,关于

---

① 本文采取"合标"与"违标"来表达符合(遵守)标准的行为和不符合(违反)标准的行为,而没有采用"合规"与"违规"、"达标"与"超标"("不达标")用语,理由在于:采用"合标"与"违标"用语,突出了标准作为行为规范的特性,可以较为准确地表达出符合标准的行为与不符合标准的行为的特性;如果采取"合规"与"违规"用语,其所谓"规",既可以是标准,也可以是法律、章程、教规、行规、乡规等规范,无法准确表达出符合标准的行为与不符合标准的行为的属性。至于"达标""超标"("不达标")用语,可用于污染物排放、食品和产品中污染物的含量是否符合标准的情形,而不可用于其他符合标准与不符合标准的情形,因而不宜作为符合标准或不符合标准的行为的一般用语。

② 参见何鹰:《强制性标准的法律地位——司法裁判中的表达》,载《政法论坛》2010 年第 2 期;谭启平:《符合强制性标准与侵权责任承担的关系》,载《中国法学》2017 年第 4 期。

③ 在民事责任承担问题上,被告的抗辩事由与构成要件呈对应关系,行为合法或不违法对应的是行为违法;不存在损害对应的是损害;行为人无过错对应的是过错;损害与行为之间不存在因果关系对应的是因果关系。在民法学界,亦有将符合标准归入无过错的情形,这里涉及违法行为与过错的关系。这一问题不是本文研究的必要知识基础,在此不作讨论。

“合标”行为的私法评价问题,仍有待于进一步的研究。

二、“合标”行为的认定

“合标”行为私法评价的对象是符合(不违反)标准的行为,认定“合标”行为的依据是标准。这里的标准并非通常所说的“衡量事物的准则”,[①]而是指标准化意义上的标准。根据《标准化法》第 2 条第 1 款规定,标准化意义上的标准,是指“农业、工业、服务业以及社会事业等领域需要统一的技术要求”。标准化意义上的标准由标准化机构按照规定的程序制定,其技术要求体现在为各种活动或其结果提供规范、指南或特性。[②] 因此,“合标”行为也就是符合标准所规定的技术要求的行为。

指出“合标”行为是符合标准所规定的技术要求这一点,对于“合标”行为的认定十分重要。根据国家标准《标准化工作导则 第 1 部分:标准化文件的结构和起草规则》(GB/T 1.1—2020)的规定,标准的构成要素(内容)分为“规范性要素”和“资料性要素”。规范性要素包括“范围”“术语和定义”“符号和缩略语”“分类和编码/系统构成”“总体原则/或总体要求”“核心技术要素”“其他技术要素”。资料性要素包括标准文本的“封面”“目次”“前言”“引言”“规范性引用文件”“参考文献”和“索引”。规范性要素规定了标准的适用范围和技术要求,标准的使用者应当遵守的是规范性要素。资料性要素只是给出有助于理解和使用标准的技术要求的附加信息,标准的使用者“无需遵守”资料性要素。[③] 因此“合标”行为也就是指符合标准的“规范性要素”规定的技术要求的行为。只有标准中的规范性要素所规定的技术要求才是认定“合标”行为的依据,资料性要素不足以构成“合标”行为认定的依据。因此,所谓“合标”行为并不是指符合标准文本所有内容的行为,而是指符合标准文本中“规范性要素”的行为。在我国,标准类型繁多,不同类型标准之间还存在较为复杂的关系,因此“合标”行为的认定也具有相当的复杂性。

根据《标准化法》第 2 条第 2 款、第 3 款规定,标准因其制定(批准发布)主体的不同分为国家标准、行业标准、地方标准和团体标准、企业标准。国家标准、行业标准、地方标准是政府主导制定(批准发布)的标准,团体标准、企业标准是市场主体(社会团体、企业)主导制定的标准;国家标准又可分为强制性国

---

① 《现代汉语词典》,商务印书馆 1996 年第 3 版,第 83 页。

② 参见国家标准《标准化工作指南 第 1 部分:标准化和相关活动的通用术语》第 5.3 条[标准(standard)]。

③ 王忠敏主编:《标准化基础知识实用教程》,中国标准出版社 2010 年版,第 71 页。

家标准和推荐性国家标准,强制性标准属于"必须执行"的标准,依法具有强制实施效力,推荐性标准则属于"国家鼓励采用"的标准,依法不具有强制实施效力。行业标准、地方标准均属于推荐性标准,不具有强制实施效力。① 团体标准属于"供社会自愿采用"的标准,企业标准是企业为自己生产需要制定的标准,它们既不属于推荐性标准,也不属于强制性标准,谈不上强制实施效力。

尽管每一种标准都有自己相对确定的领域,②并且每一项标准都有其特定的对象(即标准化对象,是指需要标准化的主题,包括产品、服务和过程③),但是同一标准化对象多种类型标准并存的情况并非法律所禁止。例如,我国关于蜂蜜的产品标准,就有国家标准《食品安全标准 蜂蜜》(GB 14963—2011)、农业行业标准《无公害食品 蜂蜜》(NY 5134—2002)、供销合作行业标准《蜂蜜》(GH/T 18796—2012)、安徽省地方标准《洋槐蜂蜜》(DB34/T 466—2004)、中国蜂产品协会团体标准《蜂蜜》(T/CBPA 0001—2015)等。根据《标准化法》第 21 条的规定,同一标准化对象存在的多种标准之间的相互关系有二:一是强制性国家标准与其他类型的标准(推荐性国家标准、行业标准、地方标准、团体标准、企业标准)并存,但后者的技术要求应"不得低于"强制性国家标准;二是团体标准、企业标准与推荐性标准(推荐性国家标准、行业标准、地方标准)并存,国家鼓励制定技术要求"高于"推荐性标准的团体标准和企业标准。

根据上述标准的分类及不同类型标准之间的关系,可以形成如下"合标"行为的认定规则:

第一,如果在特定的标准化对象上存在强制性国家标准,而不存在技术要

---

① 2017 年《标准化法》修订之前,依据原《标准化法》第 7 条规定,不仅国家标准有强制性与推荐性之分,行业标准和地方标准也有强制性与推荐性之分,因此在实践中也存在着行业强制性标准和地方强制性标准。在现行法中,仍有关于地方强制性标准的规定,如《食品安全法》第 29 条规定的地方食品安全标准、《土壤污染防治法》第 12 条规定的地方土壤污染风险管控标准。

② 《标准化法》第 10 条第 1 款规定:"对保障人身健康和生命财产安全、国家安全、生态环境安全以及满足经济社会管理基本需要的技术要求,应当制定强制性国家标准。"第 11 条第 1 款规定:"对满足基础通用、与强制性国家标准配套、对各有关行业起引领作用等需要的技术要求,可以制定推荐性国家标准。"第 12 条第 1 款规定:"对没有推荐性国家标准、需要在全国某个行业范围内统一的技术要求,可以制定行业标准。"第 13 条第 1 款规定:"为满足地方自然条件、风俗习惯等特殊技术要求,可以制定地方标准。"第 18 条第 1 款规定:"国家鼓励学会、协会、商会、联合会、产业技术联盟等社会团体协调相关市场主体共同制定满足市场和创新需要的团体标准,由本团体成员约定采用或者按照本团体的规定供社会自愿采用。"第 19 条规定:"企业可以根据需要自行制定企业标准,或者与其他企业联合制定企业标准。"

③ 参见国家标准《标准化工作指南 第 1 部分:标准化和相关活动的通用术语》(GB/T 20000.1—2014)第 3.2 条[标准化对象(subject of standardization)]。

求高于强制性国家标准的其他标准,那么无论企业是否声明采用强制性国家标准,强制性国家标准均可适用于企业的生产经营行为,足以成为认定"合标"行为的依据,即符合强制性国家标准的是"合标"行为,不符合强制性国家标准的是"违标"行为。

第二,如果在特定的标准化对象上既存在强制性国家标准又存在技术要求高于强制性国家标准的其他标准,则分为三种情形:①如果其他标准是企业标准,企业标准是企业生产的依据,那么应以企业标准作为认定该企业"合标"行为的依据,符合企业标准的是"合标"行为,不符合企业标准的是"违标"行为;②如果其他标准是推荐性标准(推荐性国家标准、行业标准、地方标准)和团体标准,企业声明采用此类其他标准,那么应以企业采用的标准作为认定"合标"行为的依据,符合企业所采用标准的是"合标"行为,不符合所采用标准的是"违标"行为;③如果其他标准是推荐性标准(推荐性国家标准、行业标准、地方标准)和团体标准,企业未声明采用此类其他标准,那么仍应以强制性国家标准作为认定"合标"行为的依据,符合强制性国家标准的为"合标"行为,不符合强制性国家标准的为"违标"行为。

第三,如果在特定标准化对象上不存在强制性国家标准而存在其他标准,可分为两种情形:①如果其他标准为企业标准,那么应以企业标准作为认定"合标"行为的依据,符合企业标准的是"合标"行为,不符合企业标准的是"违标"行为;②如果其他标准是推荐性标准(推荐性国家标准、行业标准、地方标准)和团体标准,则应以企业采用的标准作为认定"合标"行为的依据,符合所采用标准的是"合标"行为,不符合所采用标准的是"违标"行为。这种情况下,认定"合标"行为的规则与上述第二项中的①和②类似。

第四,如果特定标准化对象上不存在强制性国家标准也不存在企业标准而存在推荐性标准(推荐性国家标准、行业标准、地方标准)和团体标准,而且企业未声明采用此类标准,此时应按照法律的特别规定,采用相应的标准作为认定"合标"行为的依据。例如,根据《民法典》第511条第1项的规定,合同对标的的质量要求不明确时,如无强制性国家标准,应采用推荐性国家标准作为合同履行的依据;如无推荐性国家标准,则应采用行业标准作为合同履行的依据;如无国家标准和行业标准,团体标准也可以作为"通常标准或者符合合同目的的特定标准"被采用作为合同履行的依据。在这种情形下,推荐性标准(推荐性国家标准、行业标准、地方标准)和团体标准即可作为认定合同履行行为是否"合标"的依据。之所以将团体标准排在最后,是因为依据《标准化法》的规定,团体标准属于技术要求高于推荐性标准的标准,如果同时存在推荐性标准和团体标准,那么采用团体标准作为认定"合标"行为的依据,显然对买方有利,而对卖方则不公平。

在适用上述"合标"行为认定规则时,应特别注意标准文本中"规范性引用文件"的情形。采用"规范性引用文件"的方式引用其他标准,是编制标准常见的做法。其益处是无需重复抄录所引用标准的内容,从而避免因可能存在的抄录错误和因所引用标准的修订导致的标准之间的不协调,还可以避免标准的篇幅过大。① 国家标准《标准化工作导则 第 1 部分:标准化文件的结构和起草原则》(GB/T 1.1—2020)第 9.5.4.2.1 条规定,"规范性引用的文件构成了引用它的文件不可缺少的条款",标准的使用者不仅要遵守该标准,还要遵守被标准引用的标准。因此,适用上述"合标"行为的认定规则时,被引用的标准应成为认定"合标"行为的依据。例如,国家标准《月饼》(GB/T19855—2015)"规范性引用文件"的清单包括 33 项标准,并在标准条文中分别规定了所引用的具体标准。② 被引用的标准包括《糕点、面包卫生标准》(GB 7099),第 5.3 条进而规定:卫生指标"应符合 GB 7099 食品安全标准的规定"。《糕点、面包卫生标准》(GB 7099)的最新版本是食品安全国家标准《糕点、面包》(GB 7099—2015)。③因此,在认定月饼生产是否"合标"时,不只是依据国家标准《月饼》(GB/T 19855—2015),在"卫生指标"项下,还应以国家标准《糕点、面包》(GB 7099—2015)为依据。月饼的卫生指标如符合国家标准《糕点、面包》(GB 7099—2015)的要求,可认定为"合标"行为,否则应认定为"违标"行为。

---

① 白殿一、王益谊等:《标准化基础》,清华大学出版社 2019 年版,第 121 页。

② 国家标准《月饼》(GB/T 19855—2015)"规范性引用文件"所列引用的 33 项标准分别为:《包装储运图示标志》(GB/T 191);《白砂糖》(GB 317);《小麦粉》(GB 1355);《花生》(GB/T 1532);《食用植物油卫生标准》(GB 2716);《腌腊肉制品卫生标准》(GB 2730);《鲜蛋卫生标准》(GB 2748);《食品安全国家标准 食品添加剂适用标准》(GB 2760);《食品饲料周转箱》(GB/T 5737);《食品安全标准 食用菌及其制品》(GB 7096);《糕点、面包卫生标准》(GB 7099);《食品安全国家标准 预包装食品标签通则》(GB 7718);《食用猪油》(GB/T 8937);《食用动物油脂卫生标准》(GB 10146);《荞麦》(GB/T 10458);《芝麻》(GB/T 11761);《食品安全国家标准 食糖》(GB 13104);《蜜饯卫生标准》(GB 14884);《食品安全国家标准 蜂蜜》(GB 14963);《干果食品卫生标准》(GB 16325);《食品安全国家标准 坚果与籽类食品》(GB 16326);《地理标志产品 宣威火腿》(GB/T 18357);《麦芽糖》(GB/T 20883);《食品馅料》(GB/T 21270);《限制食品过度包装要求 食品和化妆品》(GB 23350);《糕点质量检验方法》(GB/T 23780);《糕点生产及销售要求》(GB/T 23812);《绿色食品 食用花卉》(NY 1506);豆沙馅料(SB/T 10562);《莲蓉馅料》(SB/T 10563);《果仁馅料》(SB/T10564);《定量包装商品净含量计量检验规则》(JJF 1070)。其中"NY"是农业行业标准的代号,"SB"是商业行业标准的代号,"JJF"是国家计量技术规范的代号。

③ 该标准原版是 2003 年发布的《糕点、面包卫生标准》(GB 7099—2003)。

三、“合标”行为的私法评价

“合标”行为的私法评价,是指以私法作为行为的尺度对符合标准的行为做出私法上合法与否的评价,评价的依据是私法。

私法包括民法与商法。在我国法律体系里,前者的领域包括民事主体(自然人、法人、非法人组织)、物权、债(合同、侵权行为、不当得利、无因管理)、婚姻家庭、继承和知识产权;后者的领域则包括商事主体(公司、合伙企业、独资企业)、证券、票据、保险、信托、期货交易、海商和破产。在上述领域里,与标准作为行为依据有关的,只有债中的合同和侵权,其他私法领域的行为无需依据标准。因此,也只有合同法与侵权法存在对“合标”行为的评价,其他私法领域不存在“合标”行为的评价问题。

虽然《民法典》第 293 条和第 294 条关于相邻关系的规定涉及标准,但是不动产相邻人的行为符合标准与否,在法律评价层面上,则属于是否构成相邻侵权的问题,符合标准与否的法律评价已脱离物权法而进入侵权法的领域。《民法典》第 293 条规定:“建造建筑物,不得违反国家有关工程建设标准,妨碍相邻建筑物的通风、采光和日照。”建造的建筑物如符合国家有关通风、采光和日照标准,如国家标准《建筑采光设计标准》(GB 50033—2013)、国家标准《建筑日照计算参数标准》(GB/T 50947—2014),就属于“合标”行为;如不符合国家有关通风、采光和日照标准,则属于“违标”行为。建造建筑物是否符合相邻通风采光标准,进而是否构成对相邻侵权行为,则属于侵权法评价的范畴。《民法典》第 294 条也是如此。该条规定:“不动产权利人不得违反国家规定弃置固体废物,排放大气污染物、水污染物、噪声、光辐射、电磁辐射等有害物质。”本条中的“国家规定”包括有关固定废弃物、污染物排放的国家标准,如国家标准《恶臭污染物排放标准》(GB 14554—1993)、《危险废物贮存污染控制标准》(GB 18597—2001)、《社会生活环境噪声排放标准》(GB 22337—2008)等。在法律评价层面上,不动产权利人弃置固体废物、排放污染物是否符合标准,属于是否构成环境侵权的问题,因而也属于侵权法评价的范畴。

(一)“合标”行为的合同法评价

标准对于合同的意义在于它是确定合同标的质量最为重要的依据。在法律上,标准可以通过两种方式进入合同而成为确定合同标的质量的依据:一是当事人的约定。合同文本载明质量标准的基本信息(包括标准的名称、类型、发布机构、发布时间、实施时间和标准编号)、经营者在其产品的标签或说明书上标明执行的标准或标准编号、经营者在产品的广告上标明执行的标准或标准编号,均属于这种情形。如果合同只是笼统地约定合同标的须符合某一类标准或某几类标准,甚至更为模糊地表述为"相关标准",而没有提供具体标准的信息,依合同的标的(如货物的品名)及相关信息的指引可以确定具体标准的,也属于这种情形。[①] 二是法律的规定。《民法典》第 511 条第 1 项规定:"质量要求不明确的,按照强制性国家标准履行;没有强制性国家标准的,按照推荐性国家标准履行;没有推荐性国家标准的,按照行业标准履行;没有国家标准、行业标准的,按照通常标准或者符合合同目的的特定标准履行。"[②]依据本项规定,当合同对标的的质量要求不明确时,通过援引的方式,标准也可以进入合同,成为认定合同标的质量的依据。合同法秉承当事人意思自治原则,《民法典》第 511 条第 1 项仅在合同没有约定标准的质量标准或约定的质量标准不明确(合同漏洞)时才可适用。

当标准通过约定或法律的规定进入合同而成为确定标的质量的依据时,合同当事人交付的标的质量是否符合标准的要求也就进入法律评价的领域。合同法对合同标的质量符合标准与否的评价,具体表现为"合标"行为是否构成违约行为的认定上。《民法典》第 509 条第 1 款规定:"当事人应当按照约定全面履行自己的义务。"第 577 条规定:"当事人一方不履行合同义务或者履行合同义务不符合约定的,应当承担继续履行、采取补救措施或者赔偿损失等违约责任。"当标准进入合同时,债务人交付的标的质量须符合标准的要求。如果债务人交付的合同标的质量符合标准的要求,即履行了合同的义务,依法不构成违约行为,应得到合法性的评价;如果债务人交付的标的质量不符合标准的要求,属于不履行合同义务或履行合同义务不符合约定的情形,依法构成违约行为,应给予违法性的评价。由此可见,在合同法领域,"合标"即合法,"合标"行为可以得到合法性的评价。

在"合标"行为的合同法评价上,"合标"即合法不应存在例外的情形。这个道理其实很简单。在合同关系中,法律只能要求当事人依合同约定行事,而不能在合同外对当事人提出额外的要求。如果"合标"即合法存在例外的情形,便意味着法律对合同当事人提出了超出合同的额外要求。

(二)"合标"行为的侵权法评价

与违约行为违反的是约定义务不同,侵权行为违反的是法定义务。法定义

① 柳经纬:《合同中的标准问题》,载《法商研究》2018 年第 1 期。
② 《民法典》第 511 条第 1 项中的"强制性国家标准""推荐性国家标准""行业标准",均指标准化意义上的标准;"通常标准""符合合同目的的特定标准"中的"标准"既可以是标准化意义上的标准(如地方标准、团体标准、企业标准、国际标准等),也可以是通常意义上的标准。

务依据其来源可分为两种情形：一是基于权利不受侵害的法的一般观念，任何人均负有不得侵害他人权利之法定义务；二是基于法律的特别规定，对特定人课以为或不为一定行为之法定义务。标准与法定义务的联系存在于第二种情形，即法律对特定人课以遵守标准的法定义务，包括提供的产品或服务应符合标准的要求、生产经营行为（如污染物排放）应符合标准的要求。根据我国法律的规定，遵守标准的法定义务又有两种情形：一是依据《标准化法》第 2 条第 3 款关于“强制性标准必须执行”的规定，强制性标准被赋予强制实施效力，强制性标准所约束的特定人应当遵守强制性标准；二是依据法律的直接规定，特定人负有遵守标准的义务。后者如《食品安全法》第 33 条规定“食品生产经营应当符合食品安全标准”，《大气污染防治法》第 13 条规定“向大气排放污染物的，其污染物排放浓度不得超过国家和地方规定的排放标准”。前述《民法典》第293 条、第 294 条也属于这种情形。在侵权法领域，所谓“合标”行为和“违标”行为，就是指遵守或违背法定义务所确定的标准的行为。

与“合标”行为的合同法评价不同，“合标”行为在侵权法上并不必然得到“合法”的评价。早在 1991 年，原国家环境保护总局在给湖北省环保局的复函《关于确定环境污染损害赔偿责任问题的复函》[（91）环法函字第 104 号]中就指出“承担污染赔偿责任的法定条件，就是排污单位造成环境污染危害，并使其他单位或者个人遭受损失。现有法律法规并未将有无过错以及污染物的排放是否超过标准，作为确定排污单位是否承担赔偿责任的条件。”“至于国家或者地方规定的污染物排放标准，只是环保部门决定排污单位是否需要缴纳超标排污费和进行环境管理的依据，而不是确定排污单位是否承担赔偿责任的界限。”依此，环境侵权是否成立，不应因排污符合标准而受影响，亦即“合标”并不必然合法。最高人民法院 2015 年发布、2020 年修订的《关于审理环境侵权责任纠纷案件适用法律若干问题的解释》第 1 条规定“污染者以排污符合国家或者地方污染物排放标准为由主张不承担责任的，人民法院不予支持”，强调的也是在环境侵权领域，“合标”行为并不必然合法。

不只是在环境侵权领域，在产品侵权领域，“合标”行为也不必然合法。《产品质量法》第 41 条第 1 款规定，因产品存在缺陷造成人身、缺陷产品以外的其他财产损害的，生产者应当承担赔偿责任；[1]第 2 款规定的“不承担赔偿责任”的事由并不包括“合标”行为。[2] 关于产品缺陷，第 46 条在强调“产品存在危及人

---

① 《民法典》第 1202 条延续了《产品质量法》第 41 条第 1 款的规定。

② 《产品质量法》第 41 条第 2 款规定：“生产者能够证明有下列情形之一的，不承担赔偿责任：（一）未将产品投入流通的；（二）产品投入流通时，引起损害的缺陷尚不存在的；（三）将产品投入流通时的科学技术水平尚不能发现缺陷的存在的。”

身、他人财产安全的不合理的危险"这一基本定性的同时,也将不符合产品标准作为认定产品缺陷的重要依据。但是,符合标准只是产品不存在缺陷的必要条件,而非充分条件。① 由于产品缺陷的本质是产品存在危及人身和财产安全的不合理危险,而产品是否符合标准与产品是否存在不合理危险并非完全一致,产品符合标准未必就说明其不存在不合理危险。因此符合标准的产品仍然可能存在"不合理的危险"。如果产品虽符合标准却仍存在不合理的危险,造成了消费者的损害,生产经营者仍应承担责任。② 因此,在产品侵权责任问题上,"合标"行为并不必然得到合法性的评价。

然而,在侵权法领域,也存在另一种情形:"合标"即合法,"合标"行为依法可以获得合法性的评价。当法律有特别规定时,依据法律的规定,"合标"行为应认定为合法行为。在我国现行法中,"合标"即合法的情形有如下几种。

(1)环境噪声污染侵权责任。《环境噪声污染防治法》第61条第1款规定:"受到环境噪声污染危害的单位和个人,有权要求加害人排除危害;造成损失的,依法赔偿损失。"第2条第2款规定:"本法所称环境噪声污染,是指所产生的环境噪声超过国家规定的环境噪声排放标准,并干扰他人正常生活、工作和学习的现象。"根据上述两条规定,环境噪声污染侵权责任的构成要件之一是"环境噪声污染",而"环境噪声污染"的认定依据是环境噪声排放标准。③ 因此,如噪声排放符合标准,就不能认定为"环境噪声污染";不能认定"环境噪声污染",就不发生环境噪声污染侵权责任。因此,在噪声污染侵权纠纷案中,"合标"行为可以获得合法性的评价。④

(2)放射性污染侵权责任。《放射性污染防治法》第59条规定:"因放射性污染造成他人损害的,应当依法承担民事责任。"第62条第1项规定:"放射性污染,是指由于人类活动造成物料、人体、场所、环境介质表面或者内部出现超过国家标准的放射性物质或者射线。"根据上述两条规定,放射性物质或者射线超过国家标准才可认定为"放射性污染";如果未超过国家标准,就不构成"放射

---

① 刘静:《产品责任论》,中国政法大学出版社2000年版,第134页。

② 最高人民法院民法典贯彻实施领导小组主编:《中华人民共和国民法典侵权责任编理解与适用》,人民法院出版社2020年版,第315~316页。

③ 我国现行环境噪声排放强制性国家标准有:《社会生活环境噪声排放标准》(GB 22337—2008)、《建筑施工场界环境噪声排放标准》(GB 12523—2011)、《工业企业厂界环境噪声排放标准》(GB 12348—2008)、《铁路边界噪声限值及其测量方法》(GB 12525—1990)(2008年修订)。

④ 相关案例见阴秉权等诉北京铁路局噪声污染纠纷案,北京市铁路运输法院(2001)京铁经初字第23号民事判决书。在该案中,北京市铁路运输法院直接认定"北京铁路局的噪声排放行为未超过国家规定的噪声排放标准,其行为为不具违法性"。

性污染",因而也不承担侵权责任。① 在这里,放射性物质或射线"合标"同样获得合法性的评价。

上述《环境噪声污染防治法》《放射性污染防治法》规定的噪声污染和放射性污染均属于"不可量物"侵入造成的污染。"不可量物"是指没有具体的形态、不能用传统的衡量方式加以计量,但能因人的行为而对他人的合法权益造成损害的物,包括气、味、光、噪声、辐射等。许多学者认为,因不可量物侵入引起的纠纷中,"合标"行为可构成抗辩事由,②可以获得合法性评价。

(3)生产销售不安全农产品侵权责任。《农产品质量安全法》第54条第1款规定:"生产、销售本法第三十三条所列农产品,给消费者造成损害的,依法承担赔偿责任。"第33条规定了五种农产品"不得销售"的情形,其中四种属于不符合农产品质量安全标准的情形,分别是:①农药、兽药等化学物质残留或者含有的重金属等有毒有害物质不符合农产品质量安全标准;②含有的致病性寄生虫、微生物或者生物毒素不符合农产品质量安全标准;③使用的保鲜剂、防腐剂、添加剂等材料不符合国家有关强制性的技术规范;④其他不符合农产品质量安全标准的情形。③ 根据上述规定,如果销售的农产品符合农产品质量安全标准,不构成对第33条的违反,生产经营者不承担赔偿责任。在这里,生产销售农产品符合质量安全标准,可以获得合法性的评价。

(4)生产销售不安全食品侵权责任。有学者认为,食品的生产经营者不得以其食品符合安全标准主张免责,如果食品存在不合理的危险,生产经营者仍应对消费者承担责任。④ 但是,根据《食品安全法》以及最高人民法院发布的《关于审理食品药品纠纷案件适用法律若干问题的规定》关于食品合格举证责任的规定,似乎不应得出上述结论。《食品安全法》第147条第1款规定:"违反本法规定,造成人身、财产或者其他损害的,依法承担赔偿责任。"该法关于食品生产经营者义务(包括食品的生产、销售,食品添加剂的生产与使用等)的规定,均强调应当符合食品安全标准。⑤ 因此,第147条规定的"违反本法规定"就食品的

---

① 曹康泰、谢振华、李飞主编:《中华人民共和国放射性污染防治法释义》,法律出版社2003年版,第90页。

② 宋亚辉:《环境管制标准在侵权法上的效力解释》,载《法学研究》2013年第3期;张敏纯:《论行政管制标准在环境侵权民事责任中的类型化效力》,载《政治与法律》2014年第10期。

③ 《农产品质量安全法》第33条规定的另外一种"不得销售"的情形是"含有国家禁止使用的农药、兽药或者其他化学物质的"。含有国家禁用物质的农产品,无需经由标准来判断是否允许销售,直接归入"不得销售"的农产品范围。

④ 王艳林主编:《食品安全法概论》,中国计量出版社2005年版,第260页。

⑤ 《食品安全法》第4条、第33条、第39条、第40条、第41条、第46条、第49条等。

安全性而言,是指生产经营的食品不符合安全标准的情形。第 148 条第 1 款关于"首负责任制"①的规定,更加说明了这一点。该款规定:"消费者因不符合食品安全标准的食品受到损害的,可以向经营者要求赔偿损失,也可以向生产者要求赔偿损失。"依据该款规定,食品"不符合食品安全标准"构成食品安全侵权责任的必要条件。最高人民法院 2013 年发布、2020 年修订的《关于审理食品药品纠纷案件适用法律若干问题的规定》第 6 条要求生产经营者对食品"合格"(即符合标准)负举证责任。② 这一司法解释也意味着,如果食品生产经营者能够证明其食品符合有关标准的,即可认定其生产经营的食品"合格"。对于"合格"的食品,生产经营者不承担赔偿责任。因此,在食品侵权责任问题上,如生产经营的食品"合格",应给予合法性的评价。③

(5)生产销售不合格药品侵权责任。药品的情形与食品相似。虽然也有学者认为,药品符合标准不能构成不承担侵权责任的抗辩事由,④但依据《药品管理法》的规定,同样不应得出这一结论。《药品管理法》第 144 条规定,药品的生产企业、经营企业、医疗机构违反规定,给药品使用者造成损害的,依法承担赔偿责任。对于药品的生产者和经营者来说,本条所谓"规定",主要内容是药品应当符合国家标准。该法第 44 条规定,药品必须按照国家药品标准和国务院药品监督管理部门批准的生产工艺进行生产;中药饮片必须按照国家药品标准炮制;不符合国家药品标准的药品、不按照中药饮片炮制规范炮制的中药饮片不得出厂。第 98 条规定,药品成分的含量不符合国家药品标准的为劣药,法律禁止生产和销售劣药。这些规定都旨在强调药品生产经营者应当遵守国家标

---

① 首负责任制,是指消费者在合法权益受到损害,向生产者或者经营者要求赔偿时,由首先接到赔偿要求的生产者或者经营者负责先行赔付,再由先行赔付的生产者或者经营者依法向相关责任人追偿。首负责任制有利于防止生产经营者相互推诿,维护消费者合法权益。参见袁杰、徐景和主编:《〈中华人民共和国食品安全法〉释义》,中国民主法制出版社 2015 年版,第 365 页。

② 最高人民法院《关于审理食品药品纠纷案件适用法律若干问题的规定》第 6 条规定:"食品的生产者与销售者应当对于食品符合质量标准承担举证责任。认定食品是否合格,应当以国家标准为依据;没有国家标准的,应当以地方标准为依据;没有国家标准、地方标准的,应当以企业标准为依据。食品的生产者采用的标准高于国家标准、地方标准的,应当以企业标准为依据。没有前述标准的,应当以食品安全法的相关规定为依据。"

③ 相关案例见朱文超与上海贯康健康科技股份有限公司产品销售者责任纠纷上诉案,湖南省张家界市中级人民法院(2018)湘 08 民终 171 号民事判决书。在该案中,法院以朱文超未提交证据证实所购食品"不符合食品安全标准"为由驳回其诉讼请求。

④ 宋华琳:《论政府规制与侵权法的交错——以药品规制为例证》,载《比较法研究》2008 年第 2 期。

准,生产销售的药品应符合国家标准,如果药品质量不符合国家标准给药品使用者造成损害的,药品的生产经营者应当承担责任;如果符合国家标准,药品的生产经营者则不应当承担责任。在涉及药品质量的侵权纠纷中,“合标”行为应当给予合法性评价。①

此外,根据《民法典》第 293 条规定,建造建筑物如果符合国家有关通风采光的标准(合标),不构成相邻侵权行为,应给予合法性的评价;依据《民法典》第294 条规定,因相邻不动产的个人或家庭生活排放污染物,如果符合有关国家标准的,也应认为不构成相邻侵权行为,应给予合法性评价。②

综上所述,“合标”行为的私法评价可以归结为:“合标”行为的合同法评价与侵权法评价存在明显的差异,在合同法上,“合标”即合法,而且不存在例外情形;在侵权法上,“合标”并不必然合法,但在法律规定的情况下,“合标”行为也可以获得合法性评价。

四、“合标”行为私法评价差异性分析

(一)“合标”行为合同法评价与侵权法评价差异的原因

“合标”行为私法评价的差异,首先表现在,依据合同法可以得出“合标”即合法的结论,依据侵权法则不能得出“合标”必然合法的结论。造成这一差异的原因在于合同法和侵权法所具有的功能不同,在于二者的宗旨不同。尽管合同法和侵权法均属于私法,都尊崇意思自治和私权保护的理念,但二者在功能上仍存在明显的区别,二者的宗旨也存在较大的差异。合同法调整的对象是因合同产生的民

---

① 相关案例见宋玉华诉华中科技大学同济医学院附属同济医院等医疗损害责任纠纷案,湖北省武汉市硚口区人民法院(2016)鄂 0104 民初 887 号民事判决书。该案法院认为原告未举证证明被告在诊疗行为中存在过错,而且被告均举证证明其提供的血液及血液制品质量合格,被告已经尽到了当时当地医疗水平所能达到的要求,因而驳回原告的诉讼请求。

② 关于《民法典》第 294 条与《民法典》侵权责任编第七章规定的环境侵权责任的关系,最高人民法院民法典贯彻实施工作领导小组编写的《中华人民共和国民法典物权编理解与适用》指出,《民法典》第 294 条规定的情形“应当限于因相邻不动产的个人或者家庭生活排放污染物,在此情形下,是否合规排放应系认定污染者是否承担民事责任的构成要件之一。因个人或者家庭生活之外的相邻不动产权利人实施的环境侵权行为,包括法人、非法人组织以及自然人在生产经营过程中排放污染物对他人人身或者财产权益造成损害的,不适用本条规定,而应适用《民法典》侵权责任编中关于环境污染侵权的相关规定”。最高人民法院民法典贯彻实施工作领导小组:《中华人民共和国民法典物权编理解与适用(上)》,人民法院出版社 2020 年版,第 473 页。

事关系(《民法典》第 463 条),合同是当事人之间的协议(《民法典》第 464 条第 1
款),合同法的功能在于鼓励和促进交易,合同法是自治法,[①]最大限度地确认当事
人的合同自由是合同法的宗旨。侵权责任法调整的是因侵害民事权益产生的民
事关系(《民法典》第 1164 条),其首要功能是为民事权利受到侵害的受害人提供
救济,侵权责任法本质上是权利救济法。[②] 尽管侵权责任就其字面含义来说,是指
不法侵害他人权利应承担损害赔偿等不利的法律后果,但是法律使侵权人承担不
利法律后果不是目的而是手段,其目的是对受害人的救济,即当民事权利受到侵
害时受害人可以通过请求加害人承担民事责任而获得救济。

合同法与侵权法的功能不同、宗旨不同,直接决定了对"合标"行为评价的
差异。按照合同自由的原则,只要当事人约定的标的质量标准不违反法律的强
制性规定,合同法都承认其约定的合法性。在合同的履行中,只要当事人履行
合同义务的行为符合所约定的标准的要求,合同法也必然承认其履约行为的合
法性。如果合同法不承认符合标准的履约行为具有合法性,其实质是否定了合
同约定的合法性,否定了当事人的意志,而将非合同当事人的意志强加给合同
当事人。这就从根本上违背了合同自由的原则,违背了合同法的宗旨。

需要特别指出的是,当合同对合同标的的质量要求不明确时,依据《民法
典》第 511 条第 1 项规定,援引强制性国家标准、推荐性国家标准、行业标准等
标准,作为当事人履行合同义务的依据,从而得出"合标"行为的合法性评价,与
前述合同法尊崇合同自由的原则并不矛盾。依据《民法典》第 511 条第 1 项援
引的国家标准、行业标准等标准,虽然不是当事人合同约定的标准,但它是合同
当事人关于质量要求约定不明确时援引的标准,其意义在于弥补合同当事人约
定的不足(即弥补合同漏洞),目的在于使得合同目的的实现尽可能不因当事人
约定的不足而受到影响,符合当事人订立合同的目的。因而,从根本上看,依据
《民法典》第 511 条第 1 项援引标准作为合同标的质量的依据,并不违背当事人
的意志,仍在合同自由的范畴内。

按照侵权法的宗旨,只要民事权利受到他人不法侵害,法律就应当提供救
济,而不论加害人的行为是否符合标准。加害人的行为符合标准也罢,不符合
标准也罢,原则上不应影响法律对受害人提供救济。造成这种情形的原因在于
标准与侵权法的宗旨之间可能存在的差距。从标准化的要求来看,在保护生命
健康和财产安全上,标准与法律的目标是一致的。我国《标准化法》规定,有关

---

① 最高人民法院民法典贯彻实施领导小组主编:《中华人民共和国民法典合同编理解
与适用(一)》,人民法院出版社 2020 年版,第 18 页。

② 最高人民法院民法典贯彻实施领导小组主编:《中华人民共和国民法典侵权责任编
理解与适用》,人民法院出版社 2020 年版,第 15 页。

保障人身健康和生命财产安全、国家安全、生态环境安全以及满足经济社会管理基本需要的技术要求,应当制定强制性国家标准(第 10 条);其他类型标准(推荐性国家标准、行业标准、地方标准、团体标准、企业标准)的技术要求不得低于强制性国家标准的相关技术要求(第 21 条)。因此,保护人民的生命财产安全不仅是法律的目标,也是标准的目标。但是,在保护人民生命健康和财产安全的问题上,标准的任务是定出具体的技术指标。由于受科学技术发展水平及标准制定者对科学技术发展水平认知的限制,标准所确立的技术指标与侵权法的终极目标之间难免存在差距,[1]标准难以完全承载侵权法的价值需求,[2]尤其是当标准滞后于社会经济发展的情况下更是如此。在这种情况下,如果"合标"行为可以获得合法性的评价,从而成为不承担侵权责任的抗辩理由,那么受害人就得不到应有的救济。这也就悖离了侵权法的权利保护宗旨。

近年发生的"毒跑道"事件较好地说明了这一点。从 2015 年开始,北京、苏州、无锡、南京等地学校陆续出现塑胶跑道异味现象,有的造成学生出现流鼻血、过敏、头晕、恶心等症状。调查发现,产生"毒跑道"问题的原因固然与施工单位使用有毒有害材料有关,但有关标准严重滞后也是重要原因之一。当时有关塑胶跑道的国家标准主要是《合成材料跑道面层》(GB/T 14833—2011)和《体育场地使用要求及检验方法第 6 部分:田径场地》(GB/T 22517.6—2011)等。这些标准不仅均为推荐性标准而不具有强制性效力,而且没有考虑中小学校园及其学生群体的特殊性,在安全性能指标方面明显低于同期欧盟国家的标准。[3] 这样的标准显然无法满足中小学生这一特定人群的人身安全的要求。因

---

[1] 例如,产品的质量标准所规定的技术指标,可能不能完全涵盖该产品的全部安全性能指标,尤其是新产品更是如此。参见王胜明主编:《中华人民共和国侵权责任法释义》,法律出版社 2013 年第 2 版,第 250 页。

[2] 谭启平:《符合强制性标准与侵权责任承担的关系》,载《中国法学》2017 年第 4 期。

[3] 有关"毒跑道"所涉技术标准的分析,参见丁国民、高炳巡:《校园"毒跑道"的症结及法律对策研究》,载《武汉体育学院学报》2016 年第 11 期;孔令学:《"毒跑道"事件折射的塑胶跑道"标准化"反思》,载《中国标准化》2017 年第 7 期;徐剑、叶明:《校园"毒跑道"事件审思与治理研究》,载《山东体育科技》2017 年第 4 期。正是因为"毒跑道"与标准的滞后有关,因此,完善标准也就成为解决"毒跑道"问题的首要工作。2016 年 6 月 22 日,教育部有关负责人在回答记者提出的"教育部如何治理'毒跑道'"问题时说:"解决'毒跑道'问题,我们将积极做好以下工作:一是协调国家有关专业部门和标准研制部门完善相应的标准,加快修订过程,实行强制标准,增强标准的科学性、规范性和强制性,更加体现学生健康优先的原则。……"("教育部有关负责人就学校塑胶跑道质量问题答记者问",载《中国应急管理》2016 年第 6 期)。2018 年 5 月 4 日,国家市场监督管理总局、国家标准化管理委员会批准发布了强制性国家标准《中小学合成材料面层运动场地》(GB 36246—2018),该标准于 2018 年 11 月 1 日开始实施。

此,如果"合标"行为可以获得合法性的评价,显然违背了法律保护人的生命健康安全的宗旨。

(二)"合标"行为侵权法评价差异的原因

"合标"行为私法评价的差异,还表现在"合标"行为的侵权法评价本身存在着两种不同的情形:一是"合标"并不必然合法;二是"合标"即合法。关于"合标"并不必然合法的原因如上述,接下来需要分析的是侵权法对某些"合标"行为给予合法性评价的原因,分析侵权法中"合标"即合法区别于"合标"并不必然合法的原因。

关于侵权法上"合标"即合法的原因,当前的研究主要集中在环境侵权领域,反映在对不可量物污染纠纷中的合规抗辩(即"合标"行为构成对违法性的对抗事由)所作的分析。例如,有学者采用风险管控的理论,通过对环境管控标准与侵权责任两种管控工具的功能比较,认为噪声等环境管控标准能够达到"社会最优状态",法院应充分尊重标准,承认合规抗辩的效力。[①] 有的学者认为,在不可量物污染(能量污染)问题上,环境质量标准与环境排放标准之间具有一致性,遵守标准一般不会给他人带来损害,因此应当承认合规抗辩的正当性。[②] 还有学者从生活的经验出发,依据相邻关系中容忍义务的理论,认为人不可能生活在真空中,难以避免不可量物的侵入,因此不可量物污染只有超过必要的限度或者容忍义务的限度,才能要求相邻人承担侵权责任。在实践中,在存在相关标准的情况下,必要限度、容忍义务的量化依据是有关污染物排放标准。[③] 容忍义务的理论不仅被用于相邻不可量物侵入的场合,也被用于相邻通风采光关系的处理,并采用标准作为其量化的依据。[④]

毋庸置疑,上述理论对于我们理解不可量物污染纠纷中"合标"即合法的侵权法评价均有所助益,但如果将"合标"即合法的范围扩大到其他法律规定的领域,那么上述观点就存在相当的局限性。在生产销售不安全食品、不安全农产品、不合格药品侵权领域,"合标"即合法显然不适用相邻关系的容忍义务理论。食品安全标准、农产品安全标准、药品国家标准也难以被认定为已经达到"社会

---

① 宋亚辉:《环境管制标准在侵权法上的效力解释》,载《法学研究》2013 年第 3 期。

② 张敏纯:《论行政管制标准在环境侵权民事责任中的类型化效力》,载《政治与法律》2014 年第 10 期。

③ 余辉军、张宝、张敏纯:《环境污染责任:争点与案例》,北京大学出版社 2014 年版,第 92～93 页、第 102 页、第 114 页。

④ 最高人民法院民法典贯彻实施领导小组主编:《中华人民共和国民法典物权编理解与适用(上)》,人民法院出版社 2020 年版,第 460～463 页。

最优状态"。在食品、农产品、药品上,也不存在如同环境标准之质量标准与排放标准一致的类似情形。因此,对侵权法上的"合标"即合法做出理论上的解释,还需另辟蹊径。

笔者认为,"合标"行为侵权法评价存在差异,主要原因在于法的技术层面,而不在于制度功能层面。无论是不可量物污染还是生产销售不安全农产品、不安全食品、不合格药品,由于损害及其原因行为之复杂,法律上如果不借助于标准,很难对不可量物的排放行为和生产销售不安全农产品、不安全食品、不合格药品的行为做出合法与否的评价,标准为法律对上述行为做出合法与否的评价提供了技术上的支持。

在不可量物污染的场合,侵入的不可量物(声、光、气、辐射等)通常也存在被侵入的领域,因为人类生活的自然环境本身就存在不可量物,这些不可量物甚至是人类生存必不可少的物质。最为明显的现象是,人类生活不可能没有阳光,有阳光就有辐射(太阳辐射);而且阳光对人类既有好处(如可以促进人体所需维生素 D 的合成)也可能存在危害(如在强烈的太阳光下曝晒会灼伤皮肤)。[①] 在法律的层面上,被侵入领域原本存在的不可量物致人损害,不存在侵权问题,法律也无需对其发生进行评价。只有当不可量物是由外部侵入致人损害时,才可能发生侵权问题,法律才需要对不可量物的侵入进行评价。然而,当不可量物侵入时,侵入的不可量物是否构成危害,并不是一个法律所能做出判断的问题。尤其是在侵入的不可量物与被侵入领域原有的不可量物出现混合(如火车通过产生的声音与居民住所环境原本存在的声音)的场合,要分辨出侵入的不可量物和被侵入领域原本存在的不可量物,并认定危害仅来自于侵入的不可量物,法律更是无能为力。在上述情况下,如果要认定侵入的不可量物存在危害,要对不可量物的侵入进行法律评价,必须借助于以科学技术为基础制定的标准。在某些场合,侵入的不可量物可能只是危害发生的"最后一根稻草",而不是危害发生的主要因素。在侵权法上,要对侵入的不可量物是否属于"最后一根稻草"进行评价,也必须依据标准,法律同样无能为力。同时,从被不可量物侵入的角度来看,人类对不可量物的承受能力常常因人的个体差异而存在区别。例如,有的人对声音特别敏感,细微的声音都会影响睡眠,有的人却在火车的轰鸣声里也能安然沉睡。又如,某种气味会引起某种体质的人身体不适,而对其他人则毫无影响。在不可量物侵入的场合,作为具有普遍效力的法律,不可能对存在个体差异的个人设定个性化的方案,实行一人一案。法律只

---

① 有关太阳光对人类影响的分析,参见小普卓玛:《太阳辐射光及其对人类的影响》,载《西藏大学学报》2007 年第 3 期。

能就人类生活的一般情形,对不可量物侵入是否构成危害实行统一的评价。这个统一评价的事实依据只能是标准,如国家标准《社会生活环境噪声排放标准》(GB 22337—2008)、《恶臭污染物排放标准》(GB 14554—1993)、《大气污染物综合排放标准》(GB 16297—1996)等。因此,在不可量物侵入致人损害时,标准就成为法律评价的事实依据,如果不可量物侵入超过标准,法律可以对此做出违法性的评价;如果不可量物的侵入符合标准,法律则应对其做出合法性的评价。

　　生产销售农产品和食品的情形也是如此。农产品,是指来源于农业的初级产品,即在农业活动中获得的植物、动物、微生物及其产品(《农产品质量安全法》第 2 条)。食品,是指各种供人食用或者饮用的成品和原料以及按照传统既是食品又是中药材的物品(《食品安全法》第 150 条"食品")。农产品和食品是人类生活的必需品,法律对生产经营者的要求是所提供的农产品和食品必须是"安全"的,安全包含着两个层面:一是无毒、无害;二是符合营养要求。农产品和食品是否无毒无害、是否符合营养要求,属于科学问题,应以科学为依据加以判断。然而,在法律上,依据科学对农产品、食品做出安全与否的判断,不应也不可能以消费者的个体需求为依据实行个性化的评判。这是因为,就消费者的个体需求而言,因体质、习惯、禁忌及用量等影响,相同的农产品和食品对不同的消费者是否安全,存在着明显的差异。例如,某种食物对某些体质的人或有饮食禁忌的人来说,会引起身体不适,这种食物对这类人而言是不安全的;但是对于不属于这种体质、不存在饮食禁忌的人来说,它不会产生身体不适的效果,因而是安全的。即便不存在体质、习惯、禁忌的原因,用量的不同也会导致效果的不同,过量食用某种食物,常常会引起身体不适。因此,以消费者的个体需求为依据对食品是否安全实行个性化的评判,事实上不具有可行性,也不合理。对农产品、食品是否安全,必须实行统一的评判(以统一的衡量尺度/依据进行评判)。在现代社会,随着标准化事业的发展,以科学为依据制定的标准为法律判断农产品、食品是否安全提供了科学的依据。① 在法律上,农产品、食品是否无毒无害、是否符合营养的要求,只能依据标准,离开了标准,法律也无能为力。在生产销售不安全农产品和不安全食品的纠纷中,农产品质量安全标准、食品安全标准成为法律评价的事实依据,如果农产品、食品不符合安全标准,法律可以对此做出违法性的评价;如果农产品、食品符合安全标准,法律则应对其做出合法性的评价。

---

　　① 根据国家卫生健康委员会网站公布的《食品安全国家标准目录》,截至 2019 年 8 月,我国共发布食品安全标准 1263 项。参见国家卫生健康委员会食品安全标准与检测评估司网站,http://www.nhc.gov.cn/sps/spaqmu/201609/0aea1b6b127e474bac6de760e8c7c3f7.shtml,2020 年 7 月 17 日访问。

生产经营不合格药品的情形,同样具有复杂性。药品,是指用于预防、治疗、诊断人的疾病,有目的地调节人的生理机能并规定有适应症或者功能主治、用法和用量的物质,包括中药、化学药和生物制品等(《药品管理法》第 2 条)。从理论上来说,药品并不是人类生活的必需品,因为并不是所有的人都必定要使用药品。但是,对大多数人来说,药品却是必需品,人的生老病死常常离不开医疗服务,离不开药品。与法律对农产品和食品的安全性要求不同,法律对药品的基本要求是治疗效果(效应)。这是因为,药品在对疾病具有治疗效果的同时常常伴有一定的毒副作用,即所谓"是药三分毒"。虽然药品也讲究安全,但主要体现在药品的使用上,即"用药安全","用药安全"是对医生和医疗机构的要求,而不是对药品生产经营者的要求。与农产品、食品是否安全的判断一样,判断药品是否具有疗效,同样是一个科学的问题,同样存在因人而异的现象。导致药品疗效个体差异的因素包括年龄、性别、遗传、种族、病理状况以及心理等。① 法律不可能也不应根据人类的个体差异对药品是否具有疗效建立个性化的评价机制,而只能按照药品对于疾病所具有的一般效果实行统一的评价(以统一的衡量尺度/依据进行评价)。其评价的依据就是药品质量标准。在我国,最重要的药品质量标准是《中华人民共和国药典》。② 因此,在因药品质量引起的纠纷中,药品质量标准成了法律评价的事实依据,如果生产经营的药品不符合药品质量标准,法律可以对此做出违法性的评价;如果符合药品质量标准,则应对其做出合法性的评价。

上述分析表明,在不可量物侵入、生产销售不安全农产品和食品、生产经营不合格药品的侵权法评价中,"合标"行为之所以能够获得合法性的评价,是因为"损害"与"原因"之复杂。这种复杂性表现在,"损害"发生的"原因"不仅可能是"加害人"的行为(不可量物侵入,生产销售不安全的农产品、食品和不合格药品),而且也可能是"受害人"所处的环境(不可量物侵入的场合)和"受害人"的个体差异(不可量物侵入、生产销售农产品、食品、药品的场合)。如此复杂的情形导致法律上对上述情形下的行为违法性的认定较之一般侵权行为的认定具有极大的难度,较之产品侵权中产品缺陷的认定也具有相当的难度。在这种情况下,如果仅从侵权法的权利保护宗旨出发,根据个案情形对"加害人"的行为(不可量物侵入,生产销售农产品、食品和药品)实行个性化的评价,理论上虽不

---

① 张渊、袁学露、方忠宏、盛俊珊、刘皋林:《药品质量、疗效与合理用药》,载《中国医药导刊》2007 年第 2 期。

② 《中华人民共和国药典》由国家药典委员会编纂,1953 年首版,最新版本是 2015 年版(第十版),收载的品种达到 5608 种。参见国家药典委员会网站关于《中华人民共和国药典》的介绍,https://www.chp.org.cn/gjyjw/ydjj/index.jhtml,2022 年 1 月 21 日访问。

能说绝无可能,但在实际上不具有可行性。由于不可量物的危害、农产品和食品的安全以及药品的疗效均属于科学问题,需以科学为依据进行评判,因此以科学技术和经验为基础制定的标准,就为法律对不可量物侵入、生产销售农产品、食品和药品的行为进行法律评价提供了事实的依据。除了标准,法律将无法对不可量物侵入、生产销售农产品、食品和药品的行为做出评价。当标准成为对社会行为进行评价的不可替代的事实依据时,不仅可以得出"违标"即违法的评价结论,也可以得出"合标"即合法的评价结论。

在侵权法上,法的宗旨是权利保护。当权利受到他人不法侵害时,应以权利受到不法侵害作为行为违法性评价的基本规则。依此规则,"合标"行为并不必然给予合法性的评价。只有在不法侵害权利规则难以适用且存在标准的情况下,才可采用标准作为侵权法评价的事实依据,给予"合标"行为合法性的评价。在侵权法中,"合标"即合法相对于"合标"并不必然合法,属于特殊规则,应以特别法规定为必要。

五、结语

对"合标"行为进行法律评价,不只是一个法学理论问题,更是一个法律实务问题。在民事司法中,如何认定"合标"行为与"违标"行为,进而如何对"合标"行为和"违标"行为做出法律上的评价,对于正确处理民事纠纷,具有重要的意义。这个意义具体表现在,研究"合标"行为的私法评价,可以为司法实践中如何认定"合标"与"违标"行为提供具有可操作性的规则。在合同纠纷的处理中,"合标"即合法、"违标"即违法的评价方式,可以成为法院认定当事人是否存在违约行为的一项规则;在侵权纠纷中,一般情形下,法院应坚持"违标"即违法但"合标"并不必然合法的行为评价规则,但是在法律有规定的情况下,法院应当对"合标"行为做出合法性的评价。

13.

我国标准化法制的现代转型* ■

【摘要】2017 年《标准化法》的修订,标志着我国标准化法制的重大变革。具体表现为:在标准属性上,精简了强制性标准,实现了标准从技术法规到技术要求的回归;在标准体系上,改变了不同主体制定的标准之间的层级关系,确立了标准的平等地位;在标准化资源配置上,改变了政府主导的资源配置体制,形成了市场与政府并重的格局;在标准化领域上,从一、二、三产业扩展到社会事业等领域。这一变革顺应了经济社会发展的要求,必将为国家治理现代化建设奠定坚实的基础。

一、引言

我国标准化事业是在学习和借鉴苏联标准化工作模式的基础上发展起来的,标准化体制形成于计划经济时代,带有较为浓厚的计划经济色彩。这种标准化体制的基本特点是政府主导标准化资源的配置,政府不仅是标准化工作的管理者,也是标准的主要制定者。改革开放以来,随着市场化改革的不断深入,市场经济体制的确立,标准化体制也在逐渐发生变化,市场主体作为标准供应者的地位逐渐得到确认并担负着越来越重要的角色,市场在标准资源配置方面发挥着越来越大的作用。与这一过程相适应,我国标准化法制也逐渐发生着历史性的变革。这一变革的标志是 2017 年《中华人民共和国标准化法》(以下简称《标准化法》)的修订。

---

　*　本文原题为"我国标准化法制的现代转型——以《标准化法》的修订为对象",载《浙江大学学报》2021 年第 1 期,合作者聂爱轩。

二、标准的属性：从技术法规到技术要求的回归

标准是标准化的产物，而不是立法的产物。标准是以科学技术和经验为基础制定的供有关各方共同采用的技术规范文件，而不是法律文件。因此，标准就其本身而言，并不具有法的强制性。标准的非强制性是国际标准化界的固有认知，世界贸易组织《技术性贸易壁垒协定》（WTO/TBT）规定："标准是被公认机构批准的、非强制性的、为了通用或反复使用的目的，为产品或其加工或生产方法提供规则、指南或特性的文件。"我国国家标准《标准化工作指南 第 1 部分：标准化和相关活动的通用词汇》（GB/T 20000.1—2002）关于标准的定义修改采用自国际标准化组织 ISO/IEC 第 2 号指南的定义，将标准定义为"为了在一定范围内获得最佳秩序，经协商一致并由公认机构批准，共同使用和重复使用的一种规范性文件"，非强制性是标准区别于法律的基本特征。

但是，在计划经济体制下，计划（指令性计划）就是法律，具有强制性。[①] 标准化作为一种科学管理的手段，被赋予了实现国民经济计划的重要工具的意义，从而使得标准与国民经济计划一样具有了法的强制性。苏联标准化理论界认为，标准"在其有效范围内具有国家法制基础（强制性）"，"对制品质量所规定的要求，对于该制品的制造部门和用户部门来说是强制性的"，甚至认为标准化活动"不仅是技术经济活动，也是一种法律活动"，标准化法制体系是"各种法律和标准法令的有机统一体"。[②]

我国标准化事业是在学习和借鉴苏联标准化模式的基础上发展起来的。1954 年，中苏两国签订的《科学技术合作协定》，包含着标准化工作的合作内容。[③] 在标准化工作之初，不仅在标准化体制方面承袭苏联由政府主导的标准化工作模式，而且许多标准直接译自苏联标准，标准化工作带有浓厚的苏联色

[①] 计划的强制性体现为其对企业经营活动的刚性约束。1961 年《国营工业企业工作条例（草案）》（即"工业七十条"）规定，国营工业企业的生产活动应"服从国家的统一计划"，1983 年《国营工业企业工作条例》第 2 条规定"企业的根本任务是：……全面完成国家计划……"直至 1988 年，《全民所有制工业企业法》第 3 条仍规定："企业的根本任务是：根据国家计划和市场需求，发展商品生产……"第 35 条进而规定："企业必须完成指令性计划。"

[②] 苏联标准委员会及其研究所编：《苏联标准化六十年》，赵福成等译，中国标准出版社 1986 年版，第 15 页、第 35 页、第 37～38 页。

[③] 韩丹丹、洪生伟：《我国强制性标准的由来和发展趋势研究》，载《标准科学》2009 年第 11 期。

彩。① 虽然后来国家标准化事业发展磕磕碰碰、并不顺畅,但是源自于苏联的服务于计划经济的标准化工作模式,因与我国经济体制相契合,一直是我国标准化工作的基本形式。在这种标准化体制下,强调标准的强制性,一直是我国标准化立法的基本特点。1962 年,国务院颁发的《工农业产品和工程建设标准管理办法》是我国制定的第一部标准化法规,《办法》第 2 条规定:"一切正式生产的工业产品,各类工程建设的设计、施工,由国家收购作为工业原料的、出口的以及对人民生活有重大关系的重要农产品,都必须制订或者修订技术标准,并且按照本办法的规定进行管理。"第 19 条规定:"一切生产企业,对于原料、材料和协作件的验收,半成品的检查,以及成品的检验,都必须按照技术标准进行。一切工程建设的设计、施工和验收,都必须按照技术标准进行。"《办法》强调了企业生产必须制定标准,标准必须执行。虽然未明确标准具有法律属性,但标准的强制性却十分凸显。改革开放初期,随着国家工作重点转移到经济建设上来,标准化开始步入正轨。此时的标准化体制还谈不上改革,标准化工作仍然沿着计划经济的思路,政府主导标准化工作,强调标准的强制性,仍然是标准化法制的基调。1979 年,国务院颁发的《中华人民共和国标准化管理条例》(以下简称《标准化管理条例》)取代了 1962 年的《工农业产品和工程建设技术标准管理办法》,除了重申《工农业产品和工程建设技术标准管理办法》第 2 条、第 19条规定②外,其第 18 条明确规定:"标准一经批准发布,就是技术法规,各级生产、建设、科研、设计管理部门和企业、事业单位,都必须严格贯彻执行,任何单位不得擅自更改或降低标准。对因违反标准造成不良后果以至重大事故者,要根据情节轻重,分别予以批评、处分、经济制裁,直至追究法律责任。"这一规定,不仅将标准定性为"技术法规",而且还确立了"违反标准即违法"的标准违法行为判定规则。

1988 年,第七届全国人大常委会审议通过了《标准化法》。该法的颁行不仅意味着我国标准化法制从"法规"到"法律"迈上一个新的台阶,而且由于这部法

---

① 中国标准化研究院:《标准是这样炼成的——当代中国标准化的口述历史》,中国质检出版社、中国标准出版社 2014 年版,第 4~5 页。

② 《标准化管理条例》第 2 条规定:"技术标准(简称标准,下同)是从事生产、建设工作以及商品流通的一种共同技术依据。凡正式生产的工业产品、重要的农产品、各类工程建设、环境保护、安全和卫生条件,以及其他应当统一的技术要求,都必须制订标准,并贯彻执行。"第 20 条规定:"一切生产企业对于原料、材料和协作件的验收,半成品的检查,以及成品的检验,都必须按照标准进行。符合标准的产品由检验部门填发合格证;不符合标准的产品,一律不列入计划完成数,不计产值,不准出厂。"第 21 条规定:"一切工程建设的设计和施工,都必须按照标准进行,不符合标准的工程设计不得施工,不符合标准的工程不得验收。"

律是在 1984 年中共十二大后商品经济的地位得到一定程度的确认后制定的,在一定程度上也反映了市场化改革的需求。① 在标准的属性问题上,该法不再将标准定性为"技术法规",依据第 2 条、第 6 条等规定,制定标准的目的在于统一一定范围内的"技术要求"。② 同时,《标准化法》第 7 条规定:"国家标准、行业标准分为强制性标准和推荐性标准。保障人体健康,人身、财产安全的标准和法律、行政法规规定强制执行的标准是强制性标准,其他标准是推荐性标准。省、自治区、直辖市标准化行政主管部门制定的工业产品的安全、卫生要求的地方标准,在本行政区域内是强制性标准。"第 14 条规定:"强制性标准,必须执行。……推荐性标准,国家鼓励企业自愿采用。"上述规定将政府主导制定的标准划分为强制性标准和推荐性标准,从而改变了之前的法律关于标准尤其是政府主导制定的标准均具有强制性的规定,并且将强制性标准限定在"保障人体健康,人身、财产安全"等特定领域(之后国务院颁发的《标准化法实施条例》对强制性标准的范围作了具体的规定③)。这是我国标准化体制和标准体系的一次重大变革,推荐性标准作为我国标准体系的一个重要类型,企业可以自愿采用,不仅充分尊重了企业的自主权,而且使得我国标准化体制与国际接轨迈出了重要的一步。

《标准化法》颁行之后,随着改革开放的不断深入,市场经济体制改革目标

---

① 1982 年 9 月,中共十二大提出了"计划经济为主、市场调节为辅"的原则;1984 年 10 月,中共十二届三中全会提出实行"有计划的商品经济";1987 年 10 月,中共十三大提出"社会主义有计划商品经济的体制,应该是计划与市场内在统一的体制"。《标准化法》第 1 条将"发展社会主义商品经济"写进标准化立法的宗旨。

② 《标准化法》第 2 条规定:"对下列需要统一的技术要求,应当制定标准:……"第 6 条规定:"对需要在全国范围内统一的技术要求,应当制定国家标准。国家标准由国务院标准化行政主管部门制定。对没有国家标准而又需要在全国某个行业范围内统一的技术要求,可以制定行业标准。……对没有国家标准和行业标准而又需要在省、自治区、直辖市范围内统一的工业产品的安全、卫生要求,可以制定地方标准。……"

③ 《标准化法实施条例》第 18 条第 2 款规定:"下列标准属于强制性标准:(一)药品标准,食品卫生标准,兽药标准;(二)产品及产品生产、储运和使用中的安全、卫生标准,劳动安全、卫生标准,运输安全标准;(三)工程建设的质量、安全、卫生标准及国家需要控制的其他工程建设标准;(四)环境保护的污染物排放标准和环境质量标准;(五)重要的通用技术术语、符号、代号和制图方法;(六)通用的试验、检验方法标准;(七)互换配合标准;(八)国家需要控制的重要产品质量标准。"

的确立,社会经济的快速发展,标准化事业也取得巨大的成就。[1] 但是,标准化体制也存在着一些问题,如标准的范围过窄、强制性标准范围过宽、政府主导制定标准过多、市场主体制定标准限制过严、标准有效供应不足等,标准化体制难以适应社会经济发展的需要。[2] 为使标准化工作适应社会经济发展的需要,2015年国务院印发了《深化标准化工作改革方案》(国发〔2015〕13号)。在标准体系问题上,该文件提出"整合精简强制性标准""优化完善推荐性标准""培育发展团体标准""放开搞活企业标准"等改革措施,将政府主导制定的标准由6类整合精简为4类,分别是强制性国家标准和推荐性国家标准、推荐性行业标准、推荐性地方标准;市场自主制定的标准分为团体标准和企业标准。2017年,十二届全国人大常委会审议通过了《标准化法》的修订,修订后的《标准化法》所构建的标准体系反映了《深化标准化工作改革方案》的上述要求。《标准化法》第2条第2款规定:"……国家标准分为强制性标准、推荐性标准,行业标准、地方标准是推荐性标准。"第10条第1款规定:"保障人身健康和生命财产安全、国家安全、生态环境安全以及满足经济社会管理基本需要的技术要求,应当制定强制性标准。"这就意味着,强制性标准只限于国家标准,而且限于人身健康和人身财产安全、国家安全、生态环境安全等领域,行业标准和地方标准不再有强制性和推荐性之分,一律为推荐性国家标准,标准进一步回归其技术要求的本色。不仅如此,《标准化法》第2条第1款首次从法律上对标准作了定义,明确规定"本法所称标准(含标准样品),是指农业、工业、服务业以及社会事业等领域需要统一的技术要求"。

从1962年《工农业产品和工程建设标准管理办法》规定标准均具有强制性和1979年《标准化管理条例》规定标准是"技术法规",到1988年《标准化法》区分强制性标准和推荐性标准,再到2017年《标准化法》的修订,强制性标准退出行业标准和地方标准,淡化了标准的强制性,实现了对技术要求的本质回归。这是我国标准化法制现代转型的重要标志之一。

---

[1] 截至2016年底,我国共制定国家标准32842项、备案的行业标准54148项、地方标准29916项、企业标准超过100万项,覆盖一、二、三产业和社会事业各领域的标准体系基本形成,标准总体水平持续提高。参见马建堂、田世宏主编:《国家标准化政策读本》,国家行政学院出版社2017年版,第3页。

[2] 田世宏(国家标准化管理委员会主任):《关于〈中华人民共和国标准化法(修订草案)的说明〉》,载全国人民代表大会网站,http://www.npc.gov.cn/npc/xinwen/2017-11/07/content_2031365.htm,2017年11月18日访问。

三、标准体系:从层级关系到地位平等

对标准进行分级,是国际标准化的做法。国际知名标准化专家桑德斯在其主编的《标准化目的与原理》一书中,将标准分为国际标准、地区标准、国家标准、公司标准四个级别。[①] 然而,这种标准分级旨在说明"人们使用标准的范围大小",[②]而不表明不同级别的标准之间存在效力强弱的层级关系。我国标准体系也有层级划分。在 2017 年《标准化法》修订之前,我国标准的层级划分不仅表明其使用的范围的不同,也表明不同层级的标准之间还存在效力强弱的关系。

1962 年的《工农业产品和工程建设标准管理办法》第 14 条规定:"技术标准分为国家标准、部标准和企业标准三级,技术标准的审批,采取分级负责的办法。"国家标准由主管部门提出草案,视其性质和涉及范围报请国务院或者科学技术委员会(主管工农业产品技术标准)和国家计划委员会(主管工程建设技术标准)会同国家经济委员会、国务院财贸办公室、国务院农林办审批;部标准由主管部门制订发布或者由有关部门联合发布,并报科学技术委员会或国家计划委员会备案;未发布国家标准和部标准的产品和工程,制订企业标准,企业标准报科学技术委员会或国家计划委员会备案。该《办法》未明确规定三级标准的效力,但依据该《办法》制定的《航空工业产品技术标准管理办法》第 3 条明确规定,"部标准与国家标准有抵触时,应服从国家标准";"企业标准与国家标准或部标准有抵触时,应服从国家标准和部标准"。

1979 年的《标准化管理条例》基本延续了上述标准分级的规定,《条例》第 11 条规定:"标准分为国家标准、部标准(专业标准)、企业标准三级。部标准应当逐步向专业标准过渡。部标准(专业标准)和企业标准,不得与国家标准相抵触;企业标准不得与部标准(专业标准)相抵触。"与 1962 年《办法》不同的是,《条例》增加了企业标准的特别规定,明确"企业可以制订比国家标准、部标准(专业标准)更先进的产品质量标准"(第 15 条)。

1988 年的《标准化法》在上述三级标准的基础上增加了地方标准,将"部标准(专业标准)"修改为"行业标准",形成了国家标准、行业标准、地方标准和企业标准四级标准体系。其第 6 条规定,对需要在全国范围内统一的技术要求,制定国家标准,国家标准由国务院标准化行政主管部门制定;对没有国家标准

---

① ［英］桑德斯主编:《标准化的目的与原理》,中国科学技术情报研究所编辑,科学技术文献出版社 1974 年版,第 10 页。

② ［日］松浦四郎:《工业标准化原理》,熊国风、薄国华译,技术标准出版社 1981 年版,第 25 页。

而又需要在全国某个行业范围内统一的技术要求,可以制定行业标准,行业标准由国务院有关行政主管部门制定,并报国务院标准化行政主管部门备案;对没有国家标准和行业标准而又需要在省、自治区、直辖市范围内统一的工业产品的安全、卫生要求,可以制定地方标准,地方标准由省、自治区、直辖市标准化行政主管部门制定,并报国务院标准化行政主管部门和国务院有关行政主管部门备案;企业生产的产品没有国家标准和行业标准的,制定企业标准,企业的产品标准须报当地政府标准化行政主管部门和有关行政主管部门备案。依据该条规定,在同一标准化领域,存在行业标准的,如果后来制定了国家标准,行业标准即行废止;存在地方标准的,如果后来制定了国家标准或者行业标准,地方标准即行废止。国家标准、行业标准、地方标准之间的等级关系"森严"。至于企业标准,依据《标准化法》第 6 条及《标准化法实施条例》第 17 条的规定,处于补充的地位,只在产品没有国家标准、行业标准和地方标准时,才要求应制定企业标准,作为组织生产的依据,并要求企业标准须报当地政府标准化行政主管部门和有关行政主管部门备案。与 1979 年《标准化管理条例》第 15 条规定"企业可制订比国家标准、部标准(专业标准)更先进的产品质量标准"比较,《标准化法》和《标准化法实施条例》采取更为积极的态度,即"鼓励企业制定严于国家标准、行业标准或者地方标准要求的企业标准"(《标准化法实施条例》第 17 条)。

上述标准层级划分及其效力的规定,与我国原有的标准化体制有关,与标准的制定主体有关。政府制定的标准效力所以高于企业制定的标准,是因为政府与企业的关系是管理者与被管理者的关系。国家标准、行业标准和地方标准的效力之不同,则是因为它们的制定主体在社会经济事务管理上存在着行政上的层级关系。国务院标准化行政主管部门作为国家主管标准化工作的专职部门,制定和实施国家标准是其职责所在,赋予国家标准的效力高于行业标准和地方标准,当属自然;省、自治区、直辖市标准化行政主管部门虽然隶属于地方政府,但在业务上需接受国家标准化行政主管部门的指导,其制定的地方标准效力低于国家标准和行业标准,也属正常。在计划经济体制或者计划经济占主导的体制下,标准作为政府管理社会经济事务活动的手段,依据其制定主体的不同而赋予其不同的效力,具有合理性。

但是,这种标准分级及赋予不同层级标准以不同效力的规定,背离了标准的本质属性。标准以科学技术和经验的综合成果为基础而制定,本质上属于技术规范,而不属于政府基于其行政权力而制定的行政命令,标准的质量取决于其内容的科学性和技术的合理性,不取决于其制定主体是否为行政机关及行政机关的行政级别。即便是强制性标准,法律赋予其强制性,并不是因为它的制定主体是国家机关,而是因为它的对象是人民的生命健康安全和财产安全,法律规定国家统一标准的制定,并赋予其强制性,旨在为这些安全领域构建一道统一的"底线",①使得人民的生命健康安全和财产安全有基本的保障。

从1979年《标准化管理条例》规定企业"可以"制定比国家标准、部标准(专业标准)更先进的产品质量标准,到1988年的《标准化法》规定"鼓励"企业制定严于国家标准、行业标准或者地方标准要求的企业标准,虽然对突破以制定主体划分标准层级并赋予其不同效力的体制有一定的意义,但在《标准化法》修订之前,这种层级关系的标准体系总体上并无变化。

2017年《标准化法》的修订,虽然延续了四级标准划分的做法,但没有延续不同层级标准效力的规定,在标准体系的构建上实现了重大的突破。修订后的《标准化法》第2条第2款规定:"标准包括国家标准、行业标准、地方标准和团体标准、企业标准。国家标准分为强制性标准、推荐性标准,行业标准、地方标准是推荐性标准。"其中,团体标准与企业标准应属于同一层级的标准,不构成不同层级的标准。因此,标准体系仍由四个层级构成,即国家标准、行业标准、地方标准和企业标准、团体标准。与修订前不同的是,在第四个层级上增加了团体标准。《标准化法》对国家标准、行业标准和地方标准的领域作了适当的划分,规定"对保障人身健康和生命财产安全、国家安全、生态环境安全以及满足经济社会管理基本需要的技术要求,应当制定强制性国家标准"(第10条第1款),"对满足基础通用、与强制性国家标准配套、对各有关行业起引领作用等需要的技术要求,可以制定推荐性国家标准"(第11条第1款),"对没有推荐性国家标准、需要在全国某个行业范围内统一的技术要求,可以制定行业标准"(第12条第1款),"为满足地方自然条件、风俗习惯等特殊技术要求,可以制定地方标准"(第13条第1款);对团体标准和企业标准则不限定领域。② 关于标准的效力,《标准化法》除第21条第1项规定"推荐性国家标准、行业标准、地方标准、团体标准、企业标准的技术要求不得低于强制性国家标准的相关技术要求"外,并无不同级别标准效力的特别规定。虽然第21条第2款只是规定"国家鼓励社会团体、企业制定高于推荐性标准相关技术要求的团体标准、企业标准",但从第21条第1款的规定来看,团体标准、企业标准的技术要求高于强制性国家标准,也应属鼓励范围,至少不为法律所禁止。

---

① 2015年,国务院办公厅印发的《国家标准化体系建设发展规划(2016—2020年)》(国办发〔2015〕89号),提出了"强制性标准守底线"的定位。

② 《标准化法》第18条第1款规定:"国家鼓励学会、协会、商会、联合会、产业技术联盟等社会团体协调相关市场主体共同制定满足市场和创新需要的团体标准,由本团体成员约定采用或者按照本团体的规定供社会自愿采用。"第19条规定:"企业可以根据需要自行制定企业标准,或者与其他企业联合制定企业标准。"第20条规定:"国家支持在重要行业、战略性新兴产业、关键共性技术等领域利用自主创新技术制定团体标准、企业标准。"

因此,根据修订后的《标准化法》的规定,除了强制性国家标准的"底线"不可突破外,各类标准在法律上的地位是平等的,并不存在效力强弱之分。

从《标准化法》修订前的不同主体制定的标准具有不同的效力,到修订后的不同主体制定的标准地位平等,无效力强弱之分,这是我国标准体系的重大变化。

四、标准化资源配置:从政府主导到市场与政府并重

标准是标准化活动的产物,标准化活动是制定标准和实施标准的活动。[①]从世界各国标准化体制来看,主要有两种方式:一是政府直接管理模式,即政府直接制定发布标准;二是政府或法律授权标准化组织模式,政府不制定发布标准,由被授权的民间组织制定发布标准。市场经济发达国家主要采取第二种模式,发展中国家大多采取第一种模式。作为后起的经济发达国家,日本和韩国也采取第一种模式。[②]

我国在计划经济体制下形成的标准化管理体制是第一种模式的典型,这一模式的基本特征是政府主导着标准化资源的配置,政府既是标准化工作的组织者和管理者,又是标准的主要制定者和供应者,作为生产单位的企业,其制定标准受到严格限制,市场在标准化资源的配置上作用极为有限。

1962 年国务院颁布的《工农业产品和工程建设技术标准管理办法》将标准分为国家标准、部标准和企业标准,国家标准和部标准由政府制定发布,企业标准被限制在弥补国家标准、部标准缺失的范围内。1979 年国务院颁发的《标准化管理条例》基本上承旧例,国家标准和部标准(专业标准)由政府制定,在企业标准问题上,虽然规定企业"可制订"比国家标准、部标准(专业标准)更先进的产品质量标准(第 15 条),但企业标准的制定应"由企业上级主管部门审理"(第 16 条),企业标准的制定被纳入政府管理范围。原国家标准总局 1981 年发布的《工业企业标准化工作管理办法(试行)》第 5 条进而规定:"企业标准,原则上由企业自行组织制订、修订,企业负责人批准、发布。但作为商品交货条件的产品标准或超出一个企业范围使用的标准,地方企业,按省、市、自治区政府规定,由企业的上级主管部门或标准局审批、发布;中央直属企业(包括双重领导的企业),由国务院主管部门的专业局、公司或委托的单位审批、发布,抄送所在省、市、自治区标准局备案。"由于其时经济体制改革刚刚开始,企业自主权还很小,

---

① 参见国家标准《标准化工作指南 第 1 部分:标准化和相关活动的通用术语》(GB/T 20000.1—2014)"标准化""标准"条。

② 刘三江、刘辉:《中国标准化体制改革思路及路径》,载《中国软科学》2015 年第 7 期。

企业的标准化力量也不强,企业标准实际上"由地方标准化行政主管部门包办",所谓企业标准,实际上是地方标准,①真正的企业标准并不存在。

1988 年颁布的《标准化法》在政府标准问题上,增加了地方标准,扩大了政府标准的制定主体(第 6 条地 1 款);在企业标准的问题上,也将企业标准限制在无政府标准的范围内,虽然规定"鼓励企业制定严于"政府标准的企业标准,但企业标准限于"企业内部使用"(第 6 条第 2 款)。但是,随着经济体制改革的深入与企业自主权的落实,企业标准化有了内在的动力。1990 年原国家技术监督局发布的《企业标准化管理办法》第 5 条规定:"企业标准由企业制定,由企业法人代表或法人代表授权的主管领导批准、发布,由企业法人代表授权的部门统一管理。"依此规定,企业标准的制定不再需要报有关部门审批,确立了企业自主制定标准的权利。同时,《办法》第 6 条明确了企业标准的范围,企业标准的领域得到一定程度的扩大。② 在此情况下,随着我国市场化改革的深入,尤其是市场经济体制的改革目标确立后,企业标准化日趋活跃,企业标准呈现出快速增长的态势,备案的企业标准多达百万项。③ 然而,就标准化体制和标准化法制来看,在《标准化法》修订之前,政府主导标准化资源配置的基本格局没有变,市场配置标准化资源的作用仍然有限。

市场经济体制与计划经济体制在资源配置上的不同在于前者是市场起主要作用,后者是政府起主要作用。党的十八届三中全会通过的《中共中央关于全面深化改革若干重大问题的决定》指出,全面深化改革的"核心问题是处理好政府和市场的关系,使市场在资源配置中起决定性作用和更好发挥政府作用"。《决定》还指出"市场决定资源配置是市场经济的一般规律,健全社会主义市场经济体制必须遵循这条规律"。我国计划经济体制下形成的政府主导标准化资源配置的体制,显然不能适应发挥市场在资源配置中起决定性作用的要求,急需改变。

2015 年,国务院印发的《深化标准化工作改革方案》(国发〔2015〕13 号)指出,我国标准化发展中存在的诸多问题,"根本原因是现行标准体系和标准化管理体制是 20 世纪 80 年代确立的,政府与市场的角色错位,市场主体活力未能充分发挥……"标准化体制改革,就是要"紧紧围绕使市场在资源配置中起决定性作用和更好发挥政府作用,着力解决标准体系不完善、管理体制不顺畅、与社

---

① 中国标准化协会:《中华人民共和国标准化法宣贯讲义》,1989 年 4 月刊印,第 103 页。

② 《企业标准化管理办法》第 6 条规定:"企业标准有以下几种:(一)企业生产的产品,没有国家标准、行业标准和地方标准的,制定的企业产品标准;(二)为提高产品质量和技术进步,制定的严于国家标准、行业标准或地方标准的企业产品标准;(三)对国家标准、行业标准的选择或补充的标准;(四)工艺、工装、半成品和方法标准;(五)生产、经营活动中的管理标准和工作标准。"

③ 马建堂、田世宏主编:《国家标准化政策读本》,国家行政学院出版社 2017 年版,第 3 页。

会主义市场经济发展不适应问题"。《方案》提出要"建立政府主导制定的标准与市场自主制定的标准协同发展、协调配套的新型标准体系","把政府单一供给的现行标准体系,转变为由政府主导制定的标准和市场自主制定的标准共同构成的新型标准体系",其要点是发挥市场在标准化资源配置中的作用。同年,国务院办公厅印发的《国家标准化体系建设发展规划(2016—2020年)》进而提出了"协同推进,共同治理"的标准体系建设原则,更为明确地提出要"发挥市场对标准化资源配置的决定性作用,激发市场主体活力"。

作为改革的具体措施,《方案》提出要"培育发展团体标准"和"放开搞活企业标准"。关于团体标准,《方案》进一步提出"在标准制定主体上,鼓励具备相应能力的学会、协会、商会、联合会等社会组织和产业技术联盟协调相关市场主体共同制定满足市场和创新需要的标准,供市场自愿选用,增加标准的有效供给。在标准管理上,对团体标准不设行政许可,由社会组织和产业技术联盟自主制定发布,通过市场竞争优胜劣汰"。① 关于企业标准,《方案》提出:"企业根据需要自主制定、实施企业标准。鼓励企业制定高于国家标准、行业标准、地方标准,具有竞争力的企业标准。"

修订后的《标准化法》充分反映了标准化资源配置的上述改革要求,形成了市场与政府并重的标准化资源配置的法律制度。首先,《标准化法》在规定政府的标准化主体地位的同时,对企业、社会团体等社会组织的标准化主体地位也作了明确的规定,其第7条规定:"国家鼓励企业、社会团体和教育、科研机构等开展或者参与标准化工作。"第8条第2款规定:"国家鼓励企业、社会团体和教育、科研机构等参与国际标准化活动。"从而形成了社会与政府并重的标准化机制。这对于发挥市场在标准化资源配置方面的作用具有重要的意义。其次,《标准化法》第2条第2款将团体标准列入我国标准体系,第18条进而规定:"国家鼓励学会、协会、商会、联合会、产业技术联盟等社会团体协调相关市场主体共同制定满足市场和创新需要的团体标准,由本团体成员约定采用或者按照本团体的规定供社会自愿采用。"团体标准因此成为我国标准体系的法定成员。再次,在企业标准问题上,《标准化法》一改以往法律关于企业标准作为政府标准缺失的替补地位等限制性规定,于第19条规定"企业可以根据需要自行制定企业标准,或者与其他企业联合制定企业标准",企业制定标准的自主权得到确认。同时,《标准化法》不再对企业标准加以"在企业内部使用"的限制。最后,

---

① 2016年2月,原国家质量监督检验检疫总局和国家标准化管理委员会联合印发了《关于培育和发展团体标准的指导意见》(国质检标联〔2016〕109号),从"释放市场活力""创新管理方式""优化标准服务"等方面,提出了培育和发展团体标准工作的主要措施。

《标准化法》规定："国家支持在重要行业、战略性新兴产业、关键共性技术等领域利用自主创新技术制定团体标准、企业标准"（第 20 条），"国家鼓励社会团体、企业制定高于推荐性标准相关技术要求的团体标准、企业标准"（第 21 条第 2 款）。上述这些规定有利于发挥市场主体参与标准化活动的积极性，为发挥市场在标准化资源配置中的作用提供了法制保障。

五、标准化领域：从一、二、三、产业到社会事业

从世界标准化的发展史来看，标准化最初出现在工业生产领域，标准主要是工业品标准，随着社会经济的发展，标准化的领域不断扩大，农业、管理、服务等也逐渐被纳入标准化领域。我国标准化事业始于 20 世纪 50 年代，改革开放前的三十年，标准化事业发展磕磕绊绊，并不顺畅。改革开放以后，随着国家工作重心的转移，标准化事业发展迅速，标准化领域不断扩大，同样呈现出从最初的工业领域到农业、服务业向公共服务等领域扩张的发展趋势，形成了"覆盖一、二、三产业和社会事业各领域的标准体系"。①

标准化领域不断扩大的发展趋势也体现在标准化立法上。1962 年国务院颁布的《工农业产品和工程建设技术标准管理办法》所确定的标准化领域主要是工业产品、工程建设和由国家收购作为工业原料的、出口的以及对人民生活有重大关系的重要农产品（第 2 条）。1979 年国务院颁发的《标准化管理条例》将标准化领域扩大到环境保护、安全、卫生等领域，《条例》第 2 条第 2 款规定："凡正式生产的工业产品、重要的农产品、各类工程建设、环境保护、安全和卫生条件，以及其他应当统一的技术要求，都必须制订标准，并贯彻执行。"1988 年颁布的《标准化法》确定的标准化领域范围与 1979 年《条例》大体一致，但规定得更具体。依据该法第 2 条规定，标准化领域包括：①工业产品的品种、规格、质量、等级或者安全、卫生要求；②工业产品的设计、生产、检验、包装、储存、运输、使用的方法或者生产、储存、运输过程中的安全、卫生要求；③有关环境保护的各项技术要求和检验方法；④建设工程的设计、施工方法和安全要求；⑤有关工业生产、工程建设和环境保护的技术术语、符号、代号和制图方法；⑥重要农产品和其他需要制定标准的项目，由国务院规定。1990 年，国务院颁布的《标准化法实施条例》第 2 条的规定就更加具体，包括了"农业（含林业、牧业、渔业）产品（含种子、种苗、种畜、种禽）的品种、规格、质量、等级、检验、包装、储存、运输以及生产技术、管理技术的要求"和"信息、能源、资源、交通运输的技术要求"。总

---

① 马建堂、田世宏主编：《国家标准化政策读本》，国家行政学院出版社 2017 年版，第 3 页。

体来看,《标准化法》修订之前,法律规定的标准化领域主要是工业、农业和服务业,即"一二三产业"。

　　标准是经济活动和社会发展的技术支撑,标准化的作用随着社会经济的发展而日益凸显,不仅工业、农业、服务业需要标准化,公共服务领域也需要标准化以提高公共服务水平。2015 年国务院办公厅印发《国家标准化体系建设发展规划(2016—2020 年)》,所列重点建设的标准化领域不仅包括"经济建设标准化"(农业、工业和服务业),还包括"社会治理标准化""生态文明标准化""文化建设标准化""政府管理标准化";将"基本公共服务标准化"列入标准化建设 10 项重大工程。① 这不仅是我国标准化事业发展所需,也是国家经济社会发展所需。

　　基本公共服务包括国家为了社会公益目的所提供的公共教育、劳动就业创业、社会保险、医疗卫生、社会服务、住房保障、公共文化体育、残疾人服务等基本公共服务,以及政务服务、社会治理、公共安全等。在公共服务标准化方面,我国已经取得了一定成果。例如,国家标准《社会治安综合治理基础数据规范》(GB/T 31000—2015)对社会治安综合治理的基础性数据进行了统一和规范;国家标准《社会治安综合治理综治中心建设与管理规范》(GB/T 33200—2016)对综治中心的建设与管理进行了统一规范;国家标准《职工基本养老保险个人账户管理规范》(GB/T 34278—2017)对职工基本养老保险个人账户的标识、性质、用途、管理主体、权益维护等提出了要求;国家标准《美丽乡村建设指南》(GB/T 32000—2015)规定了美丽乡村的村庄规划和建设、生态环境、经济发展、公共服务、乡风文明、基层组织、长效管理等的具体要求。

　　《标准化法》的修订,反映了标准化事业发展的客观要求。修订后的《标准化法》第 2 条第 1 款规定:"本法所称标准(含标准样品),是指农业、工业、服务业以及社会事业等领域需要统一的技术要求。"该条不仅是关于标准概念的定义,也是关于标准化领域的界定。这一规定为我国标准化活动尤其是"社会事业等领域"的标准化活动提供了法律依据,标准化作为科学的管理手段,对经济社会建设将发挥"全局性"的作用。

六、结语

　　中共十八届三中全会提出了"国家治理体系和治理能力现代化"的全面深

---

① 10 项标准化建设重大工程分别为:①农产品安全标准化工程;②消费品安全标准化工程;③节能减排标准化工程;④基本公共服务标准化工程;⑤新一代信息技术标准化工程;⑥智能制造和装备升级标准化工程;⑦新型城镇化标准化工程;⑧现代物流标准化工程;⑨中国标准走出去工程;⑩标准化基础能力提升工程。

化改革总目标。标准化作为国家治理体系的重要基础,对实现国家治理体系和治理能力现代化具有重要意义。① 在这个意义上,我国标准化法制的现代转型应服从国家治理体系和治理能力现代化这一总目标,为发挥标准化对于实现国家治理现代化的作用提供法律保障。《标准化法》的修订标志着我国标准化法制的重大变革。在标准属性上,精简了强制性标准,实现了标准从技术法规到技术要求的回归;在标准体系上,改变了不同主体制定的标准之间的层级关系,确立了标准的平等地位;在标准化资源配置上,改变了政府主导的资源配置体制,形成了市场与政府并重的格局;在标准化领域上,从一二三产业扩展到社会事业等领域。这一变革顺应了我国经济社会发展的要求,必将为国家治理体系和治理能力现代化奠定坚实的基础。所谓我国标准化法制的现代转型,其意义就在于此。

国家治理现代化是一个不断前进的过程,标准化法制建设也是一个不断进取的过程。标准化法制的现代转型并不以 2017 年《标准化法》的修订为终极目标,《标准化法》的修订只是标准化法制现代转型过程中的一个阶段。事实上,我国当前的标准化法制也并非尽善尽美,仍然存在着一些问题,其中有些问题还比较突出。例如,行业标准与国家标准并存,是计划经济体制下标准化工作"条"与"块"管理体制的反映,无论是国家标准还是行业标准,都属于"全国范围内需要统一的技术要求",尽管法律可以对其领域做出规定,但是二者的界限并不十分清晰,容易造成标准之间交叉与重复,②从而影响标准体系的科学性,弱化标准适用的效果。又如,在标准体系上,《标准化法》虽然规定强制性标准只存在于国家标准,行业标准和地方标准均为推荐性标准,并将强制性标准限制在人身财产安全的特定领域,但第 10 条第 5 项规定:"法律、行政法规和国务院决定对强制性标准的制定另有规定的,从其规定。"这可能为突破强制性标准的领域提供了法律依据。更为突出的是,修订前的《标准化法》第 15 条规定了产

---

① 俞可平将标准化对国家治理现代化的意义归纳为五个方面:第一,标准化为现代国家治理确立规范,从而关系到国家治理的制度化;第二,标准化为现代国家治理确立标的,从而关系到国家治理现代化的目标;第三,标准化为国家治理的合理化提供依据,从而关系到国家治理的效益;第四,标准化为评估国家治理现代化提供量化指标,从而关系到国家治理的改善;第五,标准化为国家治理提供统一的评估基准,从而使得不同国家和不同地区之间可以就治理状况和治理水平进行相互比较和学习借鉴。见俞可平:《标准化是治理现代化的基石》,载《人民政坛》2015 年第 31 期。

② 高延继:《关于对标准化改革及〈标准化法〉修订草案的意见》,载《工程建设标准化》2016 年第 11 期。

品认证制度。^① 认证制度是标准实施最为有效的抓手,认证工作是标准化工作的重要组成部分,修订后的《标准化法》并无关于认证的规定,这不能不认为是标准化法律制度的一项重要缺失,这在一定程度上影响到《标准化法》作为标准化基本法的地位。随着改革的不断深化,标准化法存在的问题将得到改善,标准化法制也将在现代转型的道路上不断前进。

---

① 1988 年《标准化法》第 15 条规定:"企业对有国家标准或者行业标准的产品,可以向国务院标准化行政主管部门或者国务院标准化行政主管部门授权的部门申请产品质量认证。认证合格的,由认证部门授予认证证书,准许在产品或者其包装上使用规定的认证标志。已经取得认证证书的产品不符合国家标准或者行业标准的,以及产品未经认证或者认证不合格的,不得使用认证标志出厂销售。"

14.

我国标准化法律体系及其完善[*] ■

【摘要】我国标准化法律体系由标准化法、标准化特别法、标准化配套法规规章、行业标准化规章、地方标准化法规规章和其他标准化规范性文件构成。2017 年《标准化法》修订，对标准体系和标准化制度作了新的规定，然而由于其他标准化立法未能及时跟进，导致标准化法律体系出现诸多不协调和配套制度缺失问题。本文建议加强标准化立法规划，严格遵照新《标准化法》的规定，加快有关法律法规规章的制定、修订工作，健全和完善标准化法律体系，为国家实施标准化战略、实现国家治理现代化提供法制保障。

一、引言

标准化法是规范标准化活动（标准的制定、实施及其监督）的法律，标准化法律体系是中国特色社会主义法律体系的重要组成部分。伴随着标准化事业的发展，我国标准化法制建设取得了长足的进步。从 1962 年国务院颁布的《工农业产品和工程建设技术标准管理办法》、1979 年国务院颁布的《中华人民共和国标准化管理条例》，到 1988 年七届全国人大常委会第五次会议通过的《中华人民共和国标准化法》（以下简称原《标准化法》），再到 2017 年十三届全国人大常委会五次会议第三十次会议通过修订的《中华人民共和国标准化法》（以下简称新《标准化法》），一个以标准化法为核心的标准化法律体系基本形成，为国家标准化事业的发展提供了有力的法制保障。然而，从中央提出的完善中国特色社会主义法律体系的要求来看，[②]我国

---

    * 本文原题为"新《标准化法》时代标准化法律体系的完善"，载《中国标准化》2021 年第 3 期，合作者刘云、周宇。

    ② 2014 年 10 月 23 日，中共十八届四中全会通过的《中共中央关于全面推进依法治国若干重大问题的决定》提出要"完善以宪法为核心的中国特色社会主义法律体系"；2019 年 10 月 31 日，中共十九届四中全会通过的《中共中央关于坚持和完善中国特色社会主义制度推进国家治理体系和治理能力现代化若干重大问题的决定》再次提出要"完善以宪法为核心的中国特色社会主义法律体系"。

标准化法律体系仍存在一些问题。其主要表现在,新《标准化法》对标准体系和标准化制度作了新的规定,然而相关标准化法律、法规、规章的制定与修订却未能及时跟进,从而导致了标准化法律体系出现不协调和配套立法缺失等问题。完善标准化法律体系必须解决标准化法律体系不协调和配套立法缺失的问题。

二、我国标准化法律体系的构成

新《标准化法》第 3 条第 1 款规定:"标准化工作的任务是制定标准、组织实施标准以及对标准的制定、实施进行监督。"依据本款规定,有关标准的制定、实施以及对标准的制定与实施的监督,均属于标准化活动的范畴,因此关于标准的制定、实施及其监督活动的法律规范均属于标准化法,这些法律规范以其内在的逻辑联系构成了标准化法律体系。根据我国标准化立法的实际,我国标准化法律体系由以下几个方面的法律构成。

(1)标准化普通法(一般法),即《标准化法》,该法制定于 1988 年,2017 年修订。新《标准化法》共 6 章 45 条,规定了标准的概念、标准化的范围(领域)、标准体系、标准化管理体制、标准的制定、标准的实施、标准的监督、法律责任,它是标准化法律体系的基础和核心,其他标准化法律均应以《标准化法》为依据,并与之保持协调关系。

(2)标准化特别法,指最高立法机关制定的其他法律有关标准化的规定。这些法律关于标准化的规定与《标准化法》构成了特别法与普通法(一般法)的关系。在我国现行法中,多达四十余部法律不同程度地规定了标准化,[①]内容有

---

① 这些法律包括:《保守国家秘密法》(第 41 条)、《国防动员法》(第 43 条)、《人民防空法》(第 11 条)、《反间谍法》(第 16 条)、《国家通用语言文字法》(第 1 条、第 6 条)、《档案法》(第 15 条)、《药品管理法》(第 28 条)、《疫苗管理法》(第 62 条)、《食品安全法》(第三章等)、《农产品质量安全法》(第三章)、《核安全法》(第 8 条)、《防震减灾法》(第 36 条)、《环境保护法》(第 15 条、第 16 条)、《海洋环境保护法》(第 9 条、第 10 条)、《水污染防治法》(第 11 条至第 14 条)、《固体废物污染环境防治法》(第 11 条、第 51 条)、《放射性污染防治法》(第 9 条)、《环境噪声污染防治法》(第 10 条、第 11 条)、《土壤污染防治法》(第二章)、《清洁生产促进法》(第 13 条)、《循环经济促进法》(第 17 条)、《节约能源法》(第 13 条、第 14 条)、《可再生能源法》(第 11 条、第 17 条)、《公路法》(第 6 条)、《港口法》(第 25 条)、《突发事件应对法》(第 3 条、第 42 条)、《旅游法》(第 6 条)、《邮政法》(第 6 条)、《农业法》(第 22 条、第 23 条)、《草原法》(第 13 条)、《种子法》(第 43 条)、《农业机械化促进法》(第 11 条)、《劳动法》(第 5 条)、《职业病防治法》(第 12 条)、《精神卫生法》(第 26 条)、《安全生产法》(第 10 条)、《残疾人保护法》(第 2 条)、《老年人权益保障法》(第 42 条)、《消费者权益保护法》(第 30 条、第 37 条)、《农业专业合作社法》(第 50 条)、《外商投资法》(第 15 条)、《密码法》(第 22 条、第 23 条)、《生物安全法》(第 19 条)、《长江保护法》(第 7 条)。

简有繁。"简"的如《电子商务法》《反间谍法》,两部法律均只有一条,而且内容极为简单。[①]"繁"的如《食品安全法》,除专章(第三章)规定食品安全标准外,还有多个条文内容涉及食品安全标准的制定主体、食品安全标准的宣传、食品安全风险评估与食品安全标准的制修订、食品安全的认证,有关食品安全标准的条文多达十余条。[②]

(3)标准化配套法规、规章。标准化立法有一个重要的特点,即《标准化法》对标准的概念、标准化的领域、标准体系、标准的制定、标准的实施所作的规定均较为原则,《标准化法》的实施还需制定配套的法规规章。原《标准化法》颁行后,为实施《标准化法》,国务院制定了《标准化法实施条例》,国家标准化行政主管部门先后制定了《国家标准管理办法》(1990年)、《行业标准管理办法》(1990年)、《地方标准管理办法》(1990年)、《企业标准化管理办法》(1990年)、《采用国际标准管理办法》(2001年)、《全国专业标准化技术委员会管理办法》(2017年)等配套规章。2017年《标准化法》修订后,国家标准委、民政部2019年联合制定了《团体标准管理规定》,2020年国家市场监督管理总局制定了《强制性国家标准管理办法》和新的《地方标准管理办法》,对《全国专业标准化技术委员会管理办法》作了修订。

(4)行业标准化规章。行业标准化是我国标准化体制的重要组成部分,行业标准化的工作重点是制定和实施行业标准。在我国,行业标准的领域多达67个,分别由42个国务院相关行政主管部门管理。[③] 原《标准化法》颁行后,大多数行业标准的主管部门制定了行业标准管理规章或者包括行业标准在内的行业领域标准化规章,如原建设部1992年制定的《工程建设行业标准管理办法》、原国家新闻出版广电总局2013年制定的《新闻出版行业标准化管理办法》。2017年《标准化法》修订后,已有一些行业领域的主管部门修订或制定了新的标

---

① 《电子商务法》第66条规定:"国家……加强电子商务标准体系建设"。《反间谍法》第16条规定:"国家安全机关根据反间谍工作需要,可以会同有关部门制定反间谍技术防范标准……"。

② 《食品安全法》有关标准化的条文主要有第5条(食品安全国家标准的制定主体)、第10条(食品安全标准的宣传)、第21条(食品安全风险评估结果与食品安全标准的制修订)、第24条(制定食品安全标准的基本要求)、第25条(食品安全标准的强制性)、第26条(食品安全标准的内容)、第27条(食品安全国家标准的制定与公布)、第28条(制定食品安全国家标准的程序)、第29条(食品安全地方标准)、第30条(食品企业标准)、第31条(标准公开)、第32条(食品安全标准的跟踪评价);此外,第23条、第48条、第84条还规定了食品安全认证认可。

③ 甘藏春、田世宏主编:《中华人民共和国标准化法释义》,中国法制出版社2017年版,第50页。

准化规章,如国家能源局制定的《能源标准化管理办法》(2019 年)、应急管理部制定的《应急管理标准化工作管理办法》(2019 年)、国家卫生健康委员会制定的《卫生健康标准管理办法》(2019 年)、交通运输部制定的《公路工程建设标准管理办法》和《水运工程建设标准管理办法》(2020 年)、生态环境部制定的《生态环境标准管理办法》(2020 年)等。

(5)地方标准化法规、规章和其他规范性文件。地方标准化也是我国标准化体制的重要组成部分,地方标准化工作的重点是制定与实施地方标准。原《标准化法》颁行后,31 个省市自治区中大多数制定了地方性的法规、规章或其他规范性文件,对地方标准的制定和实施作了规定,如《安徽省实施〈中华人民共和国标准化法〉办法》(1995 年制定,1997 年、2004 年修订)、《浙江省标准化管理条例》(2000 年制定,2009 年修订)、《河北省标准化监督管理条例》(2000 年制定,2010 年修订)等。2017 年《标准化法》修订后,新法对地方标准的定位作了新的规定,并将地方标准的制定主体从原来的省级人民政府标准化主管部门扩大到设区市人民政府标准化主管部门。[①] 为了更好地实施新法,已有北京、上海、重庆、四川、湖北、湖南、浙江、江西、江苏、贵州、河南、山西、广东等地制定了新的地方标准化条例、规章或规范性文件,如《重庆市地方标准管理办法》(2018 年)、《北京市地方标准管理办法》(2018 年)、《上海市地方标准管理办法》(2018)、《浙江省设区的市地方标准管理暂行办法》(2018 年)、《上海市标准化条例》(2019 年)、《江西省标准化条例》(2020 年)、《山西省标准化条例》(2020 年)、《广东省标准化条例》(2020 年)等。

上述可见,我国标准化法律体系庞大且复杂。从法的形式(渊源)来看,我国标准化法律体系几乎包揽了法律的全部形式,既有最高立法机关制定的法律,又有国务院制定的行政法规、地方立法机关制定的地方法规,还有国务院行政主管部门制定的部门规章、地方政府制定的地方规章及地方政府标准化主管部门制定的其他规范性文件,各种形式的标准化法律文件多达百余部。从标准化体制来看,我国标准化法律体系反映了国家、行业和地方三个层级的标准化管理体制,既涉及中央和地方之间纵向的标准化管理体制,又涉及国家标准化主管部门与国务院行业主管部门之间横向的标准化管理体制,关系错综复杂。如何确保这一庞大、复杂的标准化法律体系协调一致,既是我国标准化法律体系构建的基本要求,也是我国标准化法制建设的基本任务。

---

① 新《标准化法》第 13 条第 2 款规定:"地方标准由省、自治区、直辖市人民政府标准化行政主管部门制定;设区的市级人民政府标准化行政主管部门根据本行政区域的特殊需要,经所在地省、自治区、直辖市人民政府标准化行政主管部门批准,可以制定本行政区域的地方标准。……"

三、我国标准化法律体系存在的问题

2017 年《标准化法》的修订是全方位的。与原《标准化法》比较,新《标准化法》关于立法宗旨①、标准化的领域②、标准体系、标准化管理体制、标准的制定与实施及其监督等的规定都有了重大的变化。然而,由于立法未能及时跟进,一方面,依据原《标准化法》制定的标准化特别法、标准化配套法规规章、行业标准化规章和地方标准化法规规章规范性文件的部分内容,与新《标准化法》的规定之间存在着不协调甚至抵触的情形;另一方面,新《标准化法》规定的诸多新的制度,也缺乏相应的配套立法使之制度化。不仅如此,新《标准化法》之后制定与修订的标准化特别法、行业标准化规章和地方标准化规章规范性文件中,也存在与新《标准化法》不协调的问题。因此,当前我国标准化法律体系存在的问题具体表现在两个方面:一是内容不协调;二是部分配套制度缺失。

(一)内容不协调

标准化法律体系存在的内容不协调问题集中体现在标准体系上。原《标准化法》规定,我国标准体系由国家标准、行业标准、地方标准和企业标准构成,国家标准、行业标准、地方标准之间存在下一级标准在有上一级标准时"即行废止"的关系(第 6 条③);国家标准、行业标准和地方标准根据其实施效力的不同再分为强制性标准和推荐性标准(第 7 条④)。新《标准化法》关于标准体系的规

① 原《标准化法》第 1 条规定,标准化法的宗旨是"为了发展社会主义商品经济,促进技术进步,改进产品质量,提高社会经济效益,维护国家和人民的利益,使标准化工作适应社会主义现代化建设和发展对外经济关系的需要";新《标准化法》第 1 条规定,标准化法的宗旨是"为了加强标准化工作,提升产品和服务质量,促进科学技术进步,保障人身健康和生命财产安全,维护国家安全、生态环境安全,提高经济社会发展水平"。

② 原《标准化法》第 2 条规定标准化的领域是工农业;新《标准化法》第 2 条第 1 款关于标准的定义中将标准化的领域定为"农业、工业、服务业以及社会事业等领域"。

③ 原《标准化法》第 6 条第 1 款规定:"……对没有国家标准而又需要在全国某个行业范围内统一的技术要求,可以制定行业标准。……在公布国家标准之后,该项行业标准即行废止。对没有国家标准和行业标准而又需要在省、自治区、直辖市范围内统一的工业产品的安全、卫生要求,可以制定地方标准。……在公布国家标准或者行业标准之后,该项地方标准即行废止。"

④ 原《标准化法》第 7 条规定:"国家标准、行业标准分为强制性标准和推荐性标准。保障人体健康,人身、财产安全的标准和法律、行政法规规定强制执行的标准是强制性标准,其他标准是推荐性标准。""省、自治区、直辖市标准化行政主管部门制定的工业产品的安全、卫生要求的地方标准,在本行政区域内是强制性标准。"

定的变化表现为：一是在标准的类型上增加了团体标准；二是将强制性标准限于国家标准，行业标准和地方标准均为推荐性标准，不再有强制性标准（第 2 条第 2 款①）；三是删去了原《标准化法》关于国家标准、行业标准、地方标准之间下一级标准在存在上一级标准时"即行废止"的内容，重新确立了不同类型标准之间的制约关系（第 21 条第 1 款②）。新《标准化法》关于标准体系的新规定，导致了标准化特别法、标准化配套法规规章、行业标准化规章和地方标准化法规规章规范性文件关于标准类型及其属性和相互关系的规定与新《标准化法》规定的新标准体系之间产生了不协调或抵触。以下分别举例说明。

（1）标准化特别法以《食品安全法》和《土壤污染防治法》为例。《食品安全法》（2009 年）制定于《标准化法》修订之前，第 2 次修订（2018 年）是在《标准化法》修订之后，其关于食品安全地方标准强制性的规定③与新《标准化法》关于地方标准属于推荐性标准的规定相抵触。《土壤污染防治法》（2018 年）制定于新《标准化法》之后，其关于地方土壤污染风险控制标准强制性的规定也存在这一问题。④

（2）标准化配套法规规章以原国家技术监督局 1990 年制定的《行业标准管理办法》为例。该办法规定，制定行业标准的前提是"没有国家标准而又需要在全国某个行业范围内统一的技术要求"，因此当存在相应的国家标准时，行业标准"即行废止"（第 2 条）；行业标准包括强制性标准和推荐性标准（第 4 条）。这些规定均与新《标准化法》的规定明显抵触。按照《标准化法》的规定，行业标准的制定前提是"没有推荐性国家标准、需要在全国某个行业范围内统一的技术要求"（第 12 条）；行业标准为推荐性标准，不再有强制性行业标准的标准类型。

（3）行业标准化规章以原建设部 1992 年制定的《工程建设安装行业标准管理办法》和国家能源局 2019 年制定的《能源标准化管理办法》为例。前者规定工程建设行业标准分为强制性标准和推荐性标准（第 3 条），"行业标准在相应的国家标准实施后，应当及时修订或废止"（第 10 条）；后者规定，能源行业标准分为强制性标准（工程建设类）、推荐性标准（第 3 条）。上述两部行业标准化规章关于行业

---

① 新《标准化法》第 2 条第 2 款规定："标准包括国家标准、行业标准、地方标准和团体标准、企业标准。国家标准分为强制性标准、推荐性标准，行业标准、地方标准是推荐性标准。"

② 新《标准化法》第 21 条第 1 款规定："推荐性国家标准、行业标准、地方标准、团体标准、企业标准的技术要求不得低于强制性国家标准的相关技术要求。"

③ 《食品安全法》第 25 条规定"食品安全标准是强制执行的标准"。第 27 条、第 29 条分别规定了食品安全国家标准和地方标准。依此规定，食品安全地方标准也属于"强制执行的标准"。

④ 《土壤污染防治法》第 12 条第 1 款规定，国务院生态环境主管部门制定国家土壤污染风险管控标准；省级人民政府可以制定地方土壤污染风险管控标准；第 3 款规定"土壤污染风险管控标准是强制性标准"。依此规定，地方土壤污染风险管控标准也属于强制性标准。

标准的规定均与新《标准化法》关于行业标准为推荐性标准的规定明显抵触。

(4)地方标准化法规、规章和其他规范性文件以《浙江省标准化管理条例》(2000年制定,2009年修订)和《河南省地方标准管理办法》(2019年)为例。前者规定,地方标准分为强制性标准和推荐性标准(第10条),与新《标准化法》关于地方标准属于推荐性标准的规定不一致。后者第2条虽然明确规定"地方标准是推荐性标准"(第2款),但同时又规定"法律、行政法规、国务院决定明确可以制定强制性地方标准,或者对地方标准的管理另有规定的,从其规定"(第3款),这就突破了新《标准化法》关于地方标准是推荐性标准的规定。

(二)配套制度缺失

2017年《标准化法》修订反映了我国标准化工作体制改革的要求,有许多制度创新。这些制度创新包括:增加了新的标准类型——团体标准(第2条第2款);在中央和地方两个层面建立标准化协调机制,以解决标准化工作中遇到的部门之间的协调问题(第6条①);明确了标准国际化的策略(第8条②);赋予设区市人民政府标准化主管部门"经所在地省、自治区、直辖市人民政府标准化行政主管部门批准"制定地方标准的权限(第13条第2款③);强制性国家标准的批准发布(第10条第4款④);对标准文本公开制度(第17条⑤)、企业标准自我声明公开和监督制度(第27条第1款⑥)、强制性标准实施情况统计分析报告制

---

① 新《标准化法》第6条规定:"国务院建立标准化协调机制,统筹推进标准化重大改革,研究标准化重大政策,对跨部门跨领域、存在重大争议标准的制定和实施进行协调。设区的市级以上地方人民政府可以根据工作需要建立标准化协调机制,统筹协调本行政区域内标准化工作重大事项。"

② 新《标准化法》第8条规定:"国家积极推动参与国际标准化活动,开展标准化对外合作与交流,参与制定国际标准,结合国情采用国际标准,推进中国标准与国外标准之间的转化运用。国家鼓励企业、社会团体和教育、科研机构等参与国际标准化活动。"

③ 新《标准化法》第13条第2款规定:"……设区的市级人民政府标准化行政主管部门根据本行政区域的特殊需要,经所在地省、自治区、直辖市人民政府标准化行政主管部门批准,可以制定本行政区域的地方标准。……"

④ 新《标准化法》第10条第4款规定:"强制性国家标准由国务院批准发布或者授权批准发布。"

⑤ 新《标准化法》第17条规定:"强制性标准文本应当免费向社会公开。国家推动免费向社会公开推荐性标准文本。"

⑥ 新《标准化法》第27条第1款规定:"国家实行团体标准、企业标准自我声明公开和监督制度。企业应当公开其执行的强制性标准、推荐性标准、团体标准或者企业标准的编号和名称;企业执行自行制定的企业标准的,还应当公开产品、服务的功能指标和产品的性能指标。国家鼓励团体标准、企业标准通过标准信息公共服务平台向社会公开。"

度(第 29 条第 1 款①)、标准化军民融合制度(第 23 条②)、标准化违法行为投诉与处理制度(第 35 条第 1 款③)作了原则性规定。这些新的规定均需要通过制定专门的立法使之制度化,才能得以有效实施。

目前,除了 2019 年国家标准化管理委员会和民政部联合制定的《团体标准管理规定》外,其他新规定的配套制度仍然缺失。这些配套制度缺失导致标准化工作中一些做法缺乏法律依据。以强制性国家标准的批准发布为例,新《标准化法》第 10 条第 4 款规定:"强制性国家标准由国务院批准发布或者授权批准发布。"按照这一规定,国务院有关部委批准发布强制性国家标准须获得国务院的授权。从实际情况来看,我国强制性国家标准均不直接由国务院批准发布,而是由国务院有关部委批准发布,这些部委包括国家市场监督管理总局、国家标准化管理委员会、农业农村部、生态环境部、国家卫生健康委员会、住房和城乡建设部等。但是,由于缺乏国务院授权有关部委批准发布强制性国家标准的配套规定,因此当前国务院有关部委批准发布强制性国家标准均处于"无法可据"的状态。虽然国家市场监督管理总局 2020 年制定的《强制性国家标准管理办法》第 36 条规定"国务院标准化行政主管部门依据国务院授权批准发布强制性国家标准",但是该办法属于部门规章,并不能满足"国务院授权"的要求,不能等同于国务院授权,因此不仅国务院其他有关部委批准发布强制性国家标准缺乏法律依据,国务院标准化行政主管部门批准发布强制性国家标准也同样缺乏法律依据。

四、完善我国标准化法律体系的建议

(一)发挥国务院标准化协调机制的作用,统一标准化法律体系完善的规划

我国标准化法律体系的完善是一个相当庞大的立法、修法工程,既包括与新《标准化法》不协调的标准化特别法及标准化行政法规、地方法规、部门规章

---

① 新《标准化法》第 29 条第 1 款规定:"国家建立强制性标准实施情况统计分析报告制度。"

② 新《标准化法》第 23 条规定:"国家推进标准化军民融合和资源共享,提升军民标准通用化水平,积极推动在国防和军队建设中采用先进适用的民用标准,并将先进适用的军用标准转化为民用标准。"

③ 新《标准化法》第 35 条第 1 款规定:"任何单位或者个人有权向标准化行政主管部门、有关行政主管部门举报、投诉违反本法规定的行为。"

和地方规章等的修改与完善,又包括根据新《标准化法》的新规定,制定配套的法规规章。此项工作涉及面广、工作量大,需由中央和地方(省级和设区市)的立法机关和政府及其标准化主管部门共同完成。如此庞大的修法工程,必须加强统一规划,对完善标准化法律体系提出立法、修法应遵循的原则,做出统一部署。如无统一规划,各部门、各地自行其是,则可能导致修法工作的失序,从而影响到标准化法律体系完善的进程。从当前涉及标准化问题的立法情况来看,之所以出现新《标准化法》通过之后中央和地方的一些立法未能与新《标准化法》保持一致的现象,一个合理的解释应当是缺乏完善标准化法律体系的统一规划。

笔者认为,要加强标准化法律体系完善的统一规划,至为重要的是充分发挥国务院标准化协调机制(其组织形式是"国务院标准化协调推进部际联席会议制度"①)的作用。新《标准化法》第6条第1款规定:"国务院建立标准化协调机制,统筹推进标准化重大改革,研究标准化重大政策,对跨部门跨领域、存在重大争议标准的制定和实施进行协调。"标准化法律体制完善应当属于"标准化重大改革"的范畴。经由国务院标准化协调机制形成的完善标准化法律体系的规划,可以为标准化特别法的修订和标准化法规(行政法规、地方法规)、规章(部门规章、地方规章)、其他规范性文件的制定与修订提供指导。

(二)严格遵照新《标准化法》,组织标准化特别法、配套法规规章、行业标准化规章以及地方标准化法规规章的制定与修订

完善的标准化法律体系应当是一个体系科学、内容完整、协调一致的立法整体。完善标准化法律体系,既是完善社会主义法律体系的要求,也是标准化所追求的"最佳秩序"②的要求。在我国标准化法律体系中,《标准化法》处在核心的地位。如何做到内容协调一致,最重要的是,标准化特别法、标准化配套法规规章、行业标准化规章、地方标准化法规规章和其他规范性文件均应以《标准化法》为基本遵照,与《标准化法》保持内容协调,避免抵触或冲突。

从标准化法律体系存在的内容不协调情况来看,主要体现在标准体系中行

---

① 2015年6月1日,国务院《关于同意建立国务院标准化协调推进部际联席会议制度的批复》(国函〔2015〕94号)同意建立由国务院领导同志牵头负责的国务院标准化协调推进部际联席会议制度,在国务院领导下统筹协调全国标准化工作。联席会议由国家市场监督管理局(国家标准委)、中央网信办、外交部、发展改革委、教育部、科技部、工业和信息化部等39个部门和单位组成。国务院分管标准化工作的领导同志担任联席会议召集人。

② 国家标准《标准化工作指南 第1部分:标准化和相关活动的通用术语》(GB/T 20000.1—2014)第3.1条指出,标准化的目的是"为了在既定范围内获得最佳秩序"。

业标准和地方标准的强制性问题上。因此,完善标准化法律体系,应该遵照《标准化法》第 2 条第 2 款关于标准体系的规定,避免在行业标准和地方标准的属性问题上出现不同的规定。这里需要特别指出的是,《标准化法》第 2 条第 2 款关于行业标准和地方标准均为推荐性的规定并无"但书"内容,也就是说《标准化法》没有给行业标准和地方标准留下强制性的制度空间;第 10 条第 5 款规定的"法律、行政法规和国务院决定对强制性标准的制定另有规定的,从其规定",只是对强制性标准的制定(即强制性标准的立项、组织起草、征求意见、技术审查及批准发布)留有余地,而不是对强制性标准的范围留有余地,不能将该款解释为是给强制性的行业标准和地方标准留下的制度空间。

(三)重点完善标准化特别法,消除标准化特别法与《标准化法》不协调的规定

在我国标准化法律体系中,标准化特别法具有特殊的意义。一方面,它是《标准化法》在特定领域中的延伸和具体化,与《标准化法》形成特别法与普通法的关系;另一方面,它又是特定领域行业标准化和地方标准化的上位法律,对特定领域的行业标准化和地方标准化立法具有约束力,行业标准化和地方标准化立法除了遵照《标准化法》外还需遵照标准化特别法的规定。然而,这一点却成了当前行业标准化和地方标准化立法未能与《标准化法》保持一致的主要原因。例如,北京市原质量技术监督局 2018 年制定的《北京市地方标准管理办法》规定"地方标准原则上为推荐性标准"(第 6 条第 1 款),并规定"食品安全地方标准管理不适用本办法"(第 3 条第 3 款),不无受制于标准化特别法的原因。因为正是《食品安全法》等一些标准化特别法规定了强制性地方标准。又如,上海市人民政府 2018 年制定的《上海市地方标准管理办法》第 8 条(标准性质)规定:"地方标准为推荐性标准,但是法律、行政法规和国务院决定授权制定强制性地方标准的,从其规定。"也不无受制于标准化特别法的因素。前述国家能源局的《能源标准化管理办法》和《河南省地方标准管理办法》也存在类似的情形。上述四部标准化规章、规范性文件均制定于新《标准化法》之后,因受制于标准化特别法而做出与《标准化法》不一致的规定。由此可见,完善标准化特别法对于标准化法律体系的完善具有特殊的意义,完善标准化特别法是完善标准化法律体系的重点,保持标准化特别法与《标准化法》协调一致是构建完善的标准化法律体系的基础。

完善标准化特别法不仅要遵循特别法不与普通法相抵触的原则,修改现行标准化特别法中与《标准化法》抵触的规定,在未来的标准化特别法中对标准化做出与《标准化法》协调一致的规定,而且还应当认真贯彻标准化体制改革的精

神,落实标准化体制改革的措施。2015 年国务院印发的《深化标准化工作改革方案》(国发〔2015〕13 号)针对我国标准体系存在的国家、行业、地方三级强制性标准"缺乏强有力的组织协调,交叉重复矛盾"的问题,提出了"精简强制性标准"的改革措施,明确了 2017 年完成"将现行强制性国家标准、行业标准和地方标准整合为强制性国家标准"的改革任务。虽然《方案》强调对环境保护、工程建设、医药卫生领域的强制性行业标准和地方标准"按现有模式管理",但"按现有模式管理"不应理解为强制性标准体系改革的目标是国家、行业和地方三级模式。因此,标准化特别法的完善需要积极推进标准化体制改革,需要强制性标准改革措施落实到位。

(四)修订《标准化法实施条例》,发挥条例在标准化法律体系中承上启下的作用

在我国标准化体系中,《标准化法实施条例》具有承上启下的作用。所谓"承上",是指《标准化法实施条例》以贯彻执行《标准化法》为宗旨,上接《标准化法》,将《标准化法》中的原则性规定予以细化、具体化。所谓"启下",是指《标准化法实施条例》下接标准化配套规章、行业标准化规章、地方标准化法规规章,为标准化配套规章、行业标准化规章、地方标准化法规规章提供立法指引(根据)。

《标准化法实施条例》制定于 1990 年,依据是原《标准化法》,在原《标准化法》的实施中发挥了重要的作用。新《标准化法》颁行之后,《标准化法实施条例》的多数内容与新法规定不协调甚至抵触,[1]已经不能适应标准化事业发展和标准化法制建设的需要,急需加以修订;同时,新《标准化法》的创新性规定也可以通过《标准化法实施条例》的修订,使之规范化、制度化,提高新法的实施效果。例如,前述关于部委批准发布强制性国家标准的授权问题,即可在《标准化法实施条例》中做出明确的规定,从而解决有关部委批准发布强制性国家标准无法律依据的问题。

五、结语

十九届四中全会通过的《中共中央关于坚持和完善中国特色社会主义制

---

[1] 例如,《标准化法实施条例》第 2 条关于制定标准的领域的规定,与新《标准化法》第 2 条第 1 款中的"农业、工业、服务业以及社会事业等领域"不一致;第 18 条关于强制性标准和推荐性标准的规定,与新《标准化法》第 2 条第 2 款关于行业标准、地方标准为推荐性标准的规定相抵触。

度、推进国家治理体系和治理能力现代化若干重大问题的决定》对我国国家治理现代化作了全面部署。标准是经济活动和社会发展的技术支撑,是国家治理体系和治理能力现代化的基础性制度。① 2016 年 9 月,习近平总书记在致第 39 届国际标准化组织大会的贺信中宣告"中国将积极实施标准化战略,以标准助力创新发展、协调发展、绿色发展、开放发展、共享发展。"②实施标准化战略需要加强标准化法制建设。建立一个以《标准化法》为核心的完善的标准化法律体系是标准化法制建设的重要任务。我国标准化法律体系存在的问题虽然主要是由 2017 年《标准化法》的修订所引起,但是新《标准化法》又为构建新的标准化法律体系奠定了基础。当前的任务是加快标准化特别法、标准化配套法规规章、行业标准化规章和地方标准化法规规章以及其他规范性文件的制、修订工作,完善标准化法律体系,为国家实施标准化战略,实现国家治理体系和治理能力现代化,提供法制保障。

① 甘藏春、田世宏主编:《中华人民共和国标准化法释义》,中国法制出版社 2017 年版,第 20 页。

② 《习近平致第 39 届国际标准化组织大会的贺信》,载人民网,http://politics.people.com.cn/n1/2016/0912/c1024-28710457.html,2019 年 10 月 6 日访问。

15.

新中国标准化法制建设70年[*] ■

【摘要】标准化法是中国特色社会主义法律体系的重要组成部分。新中国成立以来,随着标准化事业的发展和国家法治的进步,标准化法制建设取得了重大的成就,形成了较为完备的标准化法律体系,为推进标准化事业发展提供了有力的法制保障。

一、新中国标准化法制建设的发展历程

我国标准化立法始于民国时期。1946年,国民政府制定了我国第一部《标准法》。但是,新中国成立后,在废除"六法全书"、全盘否定旧法律制度的背景下,《标准法》也随之被废弃。新中国成立后,标准化法制与其他法律制度建设一样,在一张白纸上重新发展起来。新中国70年标准化法制建设的历程大致可分为以下几个阶段。

(1)经过20世纪50年代的积极探索,我国标准化事业取得一定成就,开启了标准化法制建设的序幕。1961年4月22日,国务院通过了新中国第一份标准化规范性文件——《工农业产品和工程建设技术标准管理暂行办法》。经过一年多的试行,《工农业产品和工程建设技术标准管理办法》(以下简称《办法》)于1962年11月10日正式颁布。这是新中国成立后颁布的第一部标准化法律。《办法》共6章27条,分别对标准适用范围、标准体系及标准的制定和实施作了规定。《办法》将标准定性为生产建设的技术依据,要求一切生产建设都必须制定标准,并以标准作为技术依据。关于标准体系,《办法》分别规定了国家标准、部标准和企业标准,奠定了我国标准体系的基础。可以说,《办法》的出台奠定了我国标准化法制的基础。

---

* 本文原题为"新中国标准化法制建设70年",原载《贵州省委党校学报》2019年第6期,合作者周宇。

（2）十一届三中全会后，随着经济建设中心地位的确立和法制的恢复，我国标准化法制亦得以恢复。1979 年 7 月 31 日，为了适应经济建设的需要，国务院颁布了《标准化管理条例》（以下简称《条例》）。该《条例》共 7 章 40 条。《条例》第一次规定了标准化在经济建设中的地位，提出标准化是组织现代化生产的重要手段。在标准体系上，《条例》延续了 1962 年《办法》的规定，进一步规定不同层级标准的效力。《条例》新增了产品质量的监督和检验（第五章）及标准化管理管理机构和队伍（第六章）两章。《条例》进一步强化了标准的约束力，赋予标准技术法规的地位，提出严格贯彻执行标准的要求。为了提高标准的质量，《条例》首次规定了专业标准化技术委员会，明确了积极采用国际标准和国外先进标准的态度。

（3）改革开放以后，我国商品经济得到了发展，对外经贸交流逐渐活跃。为适应改革开放和商品经济发展的需要，全国人大常委会于 1988 年审议通过了《标准化法》。该法共 5 章 25 条。这是一部为适应社会主义商品经济发展而制定的标准化法。国务院于 1990 年颁布了《标准化法实施条例》。在标准的属性问题上，《标准化法》及其《实施条例》没有延续 1979 年《条例》关于标准是"技术法规"的规定，将政府主导制定的标准分为强制性和推荐性两类，规定推荐性标准由企业"自愿"采用。在标准体系上，《标准化法》增加地方标准，构建国家、行业、地方和企业标准的四层体系。在标准化管理体制上，《标准化法》规定了国家、省级、市县标准化行政主管部门及有关部门的职责，并形成了国家、行业、地方三级标准化管理体制。该法的颁布与实施，提高了标准化法在国家法律体系中的地位。之后，国务院有关部门及省市自治区依据《标准化法》和《实施条例》制定了相应的标准化规章、地方法规。较为完备的标准化法律体系开始建立。

（4）十八大以来，国家进入治理体系和治理能力现代化时期，标准化法制建设迎来了变革的历史机遇。2015 年国务院发布的《深化标准化工作改革方案》重述了市场和政府的关系，突出标准化的基础性和战略性作用，并提出"改革标准体系和标准化管理体制"。2017 年 11 月 4 日，全国人大常委会通过了修订的《标准化法》。新《标准化法》分为 6 章 45 条。新《标准化法》出台标志着标准化法制建设迈上了新的台阶：①将标准化领域从原来的农业、工业、服务业扩大到社会事业等领域，为发挥标准化在国家治理体系中的地位与作用提供了法律依据；②增加了团体标准，在标准制定上形成了政府主导与市场主体自主的协同发展、协调配套的新标准体系；③确立了中央和地方两个层面的标准化协调机制和标准纠纷解决机制；④明确了标准国际化的新目标，即在国际标准化活动、国际标准的制定中积极参与，推进中外标准的转化运用；⑤建立标准自我声明和监督制度、标准实施信息反馈和评估机制及国家标准公开制度；⑥首次将标准军民融合写进标准化法，为标准化军民融合奠定了法律基础。此次修改回应了标准化法制建设应对新情况所面临的挑战，积极接受了新时代赋予标准化法制建设的新任务、新使命，充分体现了时代特色。

二、新中国标准化法制建设的主要成就

经过 70 年的发展,我国标准化法制建设取得了重大的成就,主要表现在以下几个方面。

(1)形成了以《标准化法》为核心的标准化法律体系。标准化法是调整标准化活动有关社会关系的法律规范的总称,标准化法律体系不仅包括以标准化法命名的法律,还包括其他法律及法规、规章关于标准化活动的规定。在我国,《标准化法》是标准化法律体系的核心。除了《标准化法》外,我国标准化法律体系还包括以下内容:

①特别法关于标准化活动的规定。标准化活动是制定和实施标准的活动,在我国现行法中,有多达 40 余部法律不同程度地规定了标准化活动,内容包括标准体系、标准的制定与实施,如《环境保护法》及有关环境污染防治法(如《水污染防治法》《土壤污染防治法》等)、《药品管理法》《食品安全法》《农产品质量安全法》《核安全法》《安全生产法》《循环经济促进法》《节约能源法》《电子商务法》《旅游法》等。这些法律中有关标准化活动的条文规定构成了《标准化法》的特别法,是我国标准化法律体系的重要组成部分。

②行政法规、部门规章关于标准化基本制度的规定。《标准化法》规定了标准体系(包括强制性和推荐性的国家标准,行业、地方、团体及企业标准)、制定(包括采用国际标准)、公开、自我声明及标准化军民融合等基本制度。由于《标准化法》的规定较为原则,这些规定需要通过制定专门的法规、规章得以具体化,成为具有可操作性的制度。1990 年,国务院发布了《标准化法实施条例》。原国家技术监督局/国家质量监督检验检疫总局先后制定了《国家标准管理办法》《行业标准管理办法》《地方标准管理办法》《企业标准化管理办法》《采用国际标准管理办法》《全国专业标准化技术委员会管理办法》等部门规章。《标准化法》修订后,国家标准化管理委员会和民政部联合制定了《团体标准管理规定》,《强制性国家标准管理办法(征求意见稿)》已公开征求意见。其他标准化基本制度的完善也已提上议事日程。① 这些法规和规章是《标准化法》的配套制

---

① 2017 年 3 月 21 日,国务院办公厅印发《贯彻实施〈深化标准化工作改革方案〉重点任务分工(2017—2018 年)》(国办发〔2017〕27 号),要求“加快《中华人民共和国标准化法》配套规章立改废工作,协调推动各有关部门、各地方标准化立法工作,推进标准化法治体系建设”。2019 年 4 月 17 日,国家市场监管总局印发《贯彻实施〈深化标准化工作改革方案〉重点任务分工(2019—2020 年)》(国市监标技〔2019〕88 号),要求“全面开展《中华人民共和国标准化法》配套法规规章制度的制修订,加快健全国家标准、行业标准、地方标准、团体标准、企业标准等方面的管理制度,进一步细化和完善法律新设制度,增强法律规定的可操作性,逐步完善《标准化法》配套制度体系”。

度,构成了我国标准化法制的基础性制度。

③部门规章关于行业标准化制度的规定。我国标准体系中,行业标准规模庞大,涉及众多行业,根据原国家质量技术监督局《关于规范使用国家标准和行业标准代号的通知》(质技监局标发〔1999〕193 号),行业标准所涉行业多达 57 个。① 为了加强行业标准的管理,促进标准化管理体制的转型,行业主管部门制定了本领域行业标准管理办法,如原建设部 1992 年制定的《工程建设行业标准管理办法》、原交通部 1999 年制定的《公路工程行业标准管理办法》、原国家安监总局等 2004 年制定的《安全生产行业标准管理规定》、工业和信息化部 2009 年制定的《工业和信息化部行业标准制定管理暂行办法》、商务部 2012 年制定的《商务领域标准化管理办法(试行)》、原国家新闻出版广电总局 2013 年制定的《新闻出版行业标准化管理办法》等。这些行业主管部门制定的本领域行业标准管理办法与《标准化法》所规定的相关内容共同体现了我国标准化管理体制的多层次性、体系严密性与逻辑科学性。

④地方法规、规章关于地方标准化制度的规定。《标准化法》规定了地方标准,对地方标准的制定部门作了限定。为了规范地方标准化活动,各省市自治区制定了相应的地方法规或规章,它们是标准化法律体系的重要组成部分。

(2)建立了较为完备的标准化法律制度。1988 年制定的《标准化法》确立了国家标准、行业标准、地方标准和企业标准构成的四级标准体系,划定了强制性标准的领域("保障人体健康,人身、财产安全"),对标准的制定、复审、采用国际标准、标准化专家技术委员会、标准备案、标准的实施、产品认证及企业标准化、标准化管理体制等作了规定。2017 年修订的《标准化法》则在 1988 年《标准化法》的基础上,删去了关于标准备案、产品认证的规定,增加了团体标准、参与国际标准化、标准公开、团体标准与企业标准的自我声明公开和监督制度、标准实施信息反馈评估复审、标准化军民融合、标准争议协调解决机制及标准化工作协调机制的规定,重新构建标准体系并厘清了各类标准之间的关系。新《标准化法》极大丰富了标准化法律制度的内容,一个服务于标准化工作任务的完备的标准化法律制度体系业已形成。这些标准化法律制度经专门的行政规章得以具体化,成为具有可操作性的具体制度。

(3)构建了适应社会主义市场经济要求的新标准体系。我国标准化体制初创于计划经济年代,在经济体制改革中得以发展。在计划经济条件下,标准是

① 根据国家市场监督管理总局国家标准技术审评中心主办的"全国标准信息公共服务平台"提供的信息,行业标准领域(不包括军用标准)达到 67 个。参见全国标准信息公共服务平台,http://std.samr.gov.cn,2019 年 8 月 9 日访问。

国家组织生产的重要手段,具有强制性效力。这在 1962 年国务院发布的《工农业产品和工程建设技术标准管理办法》中就有体现。① 1979 年国务院发布的《标准化管理条例》第 18 条规定:"标准一经批准发布,就是技术法规,各级生产、建设、科研、设计管理部门和企业、事业单位,都必须严格贯彻执行……"改革开放以后,为适应商品经济发展的需要,1988 年颁布的《标准化法》不再规定标准是技术法规。根据《标准化法》原第 7 条规定,政府主导制定的标准区分为强制性和推荐性两类,有关人身、财产安全方面的标准和法律、行政法规规定的标准属于强制性标准。除此以外即是推荐性标准。对强制性标准持必须执行的态度,对推荐性标准持自愿选择执行的态度。2017 年修订的《标准化法》收缩了强制性标准的范围,将"法律、行政法规规定强制执行的标准"剔除,并扩大了推荐性标准的范围。此时,强制性标准只保留强制性国家标准,推荐性国家标准、行业标准、地方标准均为推荐性标准。至此,新的标准体系得以构建,囊括强制性和推荐性国家标准及行业、地方、团体标准。在新标准体系里,团体标准和企业标准属于市场主体制定的标准,推荐性国家标准和行业标准、地方标准属于政府制定供市场主体"自愿"采用的标准。在标准的制定与实施上,新的标准体系突显了市场机制的作用,反映了发挥市场在标准化资源配置上的作用的标准化体制改革的要求,顺应了当前我国社会主义市场经济的改革之势。

三、新中国标准化法制建设的几点认知

回顾我国标准化法制建设的发展历程和取得的成就,可以得出关于标准化法制建设的几点认知。

(1)标准化法制建设以促进标准化事业发展为宗旨。新中国成立后,我国标准化事业从零开始,通过学习和借鉴世界先进经验,得到逐步发展。从标准化领域来看,从工业、农业逐渐扩大到服务业和社会管理等领域,我国标准化逐渐覆盖了社会生活的各个方面。标准化法规范的对象是标准化活动,标准化法是标准化工作的法律依据。我国标准化立法适时地反映了标准化事业在我国不同经济发展时期的需要,为标准化事业的发展提供了法律保障。1962 年的《工农业产品和工程建设技术标准管理办法》反映了标准化事业起步之初的要求,重点是工农业产品和工程建设领域的标准化。进入 70 年代后,环境保护问

---

① 《工农业产品和工程建设技术标准管理办法》第 2 条规定:"一切正式生产的工业产品,各类工程建设的设计、施工,由国家收购作为工业原料的、出口的以及对人民生活有重大关系的重要农产品,都必须制订或者修订技术标准……"第 18 条规定:"各级生产、建设管理部门和各企业单位,都必须贯彻执行有关的国家标准和部标准……"

题开始受到重视。1973 年国务院制定了《关于保护和改善环境的若干规定（试行草案）》,1979 年我国第一部关于保护环境的综合性法律——《环境保护法（试行）》颁行。1979 年国务院颁布的《标准化管理条例》反映了环境保护等的新要求,如其第 2 条规定了环境保护也必须制订标准,并贯彻执行。① 1988 年《标准化法》及其实施条例也具体规定了标准化的适用领域,不仅包括工农业产品和工程建设,而且还包括环境保护、农业生产技术和管理技术、信息、能源、资源、交通运输等,标准化领域进一步扩大。进入 21 世纪以来,标准化开始向服务业、社会管理和公共服务领域扩展,2005 年国家标准委联合 16 个部委发布了《全国服务标准 2005—2008 年发展规划》,2009 年国家标准委再次联合 23 个部委发布了《全国服务业标准 2009—2013 年发展规划》,2012 年国家标准委联合 27 个部委发布了《社会管理和公共服务标准化"十二五"行动纲要》。2017 年新修订的《标准化法》第 2 条第 1 款在定义标准时,将标准化领域扩大到农业、工业、服务业及社会事业等领域,实现了对社会生活的全覆盖,为发挥标准化在国家治理现代化中的作用提供了法律保障。可见,标准化法的功能是为我国标准化事业的发展保驾护航,巩固标准化事业取得的成就。

（2）标准化法制建设坚持改革发展的精神和要求。我国标准化体制形成于计划经济时期,带有较为浓厚的计划经济色彩。这种标准化体制的基本特点是政府在标准化资源的配置中居于主导地位,不仅管理标准化工作,也享有标准制定的权力。同时,在计划经济条件下,标准化作为国家组织生产的手段之一,被赋予强制性效力。1979 年《标准化管理条例》第 18 条进一步规定"标准一经批准发布,就是技术法规",均在强调标准的强制性效力。1988 年《标准化法》不再规定标准是技术法规,将政府主导制定的标准分为强制性和推荐性,推荐性标准供企业"自愿"采用（第 7 条）;同时规定国家鼓励企业制定严于国家标准或者行业标准的企业标准（第 6 条）。这一新的规定旨在发挥市场机制的作用,符合我国市场化改革的要求。2015 年,国务院印发《深化标准化工作改革方案》转变标准化理念。该方案提出"要紧紧围绕使市场在资源配置中起决定性作用和更好发挥政府作用"。2017 年新《标准化法》将强制性标准限定在国家标准范围内,而行业标准和地方标准均为推荐性标准。另外,该法还增加规定了团体标准（第 2 条第 2 款）,鼓励社会团体"协调相关市场主体共同制定满足市场和创新需要的团体标准"（第 18 条）,支持社会团体和企业"在重要行业、战略性新兴产业、关键共性技术等领域利用自主创新技术制定团体标准、企业标准"（第 20

---

① 《条例》第 2 条规定:"……凡正式生产的工业产品、重要的农产品、各类工程建设、环境保护、安全和卫生条件,以及其他应当统一的技术要求,都必须制订标准,并贯彻执行。"

条),鼓励社会团体、企业"制定高于推荐性标准相关技术要求的团体标准、企业标准"(第21条)。新《标准化法》还废弃了企业标准备案的规定,体现了新《标准化法》标准管理体制"重引导、轻管制"的精神。新《标准化法》充分反映了新时代中国特色社会主义市场经济建设中全面深化改革的精神和要求,为发挥市场在标准资源配置上的作用提供了法律保障。

(3)标准化法制坚持标准国际化的方向。2016年9月,第39届国际标准化组织(ISO)大会在我国召开,习近平总书记在致大会贺信中指出:标准已成为世界"通用语言",我国将积极实施标准化战略,愿同世界各国一道,深化标准合作,加强交流互鉴,共同完善国际标准体系。① 积极借鉴世界标准化的先进经验,是我国标准化事业发展的重要举措,也是我国标准化法制的一项重要制度。早在1962年《标准管理办法》第6条就已规定参考采用国际性技术标准。② 1979年的《标准化管理条例》第7条进一步规定:"对国际上通用的标准和国外的先进标准,要认真研究,积极采用。"1988年《标准化法》第4条再次规定:"国家鼓励积极采用国际标准。"1993年,原国家技术监督局制定了《采用国际标准和国外先进标准管理办法》;2002年,原国家质量监督检验总局制定了新的《采用国际标准管理办法》,对采用国际标准作了具体的规定。采用国际标准对于提高我国产品质量和技术水平、参与国际市场竞争发挥了重要的技术支撑作用。在我国标准化事业发展过程中,我国在国际标准化组织中的地位得到恢复。1957年,我国成为国际电工组织(IEC)的成员。1978年,我国加入国际标准化组织(ISO)。1999年,第22届国际标准化组织(ISO)大会首次在我国召开;2016年,第39届国际标准化组织(ISO)大会再次在我国召开,我国与国际标准化组织(ISO)的联系越来越密切,影响也越来越大。随着国家综合国力的增强,我国标准化工作也从单纯地采用国际标准进入到中国标准"走出去"③、参与国际标准制定的新阶段。2015年的《深化标准化工作改革方案》提出了"提高标准国际化水平"的目标和措施。2017年新修订的《标准化法》也再一次为我国

---

① 《习近平致第39届国际标准化组织大会的贺信》,载新华网2016年9月12日,http://www.xinhuanet.com//politics/2016-09/12/c_1119554153.htm,2019年9月27日访问。

② 该法第6条规定:"凡是必要而又可能同各社会主义国家的技术标准取得一致的,尽量采用相同的标准。对适合我国的国际性技术标准,应当参考采用。"

③ 2015年,国务院发布《关于推进国际产能和装备制造合作的指导意见》(国发〔2015〕30号),明确提出要"推动我装备、技术、标准和服务'走出去'","加快中国标准国际化推广。提高中国标准国际化水平,加快认证认可国际互认进程。积极参与国际标准和区域标准制定,推动与主要贸易国之间的标准互认。尽早完成高铁、电力、工程机械、化工、有色、建材等行业技术标准外文版翻译,加大中国标准国际化推广力度,推动相关产品认证认可结果互认和采信。"

推进"标准国际化"提供了法律依据。①

我国标准的"走出去"战略，不仅能够实现我国"标准强国"的目标，还有助于实现我国从国际标准的实施者到国际标准制定者、主导者的角色转化，有利于将我国高质量、安全、高科技含量的产品与优质的服务推向世界，让世界人民共享中国发展的成果。同时，我国还应积极参与区域性标准的制定，协助"一带一路"沿线国家的标准化事业建设，以标准化战略助力"一带一路"构建。

四、我国标准化法制之展望

我国标准化法律体系不仅包括《标准化法》，还包括众多法律关于标准化的规定和有关标准化的法规、规章，是一个十分复杂的法律体系。2017 年《标准化法》重大修订后，此前其他法律有关标准化的规定，关于标准化的行政法规、部门规章及地方标准化法规和规章，均需依据新《标准化法》的规定进行检视并组织修订或者重新制定，新《标准化法》规定的新制度（如企业标准自我声明、标准化军民融合、参与标准国际化等）也需要制定配套的规章制度。新的、完善的标准化法制有待于这些法律、法规和规章的制（修）订的圆满完成。

---

① 新《标准化法》第 8 条规定："国家积极推动参与国际标准化活动，开展标准化对外合作与交流，参与制定国际标准，结合国情采用国际标准，推进中国标准与国外标准之间的转化运用。国家鼓励企业、社会团体和教育、科研机构等参与国际标准化活动。"

后 记

在某种意义上，本书也是我与学生们共同探索标准与法律问题的成果。自2013年以来，我招收的博士研究生大多选择研究标准与法律问题。他们组织的每月一次的博士生读书会，开展的活动主要是分享各自在这个领域的研究心得。我对标准与法律问题的认识也是随着读书会讨论问题的深入而不断深化的。本书的多数篇目均在博士生读书会上进行过交流，其中的部分篇目是在学生的协助下完成的。我感谢他们对本书所做的贡献，也祝愿他们在标准与法律领域努力耕耘，取得丰硕的研究成果。

本书的出版得到闽江学院的资助，厦门大学出版社施高翔总编辑和甘世恒编辑为本书出版做了精心的安排，陈媛媛同学、陈君同学、周宇博士审读了全稿，提出了修改建议，在此一并致谢！

柳经纬

2022年2月

于闽江学院